KB271119

성서속의 산책로

요한계시록 묵상집

성서속의 산책로

요한계시록 묵상집

2020년 04월 5일 초판 1쇄 인쇄
2020년 04월 20일 초판 1쇄 발행

지 은 이 | 심영규
펴 낸 이 | 이재승 · 황성연
책임편집 | 이정승
디 자 인 | 박정영
펴 낸 곳 | 하늘기획
주   소 | 서울특별시 중랑구 망우로 192(상봉동) 성신빌딩
등록번호 | 제306-2008-17호
총   판 | 하늘유통
전   화 | 031-947-7777
팩   스 | 0505-365-0691

ISBN : 978-89-92320-37-5

Copyright ⓒ 2020, 하늘기획
저작권법에 의하여 한국 내에서 보호받는 저작물이므로 무단전재와 무단복제를 금합니다.
이 책의 내용의 일부 또는 전부를 사용하려면 반드시 저작권자와 하늘기획 출판사의 서면 동의를 받아야 합니다.

※잘못되거나 파손된 책을 구입하신 서점에서 교환하여 드립니다.

성서속의 산책로

요한계시록 묵상집

심영규 지음

하늘기획

머리말

●

●

●

2015년 6월 26일!

어느 날 아침, 잠에서 깨어나 일어나 보니 미국이라는 나라가 크게 변화해 있었다. 이 날은 미국 연방대법원이 동성결혼 합법화 판결을 내린 비운의 날이었다.

오바마 대통령은 이것을 자축하기 위해 밤새도록 백악관을 무지갯빛 조명으로 장식했고, 뉴욕 역시 월드 트레이드 센터와 엠파이어 스테이트 빌딩에서 무지갯빛 야간조명의 축하행사가 진행되었다. 아니 미국이라는 나라가 이런 식으로 하나님께 배신을 때릴 수 있단 말인가?

나는 충격으로 인해 마음이 어둡고 무거워지기 시작했으며, "망할 놈의 미국 놈들!" 이라는 말이 나도 모르게 내 입에서 터져 나왔다. 순간 하나님께서 미국을 망하게 하실 수 있다는 생각이 들어 "미국에 대한 하나님의 심판"이라는 자료를 뒤지기 시작했다.

아니나 다를까 멀게는 이미 수십 년 전부터 가깝게는 수일 전까지 신실한 예언 사역자들을 통해 미국에 대한 하나님의 심판들이 차곡차곡 쌓여있었다.

그것이 두려운 것은 그러한 예언들이 존재하기 이전에, 하나님은 가증한 죄를 심판하시는 공의로운 분이시기 때문이다.

"누구든지 여인과 교합하듯 남자와 교합하면 둘 다 가증한 일을 행함인즉 반드시 죽일지니 그 피가 자기에게로 돌아가리라 … 너희는 내가 너희 앞에서 쫓아내는 족속의 풍속을 좇지 말라 그들이 이 모든 일을 행하므로 내가 그들을 가증히 여기노라." (레20:13,23)

하나님의 창조질서를 교란(攪亂)시키고 하나님의 신성을 모독하는 인간의 반역에 대한 하나님의 심판은 때로 매우 매섭게 다가온다. 물론 하나님께서 심판을 예정하셨다 할지라도 당사자들의 회개여부에 따라 그 심판을 철회하시거나 보류하시는 분이시다.

이후 미국에서는 결혼한 동성 부부가 1년 사이 33% 증가한 것으로 나타났고, 미국이 동성결혼 합법화에 대해 세계적인 영향력을 행사하기 시작했다.

나는 내쉬빌 성결교회에서 7월 첫 주부터 다섯 주일을 연속으로 "미국에 임할 하나님의 심판"이라는 제목으로 오픈설교를 했다. 미국에 살고 있는 한, 더렵혀진 이 땅의 죄악을 심판하시는 하나님의 진노를 반드시 알고 있어야 된다는 생각에 주저할 수 없었던 것이다.

미국의 동성결혼이 합법화된 이 날은 엔 타임(End Time)으로 들어가는 변곡점(變曲點)으로 커다란 획을 긋는 사건이다.

바울은 주의 날이 임하는 두 가지 현상으로 '배도하는 일'과 '불법의 사람 곧 멸망의 아들의 등장'을 말한다. (살후2:3)

세계선교사 파송 1위국인 미국이 동성결혼을 합법화시킨 일은 명실공이 하나님께 대한 배도(apostasy) 행위이다. 현재까지도 미국의 대표적인 복음주의 교단들이 동성애 지지파와 반대파로 이분되어 갈등과 분열을 거듭하고 있다.

2015년 이후 미국의 기독교인들도 엔 타임에 관한 관심이 증폭되어 많은 인터넷 매체들이 엔 타임에 관한 논제들을 활발히 쏟아 놓고 있다. 그러나 어떤 개인들에 그러한 것을 의존하기 보다는 바로 엔 타임의 사건들을 기록한 교과서인 요한 계시록이 이 마지막 때를 살아가는 자들에게 무슨 말을 하고 있는지를 아는 것이 중요하다.

이 글들은 그러한 뜻을 발견하기 위한 취지로 "성서속의 산책로"라는 제목으로 지난 1년 동안 인터넷 사이트에 매주 한 단원씩 올렸던 글들을 모아 엮은 것이다.

성서 속에 '길'이 있는 것이고, 그 길을 걷다보면 '답'을 얻는 것이며,

그 답 속에 바로 '뜻'이 숨어 있음을 발견하게 된다.

글로는 졸필이지만, 주님께서 요한의 예언을 통해 무엇을 말씀하시고자 하는지 진중히 그 뜻을 물어가며 작성되었다. 따라서 이 글이 누군가 에게 읽혀져 정결한 신부로 세워지고 마침내 주님이 기뻐하신다면 나에게는 이로써 더 할 나위없는 은혜일 뿐이다.

주후 2019년 12월

뉴저지 패터슨 기슭에서

새해를 바라보며… 심 영 규

목 차

contents

목 차

contents

1_반드시 속히 될 일 (계1:1-3)

> '반드시 속히 될 일'은 인간의 역사와 우주 만물이 예수님의 재림이
> 라는 지향점을 향해 맞춤형의 역사로 진행될 것을 시사한다.
> '반드시 속히 될 일'에 무감각하게 살아가면 '반드시 속히 될 일'은
> '반드시 속히 당할 일'이 된다.

예수님께서는 때가 아주 먼 2천년 전에 이 예언을 주시면서, "때가 가까움이라"(for the time is at hand)고 말씀하신다.

때가 먼 시점의 사람들은 계시록 없이도 구원의 바다를 항해하는데 아무런 문제가 없었다. 그러나 때가 가까운 시점의 사람들에게 있어 계시록은 구원의 항구에 도착하기 위해 필히 지참해야 할 해도(海圖)와 같다.

해도에는 바다를 항해하는 데 필요한 바다의 깊이, 해저의 지질, 섬의 모양, 장애물, 해류나 조류의 성질, 해안의 지형, 항로 표지, 등대 등

여러 가지 사항이 기록되어 있다.

해도로서의 계시록은 대환란의 풍랑에 좌초되지 아니하고 소원의 항구에 무사히 도착하는데 필요한 영적인 정보들을 제공 한다.

예수 그리스도의 초림은 소수의 사람들에게만 그 탄생의 비밀이 알려졌지만, 예수 그리스도의 재림은 엔 타임을 살아가는 모든 사람들에게 그 정보가 공개되어 그 정보에 착안한 삶을 살도록 촉구한다.

사람들이 계시록에 대해 소극적인 태도를 취하고 과소평가 하는 이유는, 설마하면서 엔 타임을 인정하지 않으려는 영적오만과 무지 때문이다.

"때가 가까움이라"(for the time is at hand)는 엔 타임 시제에 대한 통찰은 시대감각에 대한 영성에서 비롯되는 바, 한 마디로 재림의 영성이 전무한 자는 엔 타임에 대해 높은 장벽을 설치하고 살아가는 자이다.

(요한계시록1:1-3)

"예수 그리스도의 계시라 이는 하나님이 그에게 주사 반드시 속히 될 일을 그 종들에게 보이시려고 그 천사를 그 종 요한에게 보내어 지시하신 것이라. 요한은 하나님의 말씀과 예수 그리스도의 증거 곧 자기의 본 것을 다 증언하였느니라. 이 예언의 말씀을 읽는 자와 듣는 자들과 그 가운데 기록한 것을 지키는 자들이 복이 있나니 때가 가까움이라."

마귀 중에 가장 무서운 마귀가 설마(說魔)이다. 엔 타임에 가장 설쳐대는 마귀가 설마이고 설마가 사람 잡는다. 계시록은 계시록에 대한 사람들의 생각의 위험성을 지적하면서 끝을 맺는다.

즉 하나님 말씀으로서의 계시록이 무엇인가 부족하다고 간주하여 자기 생각을 더하면, 하나님이 이 책에 기록된 재앙들을 그에게 더하실 것이라고 경고한다. 그리고 계시록을 자기 입맛에 맞게 편집해서 가위질을 해대면, 하나님이 이 책에 기록된 생명나무와 및 거룩한 성에 참예함을 제하여 버리시리라고 충고한다.

마찬가지로 계시록에 대한 무관심이나 편견, 불신이나 거부반응을 일으켜 관심 밖의 책으로 분류하는 자가 있다면, 그 사람은 이에 응당한 형벌을 감안해 두어야 할 것이다.

그렇다면 계시록을 대하는 가장 이상적인 태도는 무엇인가? 그것은 이 예언의 말씀을 읽고 듣고 그 가운데 기록한 것을 지키려는 믿음의 수준이다. 읽고 듣고 지키는 일이 계시록을 접근하는 키포인트이고, 이러한 시도가 오히려 어려운 예언들을 깨닫고 해석할 수 있다는 역설을 함의하고 있다. 궁극적으로는 이 예언의 말씀을 지키기 위해서(keep those things) 읽기도 하고 듣기도 하는 것이다. 해석하려는 자에게 계시록은 함구하지만, 지키려고 하는 자에게 계시록은 해석의 문을 열어 준다. 이 예언의 말씀을 지키기 위해서는 지금까지 안일하게 살아 온 삶의 패턴을 바꾸고, 신앙의 패러다임을 전환시켜야 하며, 엔 타임의 세계관을 정립하고 영적인 눈을 여는 작업이 요구된다.

계시록은 성경 66권중에 가장 영묘하고 진귀한 책이다. 땅에서 벌어질 일들을 하늘에서 이야기하고, 하늘에서 벌어지는 일들을 땅에서 목격한다. 천상과 지상이 하나의 세트가 되어, 하늘의 문이 열리고 지옥의 문이 열려 많은 영계의 비밀이 풀린다.

세계와 우주가 치닫고 있는 종말의 거대한 급진적인 변화 앞에 개인의 영혼의 속살이 그대로 드러난다. 사람이 우주의 주인인 듯 살아왔지만, 진정한 주인이 누구인지가 밝혀지며, 그 주인의 존재감이 사람의 의식의 내면과 우주에 충만해진다. 동시에 계시록은 인간의 역사에 종지부를 찍는다는 점에서 매우 역사적인 책이다.

역사라는 것이 인류 사회의 변천과 흥망성쇠의 과정 또는 그 기록을 의미하는 것이라면 계시록은 가장 역사적인 사건을 기록한 책이다. 환란이 일상화되고 죽음이 보편화되며 생존이 의무화되는 시기이다. 환란의 폭풍 앞에 사람이 할 수 있는 일이라고는 오직 절대자의 긍휼을 바라보는 일 외에는 아무 것도 없다.

하나님의 존재를 인정하지 않고 사는 인간의 오만이 얼마나 어리석고도 무모한 일이었는지를 통렬히 깨닫게 된다. 반면에 하나님을 온전히 신뢰하고 살아 온 자들은 환란의 두려움 속에서도 튼튼한 반석 같은 평안이 있다.

그러한 와중에도 예수 그리스도를 인정하지 않고 대적하는 악한 사람들은 끝내 회개의 자리로 나아오지 않고 더욱 완악해진다.

첨단의 악의 세력과 지독한 지옥의 권세가 온 천하 자기 세상을 만난다.

예수님께서 인류에게 주신 두 가지 큰 선물은 십자가와 부활의 <복음>을 주신 일과, 재림과 종말에 대한 <계시>를 주신 일이다.

"아브라함과 다윗의 자손 예수 그리스도의 세계라"로 시작되는 신약의 <시작>은 "예수 그리스도의 계시라"로 시작되는 신약의 <마지막>을 장식한다.

인간이 하나님을 인지할 수 있는 유일한 통로는 계시에 의해서이다. 계시란 요즈음 통용되는 언어로 풀어 본다면 예수 그리스도께서 영적인 정보를 발생시켜 이것을 사람들에게 유통시키는 행위이다. 유통방식은 직접 전달을 통해서 혹은 성령을 통해서 천사를 통해서 사람을 통해서 전달하신다. 수집되고 축적된 영적인 정보들을 개인이 수용할 것인지의 여부에는 전적으로 '믿음'이라는 변수가 작용한다.

계시록이라는 문서화된 정보가 존재한다 할지라도 독자의 영적인 판단능력이나 활동의 정도에 따라 그 중요성에 대한 가치 판단이 결정되기 때문이다.

엔 타임 정보로서의 계시록은 퍼펙트하다.

"요한은 하나님의 말씀과 예수 그리스도의 증거 곧 자기의 본 것을 다 증거하였느니라."

하나님께서 계시록을 통해 말씀하실 것은 다 말씀하셨고, 예수님께서 확증하실 것은 다 증언하셨으며, 요한의 입장에서 기록할 것은 다 기록했다는 것이다. 앞으로의 세상은 이렇게 변할 것이고, 인간의 역사는 이렇게 종지부를 찍을 것이고, 신자와 불신자의 운명은 이렇게 정해질 것이다. 그래서 이 최고급 정보를 읽는 자와 듣는 자들과 그 가운데 기록한 것을 지키는 자들이 복이 있는 것이다.

이 정보에 대한 가치는 '반드시 속히 될 일'이라는 데에 있다. 하나님께서 생각하시는 '속히'와 사람들이 계산하는 '속히'의 시간 개념이 같을 수는 없을 것이다.

예언에서 성취까지 2천년이 경과하고 있는 것을 볼 때에, 평화의 끝에서 환란의 시작으로 넘어가는 속도가 매우 급진적이라는 것으로 볼 수도 있고, 환란의 바람이 매우 세차게 불되 세찬만큼 속히 진행된다는 의미로도 볼 수 있다. 그러나 '반드시 속히 될 일'이라는 말맛이 주는 느낌은 '가장 적정의 때에 반드시 성취될 일'이라는 의미가 합당하다.

'반드시 속히 될 일'은 인간의 역사와 우주 만물이 예수님의 재림이라는 지향점을 향해 맞춤형의 역사로 진행될 것을 시사한다. 따라서 이 예언에 대한 예언이 진정한 기독교미래학의 기준이다.

미래학이 과거나 현재의 상황을 바탕으로 미래사회의 모습을 예측하고, 그 모델을 제공하는 학문이라는 점에서 계시록은 곧 정확한 미래학이다. 미래학의 학문적 결점이라면 미래사회를 대상으로 하기 때문에 누구도 그 미래를 절대적으로 실증(實證)할 수 없다는 점이다. 그러나 종말론적 미래학은 미래가 현실로 실증된다는 점에서 일반 미래학과는 다르다.

'반드시 속히 될 일'을 제쳐 두는 자의 현실은 결코 밝은 미래로 연결되지 못 한다. '반드시 속히 될 일'은 '반드시 속히 알 일'이다.

'반드시 속히 될 일'이라는 어감 속에는 '반드시 속히 끊어 버려야 할 일'이라는 여운을 남긴다. '반드시 속히 될 일'을 곱씹으면 '반드시 속히 살 일'이 떠오른다.

'반드시 속히 될 일'에 무감각하게 살아가면 '반드시 속히 될 일'은 '반드시 속히 당할 일'이 된다. '반드시 속히 될 일'에 두렵고 떨림으로 자신의 구원을 이루는 일을 반드시 포함시켜야 할 것이다.

2_이제도 계시고 전에도 계시고 장차 오실 이 (계1:4-6)

> '이제도 계시고 전에도 계시고 장차 오실 이' 라는 신앙고백은, 예수님이 사람들에게 자신을 알려 줄 수 있는 가장 중요한 진실이고, 사람이 주님을 바라보는 가장 중요한 현실이다.

계시록은 엔 타임의 교회론과 신자론이 정립되어 있는 책이다. 마치 교회를 구성하고 있는 신자 한 사람 한 사람을 붙잡고 우수어린 눈빛으로 진지하게 설득하고 계시는 예수 그리스도의 모습을 보는 것 같다.

수신자가 일곱 교회라는 것은 예수님께서 지상의 모든 교회에 대한 지극한 관심표명을 의미한다. 따라서 일곱 교회에 대한 편지 속에는 오늘날 몹시 흔들리고 있는 현대 교회의 영성을 만회하기에 충분한 교회론이 함의되어 있다. 교회가 교회다워야 한다는 데에는 재론의 여지가 없지만 '교회란 무엇인가?'를 논하기 위해 한스 킹처럼 두꺼운 책으로 말할 필요는 없다.

엔 타임의 교회는 '해서는 안 될 일'과 '안해서는 안 될 일'을 단순 명료히 구별하는 일이 중요하기 때문이다.

하나님께서는 "거룩하고 속된 것을 분별하며 부정하고 정한 것을 분별"(레10:10) 하기 좋아하는 분이시다.

일곱 교회를 향해 작성된 편지 속에는 현대 교회가 앓고 있는 위험한 중병들에 관한 진단서와 그 치료책이 제시되어 있다.

요한은 일곱 교회를 향해 말씀하고 계신 예수 그리스도의 정체성을 확립하는 것으로 서문을 연다.

(요한계시록1:4-6)

"요한은 아시아에 있는 일곱 교회에 편지하노니 이제도 계시고 전에도 계시고 장차 오실 이와 그 보좌 앞에 일곱 영과 또 충성된 증인으로 죽은 자들 가운데서 먼저 나시고 땅의 임금들의 머리가 되신 예수 그리스도로 말미암아 은혜와 평강이 너희에게 있기를 원하노라. 우리를 사랑하사 그의 피로 우리 죄에서 우리를 해방하시고 그 아버지 하나님을 위하여 우리를 나라와 제사장으로 삼으신 그에게 영광과 능력이 세세토록 있기를 원하노라. 아멘."

"교회가 어떤 교회가 되어야 하는가?"라는 명제를 논하기 위해서는, "교회의 주인이 과연 어떤 주인인가?"를 환기시키는 일이 중요하다.

따라서 엔 타임의 예수 그리스도에 대한 신앙고백은 단연 새로워지고 업그레이드 되어야 한다.

"주는 그리스도시요 살아계신 하나님의 아들"이라는 신앙고백만으로는 더 이상 칭찬을 기대할 수 없다.

엔 타임의 그리스도는 더 이상 정적인 그리스도가 아니라 동적인 그리스도이며, 구원의 십자가를 지셨던 분이지만 이제는 심판의 칼을 들고 나타나실 분이시기 때문이다. 더욱이 그 예수님은 정결한 신부를 취하기 위해서 신랑의 모습으로 오신다.

엔 타임의 예수님과 신자와의 관계는 왕과 백성의 관계도 아니요, 부모와 자식간의 관계도 아니요, 스승과 제자와의 관계도 아닌 신랑과 신부의 관계이다. 이러한 설정은 예수님을 바라보는 신자들의 시각도 변해야 할 것을 요구한다.

이제는 기다림의 영성, 순결함의 영성으로 충만한 상태의 신부가 아니고서는 신랑과 연합할 수 없다. 계산적이고 정치적인 불순함, 음란하고 탐욕적인 불결함, 가식적이고 위선적인 불투명함의 옷을 벗어 던지고 순백의 세마포로 갈아입어야 한다.

신랑에 대한 두근거림이 없는 냉랭한 가슴은 신랑의 신부가 아니다. 신랑의 신부가 아니면 더 이상 신부의 신랑도 아니다.

"이제도 계시고 전에도 계시고 장차 오실 이"라는 신앙고백은, 예수님이 사람들에게 자신을 알려 줄 수 있는 가장 중요한 진실이고, 사람이 주님을 바라보는 가장 중요한 현실이다. "이제도 계시고 전에도 계시고 장차 오실 이"가 누구인지 알고 있다면, 영적인 로드 맵 없이 엔 타임을 살아 갈 수 없다.

교회에 대한 관심은 비단 예수 그리스도만이 아니라 "그 보좌 앞에 일곱 영"까지이다. 보좌가 성부 하나님의 자리라면, 성자 하나님은 보좌 우편에 위치하시고, 성령 하나님은 일곱 영으로 보좌 앞에 계신다.

지상 교회에 대한 관심은 천상에 계신 삼위 하나님 모두의 일이다. "충성된 증인으로 죽은 자들 가운데서 먼저 나신" 예수 그리스도는 지상의 교회가 부활을 증거하는 목표가 있음을 확인한다. 예수님은 하늘을 증거하기 위해 땅에 오신 분이고, 땅의 구원을 증거하기 위해 하늘에 오르신 분이다.

부활은 엔 타임의 클라이맥스이다. 주께서 호령과 천사장의 소리와 하나님의 나팔로 친히 하늘로 좇아 강림하실 때 벌어지는 1순위는 그리스도 안에서 죽은 자들이 먼저 일어나는 일이다. 먼지들이 먼지를 일으키며 무덤에서 일어나는 광경처럼 가장 스펙터클한 장면은 없을 것이다.

부활의 권세를 가지신 예수님은 "땅의 임금들의 머리가 되신 분"이시고 왕중왕이시다. 교회는 이러한 예수 그리스도의 은혜와 평강이 충만한 곳이다. 은혜가 없는 교회는 건조한 조직체에 불과하고, 은혜가 메마른 교회는 썩은 생선의 비린내와 같이 역겨울 뿐이다.

은혜를 받지 못한 목사는 은혜가 없으니 은혜를 신자에게 줄 수 없고, 은혜를 받지 못한 신자는 은혜가 뭔지 모르니 은혜로운 삶을 살지 못한다. 가진 것이 없으면 줄 수 없는 법이고, 받은 것이 없으면 누릴 수 없는 법이다. 은혜가 없는 곳에 있는 것은 자랑과 교만, 반목과 질시, 투쟁과 살인뿐이다.

요한은 중보자 예수 그리스도께서 이루신 일들을 말하며 영광을 돌린다. 그 분이 사람들을 위해 하신 일이란 사람들을 사랑하신 일이고, 그 사랑의 정체성은 죄에서의 해방이다. 무거운 죄의 짐을 어디에 내려놓을 곳이 없어 쉼을 얻지 못할 때 그 분이 바로 옆에서 그 짐을 받아 주시는 분이다.

예수님은 신자들에게 죄의 문제를 해결하는 제사장의 신분을 주셨지만, 적극적으로는 죄를 이기는 주님의 나라를 우리 마음에 부어 주셨다.

보좌 앞 거룩한 일곱 영들은 오늘도 신자들의 삶에 죄를 이기는 능력을 부어 주신다.

예수 그리스도! 그 분은 인류의 소망이시며 세계의 생명이시다. 이제도 계시고 전에도 계시고 장차 오실 이!

세례요한은 그 장차 오실 이를 이렇게 소개한다.

"손에 키를 들고 자기의 타작 마당을 정하게 하사 알곡은 모아 곡간에 들이고 쭉정이는 꺼지지 않는 불에 태우시리라."(마3:12)

3_모든 족속의 애곡의 날 (계1:7-8)

성경은 지구 그 슬픈 그 운명의 날을 예고하며, 땅에 있는 모든 족속이 처음이자 마지막으로 일치된 행동을 할 것을 그려 준다. 사도 요한이 이 애곡소리를 묘사해 주었더라면 시청각 효과가 배가 되었을 것이다.

기독교는 증거의 역사를 지닌 증인의 종교이다. 만약 기독교가 조작된 거짓 종교였다면, 그 생명력이 그리 길지 못했을 것이다. 그러나 기독교의 생명력은 어떤 최초의 목격자(증인)들을 통해서 그 사담(私談)이 전파(증거)되고, 그것이 세월과 더불어 사화(史話)로 발전(증명)되어 왔다는데 있다.

바울이 부활 목격자 명단에 만삭되지 못하여 난 자 같은 내게도 보이셨다고 하면서 자신을 첨부시키고자 했던 것은 '최초의 증인'이 갖는 생산적인 가치를 중요시 여겼기 때문이다.

본 사람과 못 본 사람은 천지차이이다. 본 사람은 봤기 때문에 할 말이 있고, 못 본 사람은 못 봤기 때문에 할 말이 없다. 못 본 사람은 입이 열 개라도 할 말이 없지만, 본 사람은 입이 하나라도 열 입의 몫을 한다. 따라서 못 본 사람은 본 사람의 증언에 전적으로 의존할 수 밖에 없다.

기독교를 세운 공헌자들은 어김없이 예수 부활의 목격자들이다. 예수 승천의 목격자들 역시 기독교 신앙의 발전에 지대한 공헌자들이다.

예수 승천의 현장을 목격한 자들의 그 증언을 들어 보자.

"이르되 갈릴리 사람들아 어찌하여 서서 하늘을 쳐다보느냐 너희 가운데서 하늘로 올려지신 이 예수는 하늘로 가심을 본 그대로 오시리라 하였느니라."(행1:11)

예수님의 승천을 목격한 자들은 평생 잠 못 이루는 밤을 갖게 된다.

(요한계시록1:7-8)

"볼지어다. 구름을 타고 오시리라 각인의 눈이 그를 보겠고 그를 찌른 자들도 볼 것이요 땅에 있는 모든 족속이 그를 인하여 애곡하리니 그러하리라 아멘. 주 하나님이 가라사대 나는 알파와 오메가라 이제도 있고 전에도 있었고 장차 올 자요 전능한 자라 하시더라."

더군다나 천사가 "너희 가운데서 하늘로 올려지신 이 예수는 하늘로 가심을 본 그대로 오시리라" 하는 말까지 들은 자라면 그는 평생 하늘만 쳐다보고 살게 될 것이다. 누군가 두 눈으로 예수님의 승천을 목격했고, 천사가 하는 이 말을 두 귀로 분명히 들었다면 그는 죽을 때까지 만나는 사람에게 예수 승천의 장면과 재림의 이야기를 증언하며 살았을 것이다. 그 증언을 믿음으로 증거화시키고, 내면화시키고, 체화시킨 자들은 성령의 권능을 받은 후 증인의 재생산의 역할을 감당하게 된다.

예수님께서 구름을 타고 오실 때에 어느 누구도 그 재림의 현장을 외면 할 수 없다. 예수님의 재림은 인간의 모든 역사가 중단되고 종결되는 순간이기 때문에, 가장 장엄한 역사적 순간의 모든 존재들은 역사의 주인을 향하게 되어 있다.

예수님을 중심으로 각인의 눈(every eye shall see him)이 동시에 그를 보기 위해 지구가 변형되든가 아니면 하늘이 변형될 것이다. 특히 '그를 찌른 자들도 볼 터이요' 라는 표현을 통해 심판을 받기 위한 악한 자의 부활이 예고된다. '악한 일을 행한 자는 심판의 부활로 나오리라'(요5:29)는 주님의 말씀이 실현되는 순간이다.

'그를 찌른 자도 볼 것이라'는 또 하나의 의미는 그리스도의 재림이 예수 사건의 하나의 테마를 형성해 주는 세트이기 때문이다.

예수님을 찌른 자는 참혹한 역사의 현장에 있던 자로서, 예수님의 죽음을 확인 사살한 자이다. 예수님의 옆구리를 찔렀을 때 피와 물이 흘렀다는 것은 예수님의 죽음이 영적인 효력의 거룩함의 제물로 온전히 드려졌음을 상징한다.

결국 그는 예수님의 죽음의 여러 의미를 확인해 준 셈이다. 자신이 그 옆구리를 찌름으로써 사망을 빙거할 수 있는 주권자이지만, 그가 다시 한 번 예수님의 재림의 목격자가 됨으로써 예수 그리스도의 성육-죽음-부활-승천-재림의 구속사적인 은총을 아무도 부인할 수 없게 만드는 법정의 증인이 되는 것이다.

이 증인을 목격한 또 다른 증인의 말을 들어 보자.

"그 중 한 군인이 창으로 옆구리를 찌르니 곧 피와 물이 나오더라. 이를 본 자가 증언하였으니 그 증언이 참이라 저가 자기의 말하는 것이 참인 줄 알고 너희로 믿게 하려 함이니라."(요19:34,35). 사도 요한은 요한복음의 현장에 있던 자를 요한계시록의 현장에 다시 한 번 출두시켜 예수 사건을 최종 증언하고 있다.

예수님의 십자가 사건은 의인 한 사람을 죽이기 위해 만 명의 죄인과 오만가지의 죄가 동원되었다. 죄 없으신 예수님을 십자가에 달기 위해 인간의 시기, 질투, 미움, 모함, 음해, 공모, 권모, 술수, 공작, 작당, 살인, 폭력, 욕설, 모독, 실수, 오판, 오해, 불법, 무지, 비난, 비판, 야유, 정죄, 누명, 모독 등 인간의 추악한 모든 죄들이 동원 되었다. 그래야만 예수님의 죽음은 이 모든 죄를 사하고 치유할 수 있기 때문이다. 그럼에도 불구하고 예수님의 이 죽음을 헛되게 만든 자들은 예수님의 재림시 최후 통곡 자가 된다.

"땅에 있는 모든 족속이 그를 인하여 애곡하리니."

성경은 지구 그 슬픈 그 운명의 날을 예고하며, 땅에 있는 모든 족속이 처음이자 마지막으로 일치된 행동을 할 것을 그려 준다. 사도요한이 이 애곡소리를 묘사해 주었더라면 시청각 효과가 배가 되었을 것이다.

예수님을 업신여긴 자들, 깔보고 하대하던 자들, 거부하고 박해하던 자들, 모독하고 경멸하던 자들은 그 예수님이 어떤 분이신가를 두 눈과 두 콧구멍과 두 귀로 생생하게 목격하고 냄새 맡고 듣게 될 것이다.

땅에 있는 모든 족속이 그를 인하여 애곡하는 이유는 심판의 왕이 오시니 벌써 본능적인 불길한 예감을 느끼고 지옥의 황 냄새가 나기 때문이다. 그들의 애곡의 절반은 앞으로의 자신의 운명에 대한 탄식이지만, 절반의 애곡은 마음을 다하고 뜻을 다하여 예수님을 따르지 못한 회한의 통곡이다.

인생의 수많은 날들이 주어졌건만, 한 번도 진지하게 주님의 말씀을 경청하지도 않았고, 한 번도 진실하게 주님을 따라가지 않았고, 한 번도 진정으로 주님만을 바라 본 적이 없었던 지난날들이 주마등처럼 지나갈 것이다. 그 많은 회개의 기회들이 있었건만 차일피일 미루고, 그 숱한 주님의 음성을 들으면서도 세상의 달콤함에 취해 끝내 옛 사람과 옛 습관을 벗어 버리지 못한 자 일 수록, 그 애곡소리의 비애는 차마 귀에 담지 못할 것이다.

오늘이라는 시간이 내게 주어졌을 때, 하나님 앞에는 오늘이 내 인생의 마지막 날인 일일일생(一日一生)으로 살아가는 것이다.

오늘이 마지막인 사람은 죄에 민감하여 죄와 투쟁하며, 재를 뒤집어 쓰고 가슴을 쥐어뜯고 애곡하지 않을 수 없다. 황 냄새가 풀풀 나는 계시록을 읽으면서도 아무 것도 하지 않는 자가 있다면, 그 사람은 몸으로 때우는 길 밖에 없다.

하나님께서 자신을 소개하는 말씀을 들어 보자.

"주 하나님이 가라사대 나는 알파와 오메가라 이제도 있고 전에도 있었고 장차 오실 자라 하시더라."

하나님이 이제도 있다는 말은 무신론자들이 들어야 하는 말이다. 전에도 있었다는 것은 창조주라는 것이며, 장차 올 자라는 것은 재림주를 말한다. 이 짧은 문장은 역사의 우주와 인생의 모든 수수께끼를 풀어 준다.

불교가 인생이 무엇인지를 묻는 종교라면 기독교가 그 물음에 진리로 답하는 종교이다. 유교가 인생을 어떻게 살아야 할 것인지 그 방법을 묻는 종교라면 기독교는 생명력 있는 삶의 방법을 제시 한다.

하나님이 전능하신 분(the Almighty)이라면 다른 신들이 존재할 수 없다. 알파와 오메가라는 말씀은 알파가 있으면 오메가가 있다는 것이고, 알파 이후는 오메가를 향해 치닫는 것을 말해 준다.

하나님의 엄지가 알파라면 오메가는 새끼손가락이다. 하나님의 손바닥 안에 우주와 역사와 인생이 들어 있는 것이다. 만약 그 하나님을 자신의 마음에 모신 자는 우주를 품은 자이다. 구름을 타고 오시마 약속하셨음에도 불구하고, 하늘을 쳐다보지 않고 사는 자는 영원히 하늘을 못 볼 수 있다.

4_정장을 입으시고
정색을 하고 계신 예수님 (계1:9-16)

> 예수님은 분명 교회들을 향해 정장을 차려 입으시고 정색을 하고
> 계신다. 때로 주님의 뜻대로 행하는 교회에는 반색을 하시지만,
> 주님의 뜻에 어긋난 교회를 향해서는 난색을 표하기도 하신다.

요한계시록은 영상이고 한 편의 영화이다. 계시록의 말씀은 어느 단편이든지 이미지화되어 있어 그림을 그리게 만들고 필름을 보는 느낌을 받는다. 따라서 계시록은 읽으려고 읽지 말고 영상을 보려는 마음으로 읽을 때 더 큰 이해와 감동을 줄 것이다.

예수 그리스도가 사회적 위험인자로 낙인된 지역에서는 대부분의 사람들이 거부반응과 알레르기를 일으킨다. 이때의 증인은 매우 위험하고 난처한 지경에 빠져 택일적 운명을 강요받는다. 이 상황에서 요

한이 자처한 운명은 "예수의 환난과 나라와 참음에 동참"하는 것이었
다. 바늘 있는 곳에 실이 따라 붙듯이 증인이 있는 곳에 예수의 환란과
나라와 참음이 따라붙는다.

'예수님의 나라'는 '환란의 나라'요, 그것에 관한 '참음의 나라'이다.
'예수님의 나라'가 '영화의 나라'이고 그것에 관한 '누림의 나라'로 생
각하는 자들은 심각한 심리적 균열을 경험하게 된다.

요한이 증인의 삶을 좇다 보니 밧모라 하는 섬에까지 쫓겨 오게 되
었다. 요한은 이 섬에서 특별한 날을 경험하게 된다. 이 날은 성령의 감
동을 받은 날이요 큰 음성을 들은 날이기도 하지만 그 이전에 주의 날
(Lord's day)이었다. 왜 예수님은 요한에게 계시를 주시기 위해 소위
특별한 날을 택일하셨고, 요한은 그 날을 주의 날 이라고 칭했을까?

(요한계시록1:9-16)

"나 요한은 너희 형제요 예수의 환난과 나라와 참음에 동참하는 자라 하
나님의 말씀과 예수의 증거를 인하여 밧모라 하는 섬에 있었더니 주의
날에 내가 성령에 감동되어 내 뒤에서 나는 나팔 소리 같은 큰 음성을 들
으니 이르되 네가 보는 것을 두루마리에 써서 에베소, 서머나, 버가모,
두아디라, 사데, 빌라델비아, 라오디게아 등 일곱 교회에 보내라 하시기
로, 많은 물소리와 같으며, 그 오른손에 일곱 별이 있고 그 입에서 좌우
에 날선 검이 나오고 그 얼굴은 해가 힘 있게 비치는 것 같더라."

주의 날(Lord's day)이라는 표현은 성경에서 이곳이 유일하다.

유대인들에게 율법이 있다면 이방인들에게는 복음이 있다. 율법이 아닌 복음이 구원을 주는 것이라면, 복음의 핵심인 십자가 대속의 은총이 부활을 통해 완성되었고, 가히 이 날에 특별한 의미를 부여하여 '주의 날'로 칭하는 것이다.

엔 타임의 꽃은 성도들의 부활이다. 따라서 주의 날, 부활의 날에 요한이 성령의 감동을 받고 주님의 음성을 들은 것은 이러한 선택적 친화력이 있는 것이다.

주님께서는 주의 날에 환상과 계시로 목격한 장면들을 소아시아 일곱 교회에 보낼 것을 명하신다. 개교회에 보내는 메시지이지만 모든 교회가 열람해야 할 내용이고, 모든 교회에 보낸 메시지이지만 개교회가 특별히 취해야 할 내용이다. 이것은 교회와 교회와의 관계, 교회와 신자와의 관계, 교회 지도자와 신자 공동체와의 건강한 관계가 엔 타임의 교회에 중요한 승리의 요인임을 시사한다.

엔 타임의 교회는 모든 구성원들의 생각과 행위가 병들지 말아야 영적인 외부의 도전에 강하게 지탱할 수 있다. 교회는 조직체라기보다는 유기적인 생명체이기에 어느 한 지체가 병들면 온 몸이 아프고 죽기까지에 이른다. 교회를 조직으로 보는 한, 영혼의 소중함보다 행정과 관리를 앞세우게 되고 결국 교회의 생명력을 잃게 된다.

요한이 주님의 모습을 보려고 몸을 돌이켰을 때 가장 먼저 목격한 것은 일곱 금촛대였고 주님은 그 금촛대 사이에 계셨다. 왜 예수님은 일곱 교회를 상징하는 일곱 교회들 사이에 서성대고 계실까? 이것은 교회에 대한 예수님의 지극한 관심을 반영한다. 마치 농부가 봄에 씨앗을 뿌리고 들녘의 곡식들 사이에 서성거리듯, 예수님은 지상의 수많은 교회들을 방문하여 알곡들을 보듬고 계시며, 불꽃같은 눈동자로 한 교회 한 교회를 주시하고 감찰하신다.

그런데 교회들 사이에 계신 주님의 모습은 결코 평범하지가 않다. 평소에 요한이 보았던 수수한 세마포 옷에 샌달을 신으시고, 따스한 눈빛과 부드러운 음성으로 선한 사마리아 사람의 비유를 재미있게 들려주시던 옛 모습과는 전혀 다른 분위기이다. 예수님은 발에 끌리는 옷을 입고, 가슴에 금띠를 띠고, 그 머리와 털의 희기가 흰 양털 같고 눈 같으며, 그의 눈은 불꽃같고, 그의 발은 풀무에 단련한 빛난 주석 같고, 그의 음성은 많은 물소리와 같으며, 그 오른손에 일곱 별이 있고, 그 입에서 좌우에 날선 검이 나오고, 그 얼굴은 해가 힘있게 비춰는 것 같았다.

예수님은 분명 교회들을 향해 정장을 차려 입으시고 정색을 하고 계신다. 때로 주님의 뜻대로 행하는 교회에는 반색을 하시지만, 주님의 뜻에 어긋난 교회를 향해서는 난색을 표하기도 하신다.

이러한 예수님의 모습을 바라보는 우리의 시선보다, 정장을 입으시고 교회를 바라보시는 예수님의 시선이 더 진지하고 의미심장하다. 그 입에서 좌우에 날 선 검이 나온다는 것은 엔 타임에 대한 그의 말씀의 공격성과 심판성을 의미한다.

예수님의 말씀의 칼에 베이지 않기 위해서는 주님의 말씀을 허투루 듣지 말고 그 분의 말씀을 온전히 준수해야 한다. 계시록의 수많은 정보를 주셨음에도 불구하고 이 정보를 업신여기는 자는 그 날카로운 칼에 베이게 된다. 그 입에서 나오는 말씀이 많은 물소리 같다는 것은, 많은 물이 급하게 흐를 때 소리를 내듯이, 그 분의 말씀의 긴급성과 신속성을 보여 준다. 그의 눈 속에는 이글거리는 불이 타오르기 때문에 그의 눈을 주시할 때에는 불꽃이 휘감아 들어와 우리의 마음이 불같이 드러나며 뜨거워지고 녹아진다. 주님의 불꽃같은 눈은 항시 인간의 은밀한 마음과 행위를 주시하신다. 인간의 눈동자에도 불꽃이 튀어야 주님의 불꽃같은 눈동자를 볼 수 있다.

예수님의 머리와 털의 희기가 흰 양털 같고 눈 같다는 것은 그 분의 순백의 성품을 반영한다. 예수님의 얼굴은 마치 해가 힘 있게 비취는 것 같다. 예수님의 얼굴을 가장 잘 묘사하는 인간의 언어가 있다면 아마도 해가 힘 있게 비췬다는 장엄한 표현일 것이다.

복음서를 저술한 요한은 예수님을 "참 빛 곧 세상에 와서 각 사람에게 비취는 빛"(요1:9)으로 설명한다. 예수님의 해 같은 얼굴이 빛을 발하실 때 치료의 광선을 발하시며, 동시에 태양열 같이 뜨거운 열기가 발생함으로서 그 분이 다녀간 곳에 심령의 변화가 발생한다.

예수님의 발은 풀무에 단련한 빛난 주석과 같다. 우아한 주석의 발로 걸으시는 예수님의 걸음걸이는 많은 교회들 사이를 운행하시는 주님의 관심과 열심을 보여 준다.

예수님은 발에 끌리는 옷을 입으시고 가슴에 금띠를 띠셨다. 원피스를 입으시고 허리에 금띠를 두르심은 그가 하늘의 고귀한 신분을 지니신 왕권을 가지신 분이심을 말해 준다.

그리고 그 오른손에 일곱별을 가지고 계신다. 예수님은 일곱 별이 일곱 사자들(the Angels of the seven churches)이라고 해석해 주신다.

예수님께서 교회마다 일곱 사자(천사)를 두신다고 하는 것은 교회마다 주님과의 통신망과 연락책이 있는 것이고, 교회를 간수하고자 하는 주님의 관심이 더욱 구체화되고 있음을 알 수 있다.

특히 왼 손이 아닌 오른 손에 일곱 사자들을 붙잡고 계시다는 것은 엔 타임의 교회들이 흔들리지 않고 굳건한 믿음에 서 있도록 능력을 공급해 주심을 암시한다. 주님의 은혜를 사모하는 자에게만 가능한 얘기다.

교회를 향한 주님의 외모와 비범한 표정, 그리고 제스처에 분명 어떤 메시지가 스며있다. 엔 타임의 교회들을 주시하시는 주님의 불꽃

같은 눈길을 피하지 말고 응시하면서, 입에서 나오는 날 선 검을 봐야한다. 입에서 날 선 검이 나온다는 것은 말씀을 듣기만 하지 말고 말씀을 보기도 하라는 것이다.

주님의 말씀을 새겨듣고 새겨 보고 새겨 살지 않으면 주님의 말씀이 바로 나를 심판하는 날카로운 검이 된다.

엔 타임은 알곡과 쭉정이를 가르는 영적 추수기이기 때문이다.

5_사망과 음부의 열쇠를 가지신 주님 (계1:17-20)

예수님의 손에 생명과 낙원의 열쇠를 쥐고 계신 것과 사망과 음부
의 열쇠를 쥐고 계신 것은 그림이 완전히 다르다.
엔 타임은 결산의 시기이기 때문에 자신의 모든 믿음의 분량들을
점검해야 한다.

해가 힘 있게 비취는 것 같은 주님의 모습을 본 요한
은 충격으로 쓰러져 죽게 되었다. 비록 역사적 예수와 함께 했던 요한
이라 할지라도, 그리고 예수님의 사랑하시던 자라고 자타가 공인하는
자라 할지라도, 비록 예수님의 품에 안겨 누울 정도로 사랑과 총애를
받던 제자라 할지라도, 아직 요한은 영화로운 주님 앞에 한 사람의 죄
인에 불과할 뿐이다. 빛을 만드신 분의 얼굴 앞에서는 태양도 빛을 잃
고, 생명을 만드신 분 앞에서는 모든 생명도 시들어 버린다. 절대자 앞
에서 모든 상대적 존재들은 아무런 가치를 발휘하지 못한다.

요한이 그 발 앞에 엎드려져 죽은 자 같이 되었다는 것은 하나의 상징적인 그림을 그려 준다. 예수님을 좇는 그리스도인이라면 누구나 그 분의 발 앞에 엎드려 죽는 자가 되어야 하고, 그 때에 그 분의 강력한 오른 손이 그를 만져 주심으로 인해 생기를 얻는 역사가 일어나는 것이다.

예수님을 따른다고 하면서도 그 발 앞에 엎드려 죽지 못한 자는 끝내 주님의 그 오묘하고 능한 오른손의 맛을 보지 못하고 인생을 끝내게 된다.

예수님께서는 자신이 처음이요 나중이라는 말씀을 또 다시 강조하신다. 예수님이 누구신지 그 정체성에 대한 표현으로 '처음이요 나중'이라는 이 간략한 표현만큼 기나긴 의미를 함축하는 말은 없다.

(요한계시록1:17-20)

"내가 볼 때에 그 발 앞에 엎드려져 죽은 자 같이 되매 그가 오른손을 내게 얹고 가라사대 두려워 말라 나는 처음이요 곧 산 자라 내가 전에 죽었었노라 볼지어다 이제 세세토록 살아 있어 사망과 음부의 그러므로 네 본 것과 지금 있는 일과 장차 될 일을 기록하라. 네가 본 것은 내 오른손의 일곱 별의 비밀과 일곱 금 촛대라 일곱 별은 일곱 교회의 사자요 일곱 촛대는 일곱 교회니라."

예수님이 이 표현을 자주 사용하시는 이유는 처음과 나중을 알면 인생의 모든 수수께끼가 다 풀리기 때문이다. 인생이 어디서 와서 어디로 가는지, 출처를 모르니 방황하고 종착지를 모르니 불안한 것이다.

예수님은 자신의 죽음과 부활을 스스로 간증하시길 "곧 산 자라 내가 전에 죽었었노라"고 하신다. 통쾌한 이 한마디에 많은 사람들이 목숨을 걸고 달려드는 것이다. 부처가 진즉에 이렇게 말했다면 팔만권의 대장경을 만들 필요도 없고, 그 수많은 황금덩어리를 만들 필요도 없을 것이다. 길게 말하는 종교는 말할 것이 없기 때문이고, 형상을 만드는 종교는 그 만큼 공허하기 때문이다. 전에 죽었었지만 현재 살아 있다는 말 한마디 앞에 심오한 철학도 폐하고, 탁월한 종교적 이념도 사라지고 위대한 과학적 발견도 그친다.

예수님은 "내 손과 발을 보고 나인 줄 알라"(눅24:39)고 말씀하셨다. 이 말씀은 원래 "내 손과 발을 안보고 나인 줄 알라"는 말씀을 달리한 것이다. 그러나 증거를 요구하는 자에게 그 실증적 체험의 세계가 열려 있다는 말씀이다.

기독교는 실증의 종교요, 그 실증을 체험하는 종교이며, 그 체험에 대한 증인의 종교이고, 마침내 그 증인의 입을 통해 미래를 발견하는 희망의 종교이다.

예수님은 죽었었지만 살아났다는 말씀으로 죽은 인간의 희망을 살려내고 있다.

“볼지어다 이제 세세토록 살아 있어 사망과 음부의 열쇠를 가졌노니.” 세세토록 살아계신 분이 ‘생명과 낙원’의 열쇠를 쥐고 계시지 않고 ‘사망과 음부’의 열쇠를 쥐고 계심에 유의해야 한다.

예수님의 손에 생명과 낙원의 열쇠를 쥐고 계신 것과 사망과 음부의 열쇠를 쥐고 계신 것은 그림이 완전히 다르다.

엔 타임은 결산의 시기이기 때문에 자신의 모든 믿음의 분량들을 점검해야 한다. 빠져 나와야 할 사람이 지금 당장 빠져 나오지 못하면 기회의 문은 순식간에 닫혀 버리고 천추의 한, 만추의 한, 영원한 한을 품게 될 것이다.

무익한 종의 판결을 받으면 바깥 어두운 데로 내어쫓기어 거기서 슬피 울며 이를 갊이 있게 된다. 양이 아닌 염소의 판결을 받으면 왼편에 서서 지옥으로 직행한다. 알곡이 아닌 가라지의 판결을 받으면 단으로 묶여 불사름을 받는다. 지옥에 들어가서 주님 등 뒤에 갖은 욕과 저주를 퍼붓지 말고, 지금 숨 쉬고 있을 때 한번이라도 진심으로 주님을 부르고 그 앞에 엎드려 죽어야만이 그 사람에게 희망의 서광이 비췬다.

어떤 사람이 예수님께 “주여 구원을 얻는 자가 적으니이까?”라는 매우 의미심장한 질문을 던졌다. 이 때 예수님께서는 ‘적다’라는 직설적인 답변을 회피하시고 왜 적은지 그 이유를 말씀해 주신다.

“좁은 문으로 들어가기를 힘쓰라 내가 너희에게 이르노니 들어가기

를 구하여도 못하는 자가 많으리라.” (눅13:24)

자신의 현재의 구원의 상태를 가늠해 볼 수 있는 요긴한 잣대이다.

요한은 증인의 삶을 살다 보니 어느덧 고단한 육신을 이끌고 밧모섬까지 오게 되었다. 그는 이제 여기서 자신의 노구를 거룩한 순교의 전당에 바칠 때라고 생각했을 수도 있다. 그러나 “겉사람은 후패하나 우리의 속은 날로 새롭도다.” 라고 고백한 바울의 생각과 같이 비록 요한은 늙었지만 그의 영성과 속세계는 새로움의 절정에 달해 있어 예수 그리스도의 계시를 소화해 내기에 가장 적합한 그릇의 상태가 되었다.

마침내 예수님은 요한에게 새로운 차원의 순교적 사명을 주신다. “그러므로 네 본 것과 이제 있는 일과 장차 될 일을 기록하라.”

요한이 겪어야 할 환상과 계시는 마치 그 장면을 손수 경험해야 하는 매우 강렬한 충격의 연속이기에 그는 이것을 보고 기록하는 일 자체가 순교였다. 그 엄청난 영의 세계에 몰입하는 거룩한 작업은 예수님이 오른 손을 얹어 두려워말라는 영적 에너지의 공급이 없었더라면 능히 해 낼 수 없었을 것이다.

요한은 일찍이 복음서를 기록한 목적을 이렇게 말했다.

“오직 이것을 기록함은 너희로 예수께서 하나님의 아들 그리스도이심을 믿게 하려 함이요 또 너희로 믿고 그 이름을 힘입어 생명을 얻게 하려 함이니라.”(요20:31)

그러나 예수님께서 요한으로 하여금 계시록을 기록하게 한 새로운 목적은 이렇다.

"이 예언의 말씀을 읽는 자와 듣는 자들과 그 가운데 기록한 것을 지키는 자들이 복이 있나니 때가 가까움이라."

복음서는 믿음을 통해 생명의 시작을 알리지만, 계시록은 입체적인 믿음(읽고 듣고 지키고)을 통해 생명의 완성을 알린다. 따라서 엔 타임에는 계시록이 복음서이고 계시록이 말세의 복음인 것이다.

예수님께서는 요한이 목격한 것들 중에 일곱 별과 일곱 촛대에 대해서 의외의 주석을 달아 주신다. 그런데 예수님께서 일곱 교회를 일곱 금촛대(seven golden candlesticks)에 비유하시고, 일곱 사자들을 일곱 별(seven stars)에 비유하심에 주목할 필요가 있다. 그것은 교회의 사명이 바로 촛대와 같은 기능을 하기 때문이다.

교회가 빛 자체는 아니지만 빛 되신 예수 그리스도를 높이 드러내기 위한 스틱의 역할을 한다. 스틱인 교회가 무너지고 넘어지고 자빠지면 빛 되신 예수 그리스도도 함께 넘어져 꺼져 버리고 만다.

교회는 멀리서 보면 빛이지만 가까이서 보면 그리스도 예수이다. 빛이 꺼져 버린 교회는 더 이상 아무 것도 보이지 않고 빛이 바랜 성도는 더 이상 아무 것도 기대할 수 없다.

6_마지막 때에
불타야 할 처음 사랑 (계2:1-7)

> 싸움에서 이기고 처음 행위를 가진 자에게 아무도 먹어본 적이 없
> 는 생명나무 과일을 주시겠다고 약속하신다. 처음 사랑이 어디서
> 떨어졌는지 시간을 되돌리지 않으면 영원을 되돌리지 못하게 될
> 것이다.

만약 사랑의 마음을 눈에 보이는 그림으로 그려 본다
면 훨훨 타오르는 불을 그릴 수 있을 것이다. 불은 빛과 열에너지를 가
지고 있고, 이 열에너지가 바로 상태변화를 일으키기 때문이다. 사랑
에는 분명 뜨거운 감정의 열에너지가 있기에, 사랑의 상태에 있는 자
가 그 에너지를 긍정적으로 불태우면 놀라운 결과를 기대할 수 있다.

에베소 교회는 처음 사랑(first love)을 소유했기에 뜨거운 복음의
열정이 넘치는 교회였다.

한국교회사의 초기 성도들에게서도 역시 에베소 교회의 성도들이

지녔던 신앙열정의 공통분모들이 존재한다. 교회는 신자들이 목사의 불을 구경하러 오는 곳이요, 불신자들은 신자의 불을 구경하러 오는 곳이다.

복음과 은혜의 세계를 처음으로 체험할 당시의 개인은 비로소 영혼의 세계에 눈이 열리기 시작하고, 인간의 심령은 예수 그리스도와의 관계가 가장 회복된 상태로 최적화된다. 이때에 발생하는 불같은 예

(요한계시록2:1-7)

"에베소 교회의 사자에게 편지하라 오른손에 일곱 별을 붙잡고 일곱 금촛대 사이에 거니시는 이가 이르시되 내가 네 행위와 수고와 네 인내를 알고 또 악한 자들을 용납지 아니한 것과 자칭 사도라 하되 아닌 자들을 시험하여 그의 거짓된 것을 네가 드러낸 것과 또 네가 참고 내 이름을 위하여 견디고 게으르지 아니한 것을 아노라.

그러나 너를 책망할 것이 있나니 너의 처음 사랑을 버렸느니라. 그러므로 어디서 떨어진 것을 생각하고 회개하여 처음 행위를 가지라 만일 그리하지 아니하고 회개하지 아니하면 내가 네게 임하여 네 촛대를 그 자리에서 옮기리라. 오직 네게 이것이 있으니 네가 니골라 당의 행위를 미워하는 도다. 나도 이것을 미워하노라. 귀 있는 자는 성령이 교회들에게 하시는 말씀을 들을지어다. 이기는 그에게는 내가 하나님의 낙원에 있는 생명나무의 열매를 주어 먹게 하리라."

수 그리스도에 대한 사랑은 창조의 회복이고 파괴의 복구이며, 영혼의 자리매김이다. 이 불타오르는 처음 사랑 속에 불같은 믿음, 불같은 소망이 함께 타 오른다.

에베소 교우들의 이 사랑은 외부적으로는 수고와 인내의 불길로, 내부적으로는 참고 견딤의 불길로 타오를 수 있었다. 그런데 언제부터인가 이들의 뜨거운 복음의 열정이 식어지기 시작했고, 예수님의 문제제기는 바로 이들의 그 뜨거운 처음 사랑의 실추에 있다.

그것이 어디서 떨어진 것(whence thou are fallen)을 생각하고 처음 행위를 가지라는 예수님의 권고는 "너는 네 하나님 여호와 앞에 완전하라."(신18:13)는 말씀을 상기시킨다. 돈을 잃어버렸을 때에만 어디서 떨어진 것을 생각지 말고, 주님과의 그 애절한 첫사랑을 어디서 잃어버렸는지도 헤아릴 수 있어야 하는 것이다.

예수님의 이 말씀은 마치 전염병의 근원지를 역추적 하듯이 문제해결의 알고리즘(algorithm)을 제시하시는 것처럼 보인다. 어디서 떨어졌는지 떠나온 행선지를 되돌아가보면 어떤 사건현장의 정황을 만날 수도 있다. 이것은 믿는 자들의 신앙생활이 평상시에 매우 구체적이고 섬세하게 예민한 수준에서 철저히 관리되어야 한다는 예수님의 문제의식이기도 하다. 언제 어디서 어떻게 떨어졌는지 반추에 반추를 거듭하여 회개의 합당한 열매를 맺으라는 것이다.

어디서 떨어졌다고 하는 것은 진행의 속도가 처음에는 완만하게 진행되다가 어느 순간 급진적으로 몰락한 티핑 포인트(tipping point)의 속성을 지니는 뉘앙스를 풍긴다. 만약 예수님의 말씀의 의도가 이것이었다면, 그들의 처음 사랑의 실추는 어떤 사건에 의한 결과로도 추정해 볼 수 있다. 사랑의 불이 붙어 있었지만 어떤 사건이 찬물을 끼얹음으로써 갑작스레 불이 소화되었다는 타율적 결과를 조심스럽게 가정해 보는 것이다.

처음 사랑의 실추가 교회의 문제로 지적되고 있는 것은 어떤 개인 한 두 사람의 문제가 아니라, 전반적인 교우들의 집단현상이기 때문이다. '어디서'라는 용어를 주님이 사용하심은 6하 원칙에 입각해서 밝힐 수 있을 만큼 그 원인제공의 명백한 근거가 존재하고 있음을 암시한다. "어디서 떨어진 것을 기억하고(remember) 회개하여 처음 행위를 가지라"는 말씀 속에는 말하는 자와 듣는 자만이 아는 모종의 사건에 대한 회상의 언질 일 수 있다. 여하튼 이 말씀은 우리의 영적인 실패가 언제 어디서나 발생할 수 있는 많은 함정과 유혹, 도전과 시험에 노출되어 있음을 전제한다.

예수님의 이러한 권고를 넓은 의미에서 받아들일 때, 그것이 사회심리적 요인이건, 지역 환경적 요인이건, 집단적 개인적 요인이건 간에 그리스도인은 항상 방어적이고 공격적인 영적 긴장의 자세를 취하고 있어야만 한다는 것이다.

초기 기독교 공동체의 사회적 상황은 신자들이 여유롭게 신앙생활을 유지할 수 있을 만큼 그리 녹녹하지 않았다. 그야말로 내우외환의 연속이었다. 초기 교회 신자들의 어떤 취약점을 들라하면 이들은 개종 1세대 혹은 1.5 세대 혹은 길어야 2 ~ 4세대 정도 되었기 때문에 믿음의 뿌리가 약하다는 점이다.

특히 초기 기독교 성도들의 사회적 고립은 삶을 지탱해주는 인간의 본능적 생태감을 극복하기에 많은 유혹이 따랐을 것이다. 신앙의 불이 훨훨 타오르고 있을 때에는 신앙의 뿌리가 약해도 환경을 넉넉히 초월해 나아갈 수 있다. 그러나 문제는 처음 사랑의 불이 꺼지면서부터 발생한다. 타고 남은 재가 초라해 보이듯이, 불 꺼진 그리스도인처럼 초라해 보이는 경우는 없다.

그런데 에베소 교회를 향해 나타나신 예수님의 모습은 오른손에 일곱별을 붙잡고 일곱 금 촛대 사이에 다니시는 자이시다. 이것은 에베소 교회의 상황에서 그들이 인식하고 붙잡아야 할 예수님의 실상(實像)을 말해 준다.

예수님이 에베소 교회에 이러한 실상으로 나타나신 것은 그 모습이 에베소 교회가 예수님과 맺어야 할 관계에 있어서, 그리고 주님을 바라봄에 있어서 가장 절실한 포인트가 되기 때문이다. 동시에 이것은 혹시 에베소 교회의 첫 사랑이 손실된 원인들을 밝혀주는 결정적인 단초를 제공해 줄 수도 있다. 일곱별이나 일곱 금촛대 모두 교회와 연관이 있고, 교회의 머리와 주인은 예수님이시고, 교회의 주권의 소재가 바로 예수님께 있다는 것을 주지시키고 있다.

에베소 교회를 흔들었던 어떤 사건이 있었다면 그 사건의 성격은 누군가 교회의 주인 노릇을 하려고 했으며, 이로 인한 갈등 그룹들이 발생겼고, 그들이 서로 반목하고 질시하는 사건을 겪으면서 처음 사랑의 불이 꺼지고 교회가 어디로 가야 하는지 방향감각을 상실하고 좌초한 것이다.

바울이 에베소 교회에 보낸 서신의 주제는 '에베소 교회론'이다. 에베소 교회를 설립한 바울이 에베소 교회의 분위기를 잘 알고 있었을 것이다.

바울은 이 서신에서 교회가 '예수 그리스도의 몸'이며, 몸이 하나이고 성령이 하나이듯이, 에베소 교우들이 한 소망 안에서 부르심을 입었다고 말한다. 각각의 직분이 그의 몸을 세우는데 기여하며, 온 몸이 각 마디를 통하여 도움을 입음으로 연락하고 상합하여 각 지체의 분량대로 역사하여 그 몸을 자라게 한다는 것이다.

에베소 교회의 지체들이 한 몸으로 일치되었을 당시에는 교회가 악한 자들을 용납지 아니하고, 자칭 사도라 하되 아닌 자들을 시험하여 그 거짓된 것을 드러내고, 니골라 당의 행위를 미워할 수 있었다. 에베소 교회의 신자들은 이교도에서 예수를 믿고 개종한 자들이 대부분이었을 것이고, 교회 안에는 다양한 인종, 직업, 종교, 출신 배경을 가진 자들로 구성되었을 것이다. 다양한 신자들로 구성된 교회가 강한 유대감을 형성하기 위해서는 내부통합이 중요한 관건이 된다. 그런데 예나 지금이나 그리스도인의 정체성을 뒤흔들고 교회를 위협하는 요소가 있다면 하나는 '세상 문화'이고 다른 하나는 먹고 사는 '생계유지'의 문제이다.

사도행전 19장에는 에베소 지역에 소재한 세계 7대 불가사의중 하나인 아데미 여신상이 등장한다. 역사의 기록에 의하면 24개나 되는 황소의 고환을 젖가슴에 달고 있는 여신 아데미(Artemis)를 숭배하는 세계적인 축제가 해마다 5월이면 개최되었다고 한다. 이 제의에 참가하기 위해 세계 곳곳의 순례객들이 몰려왔으며, 이 기간에 그들에게 기념품을 판매하는 등 이 행사로 인해 발생하는 많은 금전적 비즈니스가 성행하고 있었다. 여기에 종사하는 어떤 은장색이라는 사업가가 많은 종업원을 거느리고 아데미신의 은감실(silver shrines for diana)을 만들어 판매함으로써 고수익을 올리고 있었다. 그런데 바울이 사람의 손으로 만든 것들은 신이 아니라고 주장하자, 이러한 기독교적 가치관과 아데미 비즈니스 상권간의 강한 충돌을 일으키게 된다.

에베소 교회 신도들 중에는 기독교로의 개종 이전에 이러한 직업에 직접적으로 종사하거나 간접적으로 연루된 신자들이 적잖이 존재했을 것이다. 많은 사람들이 몰려오는 여신 축제의 비즈니스에는 근처에서 떨어지는 팥고물만 주워 먹어도 그럭저럭 한 식구 입에 풀칠하는 수입원이 될 수 있었다.

인간의 삶에 가장 큰 비중을 차지하는 것이 먹고 사는 문제이고 이에 따른 금전적인 문제이다. 에베소 교회가 외부로부터의 박해와 시련은 잘 견디어 냈지만, 이러한 사회적 고립이 지속되면서 발생하는 먹고 살아야 하는 생계문제가 에베소 교인들의 처음 사랑을 흔들어 목줄을 조이는 요인이 되었는지도 모른다. 그리고 교회내부에 이러한 문제의 신앙적 정당성에 관한 시시비비로 인해 사분오열됨으로서 처음 사랑의 불이 꺼져 버렸는지도 모른다.

세상을 변화시키지 못하는 교회는 결국 세상에 의해 변질되어 역사 속으로 사라지고 만다. 그런데 예수님은 어디서 떨어진 것을 생각하고 회개하여 '처음 사랑'을 가지라고 말씀하시지 않고 '처음 행위'를 가지라고 하신다. 부패한 사람의 마음에 잃어버린 처음 사랑을 담기란 결코 쉽지 않기 때문이다. 그러나 감정의 영역보다는 지성의 영역과 의지의 영역이 뜨거워진다면 처음 행위를 회복하는 것은 얼마든지 가능한 일이다.

회개하지 않고 여전히 처음 행위 없이 예수님을 믿는다고 하면 예수님은 촛대를 옮기신다고 하신다. 촛대를 옮기신다는 것은 예수님이 그 교회를 떠나시겠다는 충격적인 선언이시다. 처음 행위가 없는 변질되고 형식적인 신자에게 예수님은 더 이상 계실 이유가 없고, 열정이 식어 버린 냉랭한 교회는 예수님의 그림자도 볼 수 없다는 매우 냉혹한 처사이시다.

그러나 싸움에서 이기고 처음행위를 가진 자에게, 아무도 먹어본 적이 없는 생명나무 과일을 주시겠다고 약속하신다. 이것은 인명은 재천(在天)이지만, 운명은 재아(在我)라는 말이다. 처음 사랑이 어디서 떨어졌는지 시간을 되돌리지 않으면, 영원을 되돌리지 못하게 될 것이다.

7_둘째 사망을 이기는 첫째 사망

(계2:8-11)

> 환란과 핍박으로 인한 첫째 사망의 시험을 이기는 서머나 교회에
> 게는 둘째 사망의 해를 받지 않음으로 죽음의 문제가 영원히 해결
> 된다.

계시록의 소아시아 일곱 교회들은 초기 기독교 역사 속에 건재했던 교회들이지만, 현재 그 교회들은 다 사라지고 건물이나 터의 잔흔만이 존재한다. 회중으로서의 교회는 사라졌지만, 그들이 뿌린 복음의 씨앗이 누군가를 통해 끊임없는 재생산의 순환을 거듭하고 있을 것이다.

복음의 씨앗이 가장 잘 자라는 토양이 있다면 그곳은 순교자의 피가 흐르는 땅이다. 십자가의 겨울이 지나서야 부활의 봄이 오듯이, 순교자의 뜨거운 피를 쏟아 붓고서야 그 땅이 해토되어 교회가 발아(發

芽)된다.

　역사의 파노라마 속에는 넘지 말아야 할 신앙의 절대 선(線)을 지키기 위해 반드시 넘어야 할 죽음의 선(線)이 있다. 따라서 죽음의 시험대가 어떤 신앙인에게는 덫이 되지만 어떤 신앙인에게는 닻이 된다.

　죽음만큼 신앙인에게 가장 큰 시험(temptation)을 주는 시험(test)은 없다. 이때에 자신의 믿음을 오직 죽음 한가지와만 맞바꾸는 자들이 존재하며, 그들이 이 역사 속에 가장 위대한 유산을 남긴다.

　아벨은 죽었지만 믿음으로써 오히려 말한다고 성경은 기록한다.

"서머나 교회의 사자에게 편지하라 처음이요 마지막이요 죽었다가 살아나신 이가 이르시되 내가 네 환난과 궁핍을 알거니와 실상은 네가 부요한 자니라. 자칭 유대인이라 하는 자들의 훼방도 알거니와 실상은 유대인이 아니요 사탄의 회당이라.

　너는 장차 받을 고난을 두려워하지 말라. 볼지어다 마귀가 장차 너희 가운데서 몇 사람을 옥에 던져 시험을 받게 하리니 너희가 십 일 동안 환난을 받으리라. 네가 죽도록 충성하라 그리하면 내가 생명의 면류관을 네게 주리라.

　귀 있는 자는 성령이 교회들에게 하시는 말씀을 들을지어다. 이기는 자는 둘째 사망의 해를 받지 아니하리라."

죽음으로 말하는 것처럼 강렬한 신앙의 자기 변론은 없기 때문이다. 십자가에서 완성된 사역만이 가장 오랫동안 말하는 생명력이 있다.

기독교는 죽는 종교이다. 산 제물로 죽든가 아니면 죽은 제물로 죽든가 어느 쪽이든 쉽지 않지만, 어느 쪽으로든 죽어야 한다. 죽지 못해 사는 자는 살지 못해 죽는 자 만큼 비극적이다. 어떤 때에는 죽는 것을 사단이 방해하지만 어떤 때에는 죽는 것을 사단이 모사(謀事)한다.

계시록에 사단이라는 용어가 7회, 마귀라는 용어가 5회 나오는 것은 그 만큼 엔 타임의 시기에 악의 세력이 끊임없이 등장함을 방증(傍證)한다.

입체감의 세계를 보기 위해 3D 안경을 착용하듯이, 영의 세계에서 진행되는 일들을 체감하기 위해서는 4D 안경이 필요하다. 4차원의 세계에서 발생하는 일들을 보라고 하나님은 성서라는 4D 안경을 주셨다. 성서의 안경으로 보지 않으니까 다른 헛것이 보이고 허튼 소리가 나온다.

예수님께서는 서머나 교회에서 이루어지고 있는 사람의 장난질이 다른 쪽에서는 마귀의 장난질임을 보라고 눈을 열어 주셨다. 특히 목숨을 걸고 예수 그리스도를 박해하는 극악(極惡)한 자들이나 생명을 내 놓고 예수 그리스도를 믿으려는 극선(極善)한 자들, 이 두 부류에 마귀의 역사가 동반된다. 전자가 자칭 유대인인 사단의 회(synagogue of Satan)이고, 후자는 십일 동안 환란을 받는 자들이다.

사단의 회당(synagogue of Satan)이 존재하듯 사단의 교회(Church of Satan)도 존재 한다. 오늘날도 뱀이 강대상에 똬리를 틀고 있는 사단의 교회(Church of Satan)가 얼마나 많은가? 복음의 나라가 나 때문에 가려지고 있다면 틀림없이 그 뱀이 내 정수리에 똬리를 틀고 앉아 있는 것이다. 오늘도 예수 그리스도의 영광을 가리고 있는 목사, 장로, 집사, 권사를 사단이 밀 까부르듯 까분다.

3차원의 시간과 공간의 교차로에 서 있었던 서머나 교회가 4차원의 낙뢰를 피해갈 수는 없었다. 상황이 그렇게 몰아 갈 때에 피할 수 있는 방법은 오직 정면 돌파이다.

예수 그리스도에게는 마음을 숨길 뿐, 오직 몸으로 그 바람을 막아야 한다. 때로는 예수님께서 기적같이 살아나게 하심으로 그 경륜을 이루시기도 하시지만, 때로는 기적같이 죽게 하심으로 그 뜻을 드러내기도 하신다. 어느 쪽이든 주님의 선택에 맡기는 것이 믿음이고, 어느 쪽이든 주님의 선택의 결과는 선하다.

에베소 교인들이 환란은 이겨 놓고 먹고 사는 문제에 졌다면 서머나 교우들은 환란을 이기기 위해 굶어가며 예수 믿는 사람들이었다. 먹고 사는 시험을 이기는 에베소 교회에게는 하나님의 낙원에 있는 생명나무 과실을 먹음으로 먹고 사는 문제가 영원히 해결된다. 환란과 핍박으로 인한 첫째 사망의 시험을 이기는 서머나 교회에게는 둘째 사망의 해를 받지 않음으로 죽음의 문제가 영원히 해결된다.

예수 믿어 배불리 먹고 사는 현대인 크리스천들은 예수 믿다 굶어 죽게 된 서머나 교회 교인들에게 무릎 꿇고 사과해야 할 것이다. 물질의 부를 추구하며 그것이 복이라고 여기는 그리스도인들은 서머나 교회가 어떻게 예수를 믿었는지 믿음의 현장에 가서 배울 필요가 있다. 그들은 죽도록 살았고 살도록 죽었다. 그러나 예수님의 마음으로 보면 그들의 실상은 믿음이 부자라는 것이다.

예수님의 마음이 예수님의 나라이다. 예수님이 서머나 교회를 향해 해 줄 수 있는 말씀은 그리 많지 않다.

"네가 죽도록 충성하라 그리하면 내가 생명의 면류관을 네게 주리라."

육신의 생명이 다인줄 아는 사람에게 이 말씀이 그리 가슴에 모질게 다가오지 않는다. 그러나 영혼의 존재를 믿는 자에게 이 약속은 마음속에 웅크리고 있는 사망의 어둠을 몰아내는 강렬한 빛이 된다.

죽는 순간까지의 두려움과 고통이 참기 어려운 것이지, 영원의 세계에서 첫 눈을 뜨는 즉시 받는 예수 그리스도의 평안의 느낌을 무엇으로 형용할 수 있으랴! '죽도록'과 '생명의 면류관'이 한 세트이듯, '살도록'과 '사망의 면류관'도 한 세트이다. 이러한 상황에서 서머나 교회 성도들이 붙잡아야 할 예수님은 "처음이요 나중이요 죽었다가 살아나신 이"이다.

사람에게 죽음의 공포가 있는 것은 사망이 죄의 저주로부터 왔기 때문이다. 죽음이 두렵게 느껴지는 만큼, 그것은 자신이 치러야 할 죄의 형량과 비례한다.

죄를 많이 누적시켜 놓을수록, 사망의 몸부림은 격해질 것이다. 죄와 사망의 장벽을 돌파하는 방법은 죽었다가 살아나신 예수님을 신뢰하는 길 밖에 없다. 그 이름을 믿는 자들에게는 하나님의 자녀가 되는 권세를 주셨기 때문이다. 이러한 때에는 아무 것도 아닌 것 같은 믿음만이 그 사람에게 모든 것이 된다.

서머나 교회는 순교자의 영성이 전승되고 있는 교회였다. 요한 계시록이 쓰이고 약 60여년이 흐른 시점까지 서머나 교회에는 열두 번째의 순교자가 탄생했다. 놀라운 예언이고 기막힌 성취이다. 성 제롬은 기록하기를, 서머나 교회의 열두 번째 순교자인 폴리 캅이라는 자가 사도 요한의 제자로서 그에게 안수 받고 서머나 교회의 감독으로 임명 받았다고 한다.

그가 AD 69년 서머나에서 태어나 AD 155년 2월 23일 날 순교했으니 그가 죽을 당시 나이는 86세 옹(翁)이었다. 사도 요한의 제자로서 그의 삶속에 스승의 불이 남아 있음으로 그는 탁월한 믿음의 용기를 발휘하였고, 그의 순교현장에서는 많은 이적이 일어났다.

집행관이 폴리캅에게 "끝까지 뉘우치지 않으면 불에 타서 죽으리라"고 하자 폴리캅은 이에 굴하지 않고 이렇게 말한다.

"당신은 한 시간 동안 타다가 잠시 후면 꺼져버리는 불로 나를 위협하고 있지만, 경건치 못한 자들을 위하여 마련된 심판과 영원한 형벌의 불에 대해서는 전혀 모르고 있소. 그런데 어째서 이렇게 지체하고 있소? 당신이 원하는 대로 속히 시행하시오!”

그는 죽음 앞에서도 결코 흐트러지지 않고 영적 분별력이 무엇인지 보여주고 있다.

믿음이란 것은 제3자를 향해서, 예수 그리스도에 대한 신의와 의리를 지키는 것이다. 그리스도의 제자 중에 도마라는 자는 주님의 부활은 의심했지만 죽음의 방향은 확신하고 있었다.

“디두모라 하는 도마가 다른 제자들에게 말하되 우리도 주와 함께 죽으러 가자 하니라.”(요11:16)

결국 그는 자신의 말대로 인도 선교 중에 순교한 것으로 전해진다.

죽음이 삶의 척도로 작용하는 삶을 살아가는 자는 삶이 죽음의 지렛대로 작용하는 죽음을 죽을 수 있다. <우리도 주와 함께 000 하러 가자>

당신의 000 는 무엇으로 채워져 가고 있습니까?

8_살리는 독트린과 죽이는 독트린

(계2:12-17)

버가모 교회는 발람의 독트린(Doctrine of Balaam)과 니골라당의 독트린(Doctrine of Nicolaitanes)에 휘둘리고 만다. 버가모 교회도 외부의 적은 냉대하면서도 내부의 적과는 화친하고 만 것이다.

초기 교회들은 외부로부터 임하는 물리적 박해와 시련에는 강한 모습을 보이지만 내부에서 비롯되는 정신적 심리적인 유혹에는 힘없이 무너지는 반응을 보인다. 눈에 보이는 적과 밖에서 싸우는 것보다, 눈에 보이지 않는 적과 속에서 싸우는 싸움이 더 힘든 이유는 결국 자기와의 싸움이 되기 때문이다.

사람의 심리는 동태적(dynamic)이고 공격적인 적을 향해서는 방어적인 자세를 취하지만, 정태적(static)이고 미혹적인 적을 향해서는 방심하게 된다. 공격해 오는 적보다 피해 다니는 적을 조심해야 하는 이유가 여기에 있다.

특히 사람의 관능을 자극하여 물고 늘어지는 싸움에서는 이겼을 때 주어지는 통쾌함보다 백기를 들고 투항할 때 주어지는 쾌감이 사람을 더욱 사로잡는 경향이 있다. 만약 이 지는 맛에 길들어지게 되면 영영 헤어 나오지 못하는 본능의 노예가 되고, 이 단계에 이르면 알면서도

(요한계시록 2 : 12 - 17)

"버가모 교회의 사자에게 편지하라 좌우에 날선 검을 가진 이가 이르시되 네가 어디 사는지를 내가 아노니 거기는 사탄의 권좌가 있는 데라. 네가 내 이름을 굳게 잡아서 내 충성된 증인 안디바가 너희 가운데 곧 사탄이 사는 곳에서 죽임을 당할 때에도 나를 믿는 믿음을 저버리지 아니하였도다.

그러나 네게 두어 가지 책망할 것이 있나니 거기 네게 발람의 교훈을 지키는 자들이 있도다. 발람이 발락을 가르쳐 이스라엘 자손 앞에 걸림돌을 놓아 우상의 제물을 먹게 하였고 또 행음하게 하였느니라. 이와 같이 네게도 니골라 당의 교훈을 지키는 자들이 있도다. 그러므로 회개하라. 그리하지 아니하면 내가 네게 속히 가서 내 입의 검으로 그들과 싸우리라.

귀 있는 자는 성령이 교회들에게 하시는 말씀을 들을지어다. 이기는 그에게는 내가 감추었던 만나를 주고 또 흰 돌을 줄 터인데 그 돌 위에 새 이름을 기록한 것이 있나니 받는 자 밖에는 그 이름을 알 사람이 없느니라."

사단에게 영혼을 팔아먹게 된다. 적과의 동침은 결국 동상이몽이다.

에베소 교회는 외부와의 전쟁을 잘 싸워 예수님의 이름을 위하여 참고 견디어 냈지만, 내부와의 전쟁에서 짐으로서 처음 사랑을 잃어 버렸다.

서머나 교회는 외부와의 전쟁, 내부와의 전쟁을 깔끔하게 이겨 냈다.

버가모 교회는 안디바가 순교를 당할 때에 믿음을 저버리지 않았다고 칭찬을 받았지만, 발람의 독트린(Doctrine of Balaam)과 니골라당의 독트린(Doctrine of Nicolaitanes)에 휘둘리고 만다. 버가모 교회도 외부의 적은 냉대하면서도 내부의 적과는 화친하고 만 것이다.

예수님께서 버가모 교회를 향해서 하시는 첫 말씀이 거기는 사단의 위(Satan's Seat)가 있는 곳이라고 지적하신다. 사단은 인간의 심리를 꿰차고 앉았지만 사람은 사단의 존재조차 인정하기 싫어한다.

사단은 지피지기하고 백전백승하는 동안, 사람은 자신의 '적'도 모르고, 적의 '자신'도 모른다. 사단은 유식한 자는 그 유식이 올무가 되게 만들고, 무식한 자는 그 무식이 덫이 되게 만든다.

사단은 자기에게 영혼을 팔아먹는 자의 자기증식을 통해 잉여가치를 생산하기 때문에, 영혼을 팔아먹는 자를 통해 그가 속한 공동체와 집단을 공멸시킨다. 이러한 자가 가정에 있으면 가정파괴범이 되고, 교회에 있으면 교회파괴범이 되어 삽시간에 공동체를 초토화시킨다. 자기 영혼을 팔아먹고 이스라엘을 함몰시킨 자가 있었는데 그가 바로 발람 선지자이다.

신명기 13장에 하나님께서 거짓 선지자를 가리는 방법을 제시하셨다. 거짓 선지자의 이적과 기사만 보고 그를 따르지 말고, 이적과 기사를 행하는 저의가 무엇인지 유심히 관찰하고 그 끝을 보라는 것이다.

발람의 초심은 매우 견고했다.

"발람이 발락의 신하들에게 대답하여 이르되 발락이 그 집에 가득한 은금을 내게 줄지라도 내게 능히 여호와 내 하나님의 말씀을 어겨 덜하거나 더하지 못하겠노라."(민22:18)

하나님의 말씀에 최고의 가치를 부여하는 한 은금은 그저 반짝거리는 돌멩이에 불과하다.

발람이 공식석상에서 선지자 노릇할 때에는 하나님의 말씀만을 운반했기에 발락의 저주 청탁이 번번이 무산되고 말았다. 문제는 선지자가 모든 공식적인 예언행사를 끝내고 사생활로 돌아갈 때 발생한다. 즉 그의 범죄는 공석에서 이루어진 것이 아니라 사석에서 이루어진 일이다.

민수기 기자는 발람이 사석에서 어떤 일을 저질렀는지 이렇게 기록한다.

"보라 이들이 발람의 꾀를 따라 이스라엘 자손을 브올의 사건에서 여호와 앞에 범죄하게 하여 여호와의 회중 가운데에 염병이 일어나게 하였느니라."(민31:16)

발람이 언제 어떻게 발락을 만나 은금을 받고 이들에게 이스라엘을 저주할만한 '발람의 꾀'(Counsel of Balaam)를 팔아먹었는지 성경은 함구한다. 발람은 하나님도 모르게 이 일을 진행시켰지만 이 일은 하나님만 아시는 일이었기에 모세가 미디안 다섯 왕을 죽일 때 그도 함께 처단한다. 선지자나 제사장이나 목사나 그들의 진정한 사역은 성의를 벗고 내려올 때부터 시작되는 것이다.

발람의 독트린은 사람의 성적 본능을 컬트적인 종교의식을 통해 해소시키는 음란한 발상이고, 이 극약처방의 카운슬링은 발락이 그토록 이스라엘을 저주하고 싶었던 순간을 만들어 내고야 말았다.

민수기 25장에는 모압의 여자들이 그 신들에게 제사할 때에 이스라엘 백성들을 청해서 백성들로 하여금 그들의 신들에게 절하고 우상의 제물을 먹고 모압의 여자들과 행음하게 하는 사건이 나온다. 이 염병스런 발람의 독트린으로 인해 2만 4천명의 이스라엘 백성들이 염병으로 죽어 나갔다. 그런데 초기 교회의 제의적 상황과 이스라엘 백성들이 모압 여인들과 행음하게 된 컬트의식과 내용상 매우 유사하다.

이스라엘 백성들이 모압 여인들의 신들에게 절하고 행음하는 행위와 초기교회 시절 이교도의 제사 의식에서 이루어지는 여사제들이나 매춘부들과의 음란행위가 같은 맥락에서 이루어지는 것이다. 이교도의 이러한 유혹이 초기 그리스도인들로 하여금 배교의 길로 접어들게 만든 암초와 같은 존재였다. 만약 이러한 때에 발람의 독트린과 같이 종교의 제의 속에 인간의 본능적인 욕구를 해소시키는 의식을 가미시키는 교리를 주장하는 영향력 있는 인물이 등장하게 되면 천하에 염병이 돌게 되는 것이다. 더군다나 버가모 교회 안에는 발람의 독트린 외에도 니골라당의 독트린(Doctrine of Nicolaitanese)까지 준수하는 자들이 있었다.

에베소 교회는 예수님도 미워하시는 니골라당의 행위(Deeds of Nicolaitanese)를 그들도 미워한다고 칭찬을 받았다. 그러나 버가모 교회에는 니골라당의 교훈을 지키는 자들이 있었다. 에베소에서의 니골라당의 '행위'가 버가모 교회에서는 '교훈'으로 진보해 나아가는 동안, 초기 교회 신자들에게 있어서 이 독트린에 대한 경계심은 퇴보해 나아갔다.

니골라당의 독트린도 발람의 독트린과 다를 바 없이 제의와 관련된 간음행위에 종교적 합리성을 부여함으로써 기독교인이 이 의식에 참여하면 결과적으로 육적 간음, 영적 간음이 동시에 이루어지게 만든다. 그래서 초기 기독교에서는 니골라당의 개념이 '도덕률 폐기론자'들로 인식되기 시작했던 것이다.

인간과 하나님과의 관계에 있어서는 영적 교감이 있어야 하고, 인간과 인간과의 관계에서는 도덕적 질서가 있어야 하며, 인간과 자연과의 관계에서는 생태적 순리가 있어야 한다. 교회 안에는 하나님과의 관계, 인간과의 관계, 자연과의 관계 등 삼중 관계가 모두 공존하는 곳이며, 이 세 가지가 조화를 이룰 때 하나님의 창조 섭리가 아름다운 향기로 드러나게 된다.

그리스도인의 '삶의 자리'는 바로 이 세 가지가 교차하는 지점이다. 예수님께서 버가모 교회에 날선 검을 가지고 나타나셨을 뿐만 아니라, 회개하지 아니하면 주님의 입의 검으로 그들과 싸우리라고 하신다. 진리의 검으로 발람의 독트린을 잘라내고 말씀의 검으로 니골라당의 교훈을 쳐내라는 주문이다.

성서를 판단의 준거점으로 삼지 않으면 성서가 반대하고 있는 사회적 이슈에 대해 민감도 체감성이 약화되어 가고, 마침내 기독교가 비진리의 위협에 대해 회피하는 경향을 보일 것이다.

주님께서는 이기는 자에게 감추었던 만나와 흰 돌을 주신다고 하신다.

만나는 이스라엘 백성들이 광야에서 날마다 먹던 일용할 양식이요 생명의 양식이었다. 진리의 말씀에 시험받고 있는 버가모 교우들이 시험을 이기면 감추어진 만나의 신비한 생명의 맛을 즐기게 된다. 주님이 주시는 흰돌 위에는 받는 자만이 알 수 있는 이름이 새겨져 있고, 이는 주는 자만이 알 수 있는 돌이다. 받는 자 입장에서는 주는 자가 주게 끔 해야 하는 것이고, 주는 자 입장에서는 받는 자가 받게 끔 해야 한다.

당신은 누구의 독트린에 목을 매고 있습니까?

9_믿음의 얕은 것과 사단의 깊은 것

(계2:18-29)

초기교회들은 하나의 물길에 다른 물꼬가 틔어 그 물길이 주류가 되는 경우가 종종 발생했다. 이 물꼬의 출처를 예수님은 '사단의 깊은 것'(depths of Satan)이라고 말씀하신다. 믿음의 얕은 것으로는 사단의 깊은 것을 알지 못한다.

교회는 다양한 생각을 지닌 다수의 인원으로 구성된 곳이지만 하나의 목표와 한 가지 의미를 추구하며 한마음으로 집중되는 곳이다. 다양한 목소리가 불협화음으로 들리지 않는 것은 내 목소리가 다른 사람의 목소리와 화음을 이루어 아름다운 합창이 되기 때문이다.

교회가 한 방향을 향해 갈 수 있는 구심력이 있다면 그것은 예수 그리스도의 복음의 은혜이며, 사방팔방으로 흩어지는 원심력이 있다면 그것은 복음의 은혜를 나누고자 하는 성령의 역사이다. 교회가 하나

"두아디라 교회의 사자에게 편지하라. 그 눈이 불꽃같고 그 발이 빛난 주석과 같은 하나님의 아들이 이르시되 내가 네 사업과 사랑과 믿음과 섬김과 인내를 아노니 네 나중 행위가 처음 것보다 많도다.

그러나 네게 책망할 일이 있노라. 자칭 선지자라 하는 여자 이세벨을 네가 용납함이니 그가 내 종들을 가르쳐 꾀어 행음하게 하고 우상의 제물을 먹게 하는도다. 또 내가 그에게 회개할 기회를 주었으되 그 음행을 회개하고자 하지 아니하는도다.

볼지어다. 내가 그를 침상에 던질 터이요 또 그로 더불어 간음하는 자들도 만일 그의 행위를 회개하지 아니하면 큰 환난 가운데 던지고, 또 내가 사망으로 그의 자녀를 죽이리니 모든 교회가 나는 사람의 뜻과 마음을 살피는 자인 줄 알지라. 내가 너희 각 사람의 행위대로 갚아 주리라.

두아디라에 남아 있어 이 교훈을 받지 아니하고 소위 사탄의 깊은 것을 알지 못하는 너희에게 말하노니 다른 짐으로 너희에게 지울 것이 없노라. 다만 너희에게 있는 것을 내가 올 때까지 굳게 잡으라. 이기는 자와 끝까지 내 일을 지키는 그에게 만국을 다스리는 권세를 주리니 그가 철장을 가지고 그들을 다스려 질그릇 깨뜨리는 것과 같이 하리라. 나도 내 아버지께 받은 것이 그러하니라. 내가 또 그에게 새벽 별을 주리라. 귀 있는 자는 성령이 교회들에게 하시는 말씀을 들을지어다."

의 물길을 형성해 흐르다가도 누군가 그 흐름 속에 다른 물꼬를 트게
되면 새로운 물길이 만들어지고, 그 물길이 주류를 형성할 수 있다.

초기교회들은 하나의 물길에 다른 물꼬가 틔어 그 물길이 주류가 되
는 경우가 종종 발생했다. 이 물꼬의 출처를 예수님은 '사단의 깊은
것'(depths of Satan)이라고 말씀하신다. 믿음의 얕은 것은 사단의 깊
은 것을 알지 못한다. 사단이 트는 물꼬의 깊이는 갈수록 깊어진다.

두아디라 교회에 이세벨의 물꼬가 트이기 시작하더니 신도들이 우
상의 제물을 먹고 행음하게 되는 급물살을 타기 시작했다. 그럼에도
불구하고 주님께서는 긍휼과 자비를 베푸시어 거짓 선지자에게도 회
개할 기회를 주셨지만 그 음행을 회개하려고 하지 않았다는 것이다.

예수님은 누구에게나 제2의 기회를 주시는 분이시다. 그 기회가 자
기성찰의 특허임을 깨닫지 못하면, 그 자리는 더 뒤로 물러 설 수 없는
벼랑 끝이 된다. 간음의 현장이 눈물과 회개의 침상(寢牀)이 되지 못
하면 참사의 병상(病牀)이 되고 마침내 초상(初喪)의 주인공이 되는
것이다.

이세벨의 음풍에 휘말려 음란의 침상에 즐겨 오르는 자들에게도 주
님은 정중히 경고하신다. 그 더러운 행위를 회개치 않으면 큰 환난 가
운데 던져지고 자녀들이 죽어 나가는 천벌을 받을 것이라는 것이다.
자녀들을 먼저 보내는 것은 정작 죄를 지은 자로 하여금 살아있는 지
옥의 삶을 느끼게 하는 것이다.

사람들은 타인의 시선을 피해 은밀히 진행되는 간음의 현장을 '누가

볼까’라고 생각한다. 그리스도인들조차 보이지 않는 하나님이 보고 계심을 의식하지 않고 죄의 현장에 서성거릴 때가 얼마나 많은가!

비행사가 비행착시 현상을 일으키면 바다를 하늘로 착각하고 비행기를 몰고 바다 속으로 침몰한다. 버티고(vertigo)의 착각현상이 이렇게 위험하듯이 하나님을 순간적으로 착각하게 되면 자기 영혼의 비행기를 몰고 지옥의 불바다 속으로 침몰하게 된다.

예수님은 모든 신자들이 착각하지 말아야 될 사실이 있다고 말씀하신다.

“모든 교회가 나는 사람의 뜻과 마음을 살피는 자인줄 알지라. 내가 너희 각 사람의 행위대로 갚아 주리라.”(23), “도적질한 물이 달고 몰래 먹는 떡이 맛이 있다”(잠9:17)고 했던가! 두아디라 교회 신자들은 이세벨이 몰래 주는 떡 맛에 스릴과 쾌감의 침을 흘리고 있었다. 그러나 두아디라 교회의 신자들은 예수님을 철저히 오해하고 있거나 과소평가하고 있다.

두아디라에 나타난 예수님의 형상은 “그 눈이 불꽃같고 그 발이 빛난 주석과 같은 하나님의 아들”이시다. 불꽃같은 눈동자 앞에 숨을 곳이 없는 것이고, 주석과 같이 빛난 발을 가지신 하나님의 아들은 다니시지 않는 곳이 없는 분이시다. 무소부재(無所不在), 무소불능(無所不能)하신 그 분의 임재 앞에 모든 것이 온 천하에 드러난다.

마음 밭에 음란의 씨를 뿌리는 것은 마귀이지만, 마귀가 일하도록 마음의 문을 열어 주고 있는 자는 자기 자신이며, 동시에 그 모든 것을 보고 그 뜻을 살피시는 자는 주님이시다.

예수님은 각 사람의 믿음대로 갚아 주신다고 하지 않으시고, 각 사람의 행위대로 갚아 주신다고 하신다. 엔 타임의 신자들의 믿음이 행위의 선한 열매로 무르익어 있지 않으면, 저주받은 무화과나무와 같이 말라 비틀어지게 된다는 것이다.

두아디라 교회의 신앙 성숙도는 타의 추종을 불허할 정도로 탁월한 모습을 보인다. '그들의 사업과 사랑과 믿음과 섬김과 인내'의 다섯 가지 덕목들이 활성화되어 있는 살아있는 교회였다. 더군다나 두아디라 교회 성도들의 나중 행위가 처음 것 보다 많다는 것은 지칠 줄 모르는 부흥의 가도를 달리고 있다는 것이며, 처음 행위를 상실한 에베소 교회에 비해 복음의 열정이 나중까지도 식지 않고 있다는 증좌(證左)이다. 그럼에도 불구하고 두아디라 교회는 어떻게 이세벨을 용납하는 이율배반적인 모습을 보이고 있는지 참으로 아이러니한 일이 아닐 수 없다.

성도가 성령 충만한 상태에 이르렀다고 해서 육체의 배고픔이 사라지는 것이 아니듯이, 어떤 경우에서건 육을 지탱해 나가려는 본성적 욕구는 결코 소멸되지 않는다. 영의 에너지가 활성화 될 수록 그 영과 유기적 관계에 있는 육신은 공허해 질 수 있기 때문에 이 시점에서는 영의 통제와 지배가 더욱 필요해진다. 마귀가 들어오는 틈새는 바로 성도가 열심히 주의 사업에 매진한 후 영적 긴장감이 풀어지고 육체의 공허함이 밀려 올 때이다.

두아디라 교회 성도들의 장점인 "사업과 사랑과 섬김과 인내"는 극도로 자기를 비워 희생하는 십자가의 도이다. 이러한 제자도는 누가 알아 줘서 하는 일들이 아니라 주님을 사랑하는 원숙한 신앙에서 우러나오는 자발적 선택이다.

그리스도인들은 이러한 일들을 실행해 나아가는 과정에서 충분한 신앙적 의미와 가치와 기쁨을 느껴야 한다. 그리고 영적인 희락에 취하고 그 여운을 오래 지속하기 위해서는 모든 일의 종착지인 그리스도를 향해 달리는 레일에서 한순간도 멈추거나 탈선해서는 안된다. 그리스도와의 관계에서 실패하면 모든 것에 실패하는 것이고, 그리스도와의 관계에 성공하는 자는 모든 일에 성공하는 자이다.

두아디라 신자들은 분명 이세벨의 꾐에 빠져 그 잘하던 '사업과 사랑과 믿음과 섬김과 인내'를 상실하고 그리스도와의 관계가 단절되는 위기에 처했다. 그래서 예수님은 두아디라 신자들에게 있는 것을 주님이 올 때까지 굳게 잡으라고 권하시고, 끝까지 주님의 일을 지키는 그에게 만국을 다스리는 권세를 주시마 약속하신다. 이세벨의 꾐에 힘없이 넘어간 연약한 교회였지만, 이기는 자에게는 철장 권세를 주시겠다는 것이다.

예수님은 두아디라 교회를 매우 사랑하고 계신다. 역사는 짧은 교회였지만 가장 긴 문장의 편지를 쓰고 계시기 때문이다.

옛날 유행가 가사에 이런 노랫말이 있다. "그대 위해서라면 나는 못할게 없네. 별을 따다가 그대 두 손에 가득 드리리. 나 그대에게 모두 드리리. 터질 것 같은 이 내 사랑을."

이 고백은 예수님이 두아디라 교회를 향한 사랑의 고백이다. 이기는 자에게 주님은 새벽별을 따다 주신다는 것이다. 사랑하는 자들끼리만 통하는 얘기이고, 해 본 사람만이 할 수 있는 말이다.

당신은 예수 그리스도와 이러한 관계입니까?

10_산 자가 죽은 자로 보이는 까닭은...(계3:1-6)

그리스도인으로서 흰옷을 더럽히지 않기 위한 고단한 싸움은 불가피하다. 여기서 백기를 들면 주님은 도적같이 오시는 것이고 생명책에서 그 이름은 흐려진다.

소아시아 일곱 교회에 주신 예수님의 서신들은 엔 타임을 살아가는 그리스도인들의 삶에 대한 주님의 생각과 기대치를 보여 준다는 점에서 매우 중요한 책이다.

글의 형식이 칭찬과 책망이라는 교육심리학적 구성으로 진행되고 있다는 점에서 삶의 방향제시가 효율화 되고 있다. 글의 내용이 매우 엄격한 사실적 잣대를 적용하고 있다는 점에서, 자신의 삶에 유의미한 행위의 준거점(準據點)을 제시한다. 무엇보다 예수님의 메시지의 핵심은 교회가 처한 사회적 상황의 파동 속에서 공동체나 개인의 환경적 매질(媒質)에 부딪혀 되돌아오는 반사된 믿음 혹은 꺾여 버리는 굴절된 믿음체계에 대한 호된 꾸지람이다. 그 호된 꾸지람 앞에 무릎을 꿇는 자는 살 것이요, 자신을 방어하고 변호하려는 자는 불행한 결말을 초래한다.

일곱 금촛대 사이에 다니시는 예수님께서는 오늘날도 우리 교회를

(요한계시록3:1-6)

"사데 교회의 사자에게 편지하기를 하나님의 일곱 영과 일곱 별을 가지신 이가 이르시되 내가 네 행위를 아노니 네가 살았다 하는 이름은 가졌으나 죽은 자로다.

너는 일깨어 그 남은바 죽게 된 것을 굳게 하라 내 하나님 앞에 네 행위의 온전한 것을 찾지 못하였노니 그러므로 네가 어떻게 받았으며 어떻게 들었는지 생각하고 지켜 회개하라 만일 일깨지 아니하면 내가 도적 같이 이르리니 어느 때에 네게 임할는지 네가 알지 못하리라. 그러나 사데에 그 옷을 더럽히지 아니한 자 몇 명이 네게 있어 흰 옷을 입고 나와 함께 다니리니 그들은 합당한 자인 연고라.

이기는 자는 이와 같이 흰 옷을 입을 것이요 내가 그 이름을 생명책에서 결코 지우지 아니하고 그 이름을 내 아버지 앞과 그 천사들 앞에서 시인하리라.

귀 있는 자는 성령이 교회들에게 하시는 말씀을 들을지어다."

방문하셔서 불꽃같은 눈동자로 나의 속사람과 행위를 관찰하신다. 오늘날 우리는 예수님의 그 예리한 눈동자를 피하지 말고 우리교회와 내 자신에게 주시는 신랄한 책망을 달게 받을 수 있어야 한다.

"귀 있는 자는 성령이 교회들에게 하시는 말씀을 들을지어다." 라는 말씀은 듣고자하는 자에게만 들린다는 것이다.

사데교회를 향한 예수님의 심정은 분명 착찹하다 못해 연민의 눈물을 흘리고 계신다. 주님은 사데교회를 마음껏 칭찬해주고 싶으신데 애석하게도 사데교회의 목회자와 성도들에게서는 아무리 쥐어짜도 건데기가 나오질 않는다.

에베소 교인들은 책망을 받기전에 한보따리 칭찬을 받았기에, 비로서 그 책망을 마음에 새길 수 있었다.

서머나 교회는 주님께로부터 깊은 위로와 격려와 칭찬을 받으며 자신들의 주어진 길을 꿋꿋이 걷게 된다.

버가모 교회는 칭찬보다는 책망이 많았지만 죽음을 당하면서도 믿음을 저버리지 않은 점은 인정받았다.

두아디라 교회는 책망과 칭찬의 팽팽한 긴장관계 속에 있었지만, 그들 신앙의 장점들이 얼마든지 유혹과 시험을 이길 수 있는 능력의 교회로 부각되고 있다. 그러나 사데교회는 아무런 신앙의 열매도 맺지 못한 무능한 목회자, 무기력한 성도, 무성의한 교회였다.

주님의 칭찬이 없는 성도는 명백한 인생의 실패자이다. 설령 목회자의 설교가 유창하고 성도들의 아멘소리가 있다 할지라도, 그 모든 것은 예배시간 뿐이다. 예배를 폐하고 문턱을 나서는 순간부터 그리스도의 냄새가 나지 않고, 복음의 빛을 발하지 못하며, 삶의 맛을 내지 못하는 숨만 쉬고 사는 산송장인 것이다. 여전히 세상 쾌락이 즐겁고, 돈이 되는 일에만 온통 마음이 쏠려, 만나는 사람마다 자연스럽게 돈이 대화의 주제로 떠오른다. 예수 그리스도의 위대함을 드러내기보다, 자신의 삶을 명품인생으로 만드는 데에만 인생의 모든 에너지를 쏟아 붓는다.

예수님께서 사데교회에 "하나님의 일곱 영과 일곱 별을 가진 이"로 나타나신 것은 사데교회의 영적 실패의 원인을 반영한다. 일곱 영은 사데교회의 성령의 부재를 반증하는 것이고, 일곱 별은 목회자의 영성의 부재를 암시한다. 사데교회에 절실히 요구되는 것은 성령의 뜨거운 불체험이다. 교회와 성도들이 역동적이고 못하고 죽은 시체가 된 것은 순전히 그들의 삶에 루아흐(rûah ; 숨, 바람, 영)와 프뉴마(pneuma ; 숨, 호흡)로 채워지는 은혜를 받지 못했기 때문이다.

교회에 하나님의 생기가 없으면 인간의 생기들만 가득 찬다. 하나님의 생기와 영이 있는 곳에는 한 소망 안에서 부르심을 입어 하나가(엡 4: 4) 되지만, 육체의 호흡만 지탱하는 인간의 생기들이 모이면 상생(相生) 보다는 상극(相剋), 공생(共生)보다는 항생(抗生)의 현상이 나타난다.

그리스도의 영이 없으면 그리스도의 사람이 아니고 그리스도의 교회가 아니다. 바울이 물었던 너희가 믿을 때에 성령을 받았느냐는 질

문은 신자들의 화두이고 교회의 표어이며 신앙의 과제이다.

성령의 불이 붙지 않은 교회의 전형이 사데교회이다. 사데교회는 성령의 불을 붙이지 못한 실패한 목회를 책망하고 있다.

목사의 일상은 오로지 교회에 성령의 불을 붙이는 일에 헌신해야 하며, 앉으나 서나 자나 깨나 오매불망 이 한 가지 성업에 매달려야 한다. 잠자고 있는 영혼들을 흔들어 깨우지 못하는 목사는 시방 자신에게 맡겨진 수많은 영혼들을 하나하나 지옥의 전시장에 박재해 놓고 있는 자이다.

목사에게 성령의 불이 없으면 불행하게도 성도들에게 성령의 불을 당겨 줄 수 없다. 그래서 서양속담에 '성령 받지 말고 목회하라'는 목사에 대한 최고의 경멸스런 욕이 존재한다.

성령 받은 자는 그 속에 내주하시는 성령의 인격으로 인해 온전한 행위의 열매를 맺는다. 성령 받지 못한 자의 삶에는 늘 결점과 흠과 실수와 부족함, 그리고 허물이 따라 붙어 추태를 보인다. 성령이 내주하지 않으시니 마음과 생각이 늘 육체의 욕심에 얽매여 있기 때문이다.

사데교회는 점점 죽어 가는 교회였다.

"너는 일깨워 그 남은 바 죽게 된 것을 굳게 하라"는 것은 살기 위해 발버둥치라는 것이다. 아직 죽지 않은 믿음의 세포가 있다면 생명의 불씨를 꺼뜨리지 말라는 것이다.

자신의 몸이 죽어 갈 때에는 누구보다도 자신이 의사이다. 죽음의 불가항력적인 기운이 전신을 억누르는 절체절명의 순간이라 할지라도 삶의 강한 의지로 사망의 그림자와 사투(死鬪)를 벌이라는 것이다.

목사의 입장에서는 죽어가는 마지막 신자 한 명까지라도 포기하지 말고 혼신의 힘을 다 해 살려 내라는 것이다.

예수님은 죽음과의 투쟁에서 살아날 수 있는 그 비결을 일러 주신다. "그러므로 네가 어떻게 받았으며 어떻게 들었는지 생각하고 지키어 회개하라 만일 일깨지 아니하면 내가 도적 같이 이르리니 어느 시에 네게 임할는지 네가 알지 못하리라."(3)

마지막 사데교회가 살아 날 수 있는 유일한 길이 있다면 복음과 만났던 처음자리로 되돌아가는 것이다. 험난한 복음의 난코스를 거쳤던 그들만의 일화를 다시 한 번 삶속에 재현하라는 것이다. 이것은 자신의 저 깊은 무의식 밑바닥에 잔존해 있는 믿음의 에너지를 혼신의 힘으로 끌어 올리는 작업이기도 하다.

그리스도인의 최고 레벨인 성령의 사람으로 올라설 때에 온전한 그리스도인이 되는 것이고, 행위의 온전함이란 그 단계에 이르러야 비로소 맺어지는 믿음의 결실이다.

죽은 영으로 살아가는 사데교회 성도들에게도 주님은 회개의 당위성을 언급하신다. 회개는 잠자고 있는 심령에서 깨어있는 상태로의 '의식전환'이고, 자기 삶에서 생성된 죄의 오물들을 완벽히 투척하는 '폐기처분'이며, 자신이 있어야 될 자리를 온전히 찾아가는 '위치선정' 이다.

살았다 하는 이름은 가졌으나 죽은 사데교회에 살아있는 성도들 몇 명이 남아 있었다. 믿음의 그루터기인 이들은 옷을 더럽히지 않았기 때문에 인정을 받았다.

오늘날의 크리스천들도 옷을 더럽히지 않는 문제를 해결하기 위해 정치적 경향과 경제적 흐름, 사회적 유행과 문화적 트렌드 그리고 종교적 추세에 대한 성서의 해석과 신앙적 여과의 과정을 반드시 거쳐야 한다.

오늘날 얼마나 빠른 속도로 전통적인 선악의 경계가 무너지고, 도덕의 라인이 사라지고, 정의의 논점이 흐려지고, 윤리의 개념이 상실되어 가고 있는가? 오늘날 얼마나 급진적인 삶의 파격과 자극과 엽기가 초고속으로 현대 크리스천들의 삶을 침식시켜가고 있는가? 당위적인 가치가 허물어지고 다양성과 다원화의 가치가 점점 사람들의 의식을 점령해 나아가고 있다. 가만히 있어도 아침에 입은 흰 옷이 저녁에는 검은 옷이 되는 세상이기 때문에 가만히 있어서는 안된다는 사실을 감안해야 한다.

그리스도인으로서 흰옷을 더럽히지 않기 위한 고단한 싸움은 불가피하다. 여기서 백기를 들면 주님은 도적같이 오시는 것이고 생명책에서 그 이름은 흐려진다.

이기는 자(He that overcometh)의 동사는 '3인칭 단수 현재형'이다. 현재진행형이 동작의 계속을 의미한다면 현재형은 현재 사실, 불변의 진리, 습관적 동작을 의미한다. 이것은 그리스도인으로서 현재 이기고 있다는 사실과, 날마다 습관적으로 이기고 있는 것과, 그리고 이기고 있다는 사실이 그 사람에게 불변의 진리가 되어야 함을 의미한다.

이 싸움은 이기기 위해서 이겨야 하는 가장 이기적인 싸움이다. 살기 위한 싸움이기 때문이다. 살기 위한 싸움이기도 하지만 싸우기 위해 사는 것이기도 하다.

이 거룩한 싸움의 예수님의 징집영장마저 거부하면 그 사람은 둘째 사망을 살게 될 것이다.

11_ 적은 능력으로
큰 감동을 끼친 교회 (계3:7-13)

예수교는 목숨을 거래하는 종교이지 물질을 거래하는 종교가 아
니다. 차라리 한 목숨 바치겠다는 사람에게는 결단하기 좋은 종교
이고 속편한 종교이다.

계시록은 신자들로 하여금 '종말론적 상상력'을 자극
하는 책이다. 종말론적 상상력이란 이 시대를 살아가는 사람들의 집
단적 사고나 행위의 트렌드와 국제사회를 재구성하며 나타나는 사회
적 변화들 그리고 천재지변의 사건들이 재림의 현상들과 어떤 관계를
형성하고 있는지를 인지해 내는 능력을 말한다. 즉 엔 타임의 현상들
을 뒷받침하는 성서의 예언들이 현시대에 어떤 영향을 미치면서 성취
되고 있는지를 파악하는 능력이다.

그리스도인들에게 종말론적 상상력이 필요한 이유는 신랑을 기다

"빌라델비아 교회의 사자에게 편지하라 거룩하고 진실하사 다윗의 열쇠를 가지신 이 곧 열면 닫을 사람이 없고 닫으면 열 사람이 없는 그가 이르시되, 볼지어다 내가 네 앞에 열린 문을 두었으되 능히 닫을 사람이 없으리라 내가 네 행위를 아노니 네가 적은 능력을 가지고도 내 말을 지키며 내 이름을 배반치 아니하였도다.

보라 사단의 회당 곧 자칭 유대인이라 하나 그렇지 않고 거짓말 하는 자들 중에서 몇을 네게 주어 저희로 와서 네 발 앞에 절하게 하고 내가 너를 사랑하는 줄을 알게 하리라.

네가 나의 인내의 말씀을 지켰은즉 내가 또한 너를 지키어 시험의 때를 면하게 하리니 이는 장차 온 세상에 임하여 땅에 거하는 자들을 시험할 때라. 내가 속히 임하리니 네가 가진 것을 굳게 잡아 아무나 네 면류관을 빼앗지 못하게 하라.

이기는 자는 내 하나님 성전에 기둥이 되게 하리니 그가 결코 다시 나가지 아니하리라 내가 하나님의 이름과 하나님의 성 곧 하늘에서 내 하나님께로부터 내려오는 새 예루살렘의 이름과 나의 새 이름을 그이 위에 기록하리라.

귀 있는 자는 성령이 교회들에게 하시는 말씀을 들을지어다."

리는 신부의 최소한의 예의이기 때문이다.

소아시아 일곱교회의 시대적 상황은 엔 타임의 시기가 그리스도인의 정체성을 위협하는 위기의 시대가 될 것을 예고하며, 이때에는 두 가지 양극의 반응으로 나타난다. 두 가지 긍정적 혹은 부정적 반응에 대한 예수님의 반응은 그들 행위에 촛점이 맞추어져 있다.

'내가 네 행위를 아노니...'

예수님은 신자의 배교 행위와 교회의 변절 행위의 여부를 어떤 사건과 결부시켜 말씀하신다. 이때는 알곡과 가라지가 드러나는 시기이기 때문에 사람 마음속에 있는 것들이 선한 행위의 열매를 맺거나 혹은 악한 행위의 열매를 맺는다.

"선한 사람은 그 쌓은 선에서 선한 것을 내고 악한 사람은 그 쌓은 악에서 악한 것을 내는"(마12:35) 추수기이다. 그래서 알곡은 더욱 알곡답고 가라지는 더욱 가라지답다.

열매(행위)는 그 사람의 믿음을 측정하는 객관적인 척도이자 그 믿음을 검증하는 도구이다. 행위로 드러나지 않는 믿음에 대해서는 그 진정성이 의심 받는다. 왜냐하면 사람은 그의 믿음만큼만 행하는 것이고, 드러난 행위만큼만 그의 믿음이기 때문이다.

바울과 야고보는 의롭다함을 얻는데 있어 상반된 견해를 보인다.

바울 - "만일 아브라함이 행위로써(by works) 의롭다 하심을 얻었으면 자랑할 것이 있으려니와 하나님 앞에서는 없느니라."(롬4:2)

야고보 - "우리 조상 아브라함이 그 아들 이삭을 제단에 드릴 때에

행함으로(by works) 의롭다 하심을 받은 것이 아니냐."(약2:2)

동일한 인물에 대한 두 가지 상반된 견해는 상충(相衝)하는 것이 아니라, 서로를 보충(補充)한다. 즉 '온전한 신앙'은 '온전한 믿음'인 속사람과 '온전한 행위'인 겉사람이 일치되는 때 진정으로 의로워진다. 바울은 믿음이란 각도에서 의롭게 되는 길을 보는 것이고, 야고보는 행위란 각도에서 의롭게 되는 길을 보는 것이다. 각각 동전의 한 면 씩을 말하고 있지만 양면 모두가 있어야 동전이다.

예수님께서 "내가 네 행위를 아노니"라고 하실 때에는 "행위만큼의 네 믿음을 아노니"라는 말씀과도 같다. 예수님은 행위로 검증된 진실한 믿음은 칭찬하시지만 행위로 검증된 거짓 믿음은 질책하신다. 예수님이 이렇게 엄격한 '절대적인 평가'에 기반을 두시는 것은 공생애 기간 중에도 그를 따르는 제자들과 무리들에게 마땅히 지향해야 할 삶의 '절대적 규준'들을 제시하셨기 때문이다.

"누구든지 나를 따라 오려거든 자기를 부인하고 자기 십자가를 지고 나를 좇을 것이니라. 누구든지 제 목숨을 구원코자 하면 잃을 것이요 누구든지 나를 위하여 제 목숨을 잃으면 찾으리라."(마16: 24,25)

예수님의 말씀 속에는 어떤 절충적인 타협이나 합리적인 선택이나 현실적인 대안이 들어 있지 않다. 따라서 성도들에게 주어진 믿음과 삶의 모델은 상황에 따라 바뀌고 시대에 걸맞게 변모되는 것이 아니다. 그러나 사람이 살다 보면 어떤 상황의 가변적 요인에 부딪히게 되고, 저마다 각각 다른 반응과 양상을 띠게 된다.

계시록의 서신들은 예수님의 말씀을 어떤 상황에서건 절대화시키지 못한 교회와 성도들에 대한 예리한 분석이고 비판이다.

빌라델비아 교회 교우들이 빛나는 이유는 적은 능력을 가지고도 주님의 말을 지키며 그 이름을 배반치 않았기 때문이다. 적은 능력의 빌라델비아 교회가 처한 상황은 복잡하고도 착잡하다. 그들에게 닥친 커다란 시련은 예수의 이름을 긍정할 것이냐 부정할 것이냐 하는 배교의 갈림길에 서 있었다. 그들에게는 모든 문들이 사방팔방으로 닫혀 있어 탈출구가 전혀 없었다. 오직 한 가지를 선택할 때에만이 그 상황에서 벗어 날 수 있다. 예수의 이름에 배신을 때리고 두발로 걸어 나가든가 아니면 관속에 편히 누워서 나가는 길이다. 한번 뿐인 인생, 멋지게 살다 가야 하는 것은 분명한 사실이지만 예수님은 잔인하게시리 그 목숨을 내게 달라고 하신다.

예수교는 목숨을 거래하는 종교이지 물질을 거래하는 종교가 아니다. 차라리 한 목숨 바치겠다는 사람에게는 결단하기 좋은 종교이고 속편한 종교이다.

사방팔방이 닫혀버린 빌라델비아 교회에 나타나신 주님의 모습은 열면 닫을 사람이 없고 닫으면 열 사람이 없는 분이시다. 그들은 주님의 이름을 배반하지 않기 위해 타협의 문을 걸어 잠가 고립되어 버렸지만, 다윗의 열쇠를 지닌 예수님께서 그들에게 생명으로 들어가는 열린 문을 열어 주신다. 그들의 행위에 대한 보상은 거룩하고 진실하신 예수님이 보장 하신다는 것이다. 이들이 적은 능력으로 주님의 이름을 배반치 않은 것은 적은 능력이었기 때문에 가능했는지도 모른다. 적은 능력자들은 적은 능력 때문에 주님을 더욱 의지하고 매달린다.

역사적으로도 훗날(11세기 경) 빌라델비아는 셀주크가 이 지역을 점령해서 주민들에게 이슬람교로 개종할 것을 강압하고 회유할 때에도 끝까지 개종하지 않고 목숨을 버리면서 기독교 신앙을 지키려 했던 지조 있는 지역으로 남아있다. 예수님께서는 이러한 의리있는 신자들에게 사랑의 고백을 하신다.

"보라 사단의 회 곧 자칭 유대인이라 하나 그렇지 않고 거짓말 하는 자들 중에서 몇을 네게 주어 저희로 와서 네 발 앞에 절하게 하고 내가 너를 사랑하는 줄을 알게 하리라."(계3:9)

예수 그리스도의 말씀을 절대화시키기 위해서는 믿음의 인내심이 필요하다. 예수님의 말씀이 성장하는 밭은 인내의 옥토이다. 고통을 참고, 욕심을 참고, 화를 참고, 미움을 참고, 수치를 참고, 정욕을 참고.. 잘 참는 심령의 밭에 말씀의 열매가 맺힌다.

예수님은 자신의 말씀을 그래서 인내의 말씀이라고 표현하신다. 엔타임의 시기에는 더더욱 인내가 있어야 한다.

"성도들의 인내가 여기 있나니 저희는 하나님의 계명과 예수 믿음을 지키는 자니라."(계14:12)

자아를 해체시키고 자신을 분해시켜서 자기의 모든 것을 내려놓지 않으면 하나님의 계명과 예수 믿음을 지키는 일에 한 걸음도 뗄 수 없다. 구원이 쉽다는 어려운 생각이, 구원이 어렵다는 쉬운 생각으로 바뀌어야 한다.

빌라델비아 교회는 그리스도인이라는 이름 때문에 갖은 모욕을 다 당했지만 이제는 "하나님의 이름과 새 예루살렘의 이름과 예수 그리스도의 새 이름"을 시험을 이긴 자 위에 기록하신다. 그 이름이 갖는 위력은 모든 유혹과 시험을 이긴 최후 승리자에게 주어지는 통쾌한 선물이다. "아무나 네 면류관을 빼앗지 못하게 하라"는 것은 현재의 구원이 완성된 미완으로 남지 않기 위해 가진 것을 굳게 잡으라는 것이다.

사람은 죽음의 순간에도 지켜야 할 것이 있고 죽더라도 지켜야 할 것이 있으며 죽음 후에도 지켜야 할 것이 있다는 것이다.

그것이 당신에게는 무엇입니까?

12_돈으로 망한 라오디게아 교회

(계3:14-22)

> 미지근한 신자를 예수님의 입에서 토하여 내치듯이 미지근한 신
> 자도 예수님을 마음에서 토하여 내친다.
> 그들은 부담스러운 예수님을 아예 마음의 문 밖으로 밀쳐내 버렸
> 다. 예수 없이도 얼마든지 잘 먹고 잘 살 수 있다는 것이다.

역사적으로 교회는 그가 속한 시대와 장소의 구조화된 사회문화적 환경에 영향을 받아왔다. 특히 교회에 작용하는 외부적인 조건과 자극이 일정한 틀에 의하여 체계화되어 있는 상황에서, 그리스도인으로 살아가기를 선택한다는 것은 매우 도전적인 행위이다.

그러나 교회와 신도들에게 있어 어떤 물리적 외압보다 더 무서운 적은 신앙의 목표를 상실한 무기력한 상태이다.

라오디게아 교회는 바로 영적인 도전이 없어 사단의 응전마저 없는 교회였다. 순교적 믿음을 지닌 교회들의 지역에 '사단의 회'가 존재하

"라오디게아 교회의 사자에게 편지하라 아멘이시오 충성되고 참된 증인이시요 하나님의 창조의 근본이신 이가 이르시되 내가 네 행위를 아노니 네가 차지도 아니하고 뜨겁지도 아니하도다 네가 차든지 뜨겁든지 하기를 원하노라.

네가 이같이 미지근하여 뜨겁지도 아니하고 차지도 아니하니 내 입에서 너를 토하여 버리리라.

네가 말하기를 나는 부자라 부요하여 부족한 것이 없다 하나 네 곤고한 것과 가련한 것과 가난한 것과 눈 먼 것과 벌거벗은 것을 알지 못하도다. 내가 너를 권하노니 내게서 불로 연단한 금을 사서 부요하게 하고 흰옷을 사서 입어 벌거벗은 수치를 보이지 않게 하고 안약을 사서 눈에 발라 보게 하라. 무릇 내가 사랑하는 자를 책망하여 징계하노니 그러므로 네가 열심을 내라 회개하라.

볼지어다 내가 문밖에 서서 두드리노니 누구든지 내 음성을 듣고 문을 열면 내가 그에게로 들어가 그로 더불어 먹고 그는 나로 더불어 먹으리라. 이기는 그에게는 내가 내 보좌에 함께 앉게 하여주기를 내가 이기고 아버지 보좌에 함께 앉은 것과 같이 하리라. 귀 있는 자는 성령이 교회들에게 하시는 말씀을 들을찌어다."

는 것은, 사단도 성령의 역사가 강한 곳에 먹거리를 찾고 있기 때문이다. 자기 스스로 지옥으로 달려가는 신자들에게 마귀는 힘과 시간을 아낀다.

라오디게아 교회의 신자들은 물질적 부를 추구하는 데에는 뜨거운 열정을 소유하고 있었다. 그들은 아마도 모든 정신적 에너지와 육체적 근력과 심리적 잠재력마저 돈을 모으는데 전력투구했는지 모른다.

사람이 어떤 한 가지 일에 몰두하여 삶의 모든 에너지가 빠져 나가면, 다른 일에 불태울 에너지는 거의 소멸되어 버린다. 그들은 그렇게 해서 돈을 모았고 급기야 "나는 부자라 부요하여 부족한 것이 없다"고 세상에 부자선언을 하고 재벌의 반열에 오르게 되었다. 부족한 것이 없는 부자의 경지에 오른 그들은 뭉칫돈을 만지작거리고 온갖 산해진미를 즐기며 남은여생의 장미빛 청사진을 그리게 된다. 그러나 그들은 먹고 사는 문제는 해결했는지 모르지만, 먹고 사는 의미의 문제는 해결하지 못한 자들이었다.

이스라엘 백성들이 광야 교실에서 40년 동안 터득한 도는 바로 사람이 떡으로만 사는 것이 아니요 여호와의 입에서 나오는 모든 말씀으로 산다는 진리이다. 인생의 반절은 이 도를 깨닫기 위해 사는 것이고, 나머지 반절은 이 도를 실천하기 위해 살아간다.

라오디게아 교회 교우들은 떡만 배부르게 먹을 줄 알았지 신령한 양식을 거부하며 육신의 껍데기로만 살아가고 있었다. 육신을 좇는 자는 육신의 생각대로 살아가지만, 그 육신의 생각은 바로 하나님과 원수가 되고 하나님을 기쁘시게 해 드릴 수 없다고 성경은 말한다.

예수님께서 "내가 그로 더불어 먹고 그는 나로 더불어 먹으리라" 하신 것은 바로 생명의 떡인 예수 그리스도를 먹으라는 말이다. 그런데 그들은 물질만 부자가 된 것이 아니라 마음까지 부자가 되어 버린 데서 문제가 비롯된다. 마음이 부요한 상태에 이르자 언제부터인가 예수 그리스도를 주리고 목말라 하는 마음이 사라지기 시작했다. 돈 때문에 마음도 부자가 되었지만 정작 마음의 가난은 돈으로도 못 사는 보화이다.

그들은 부담스러운 예수님을 아예 마음의 문밖으로 밀쳐내 버렸다. 예수 없이도 얼마든지 잘 먹고 잘 살 수 있다는 것이다. 예수님이 문밖에 서서 두드리며 나와 더불어 먹고 마시자고 하신 것은 쫓겨난 예수님의 끊임없는 구애작전이다.

미지근한 신자를 예수님의 입에서 토하여 내치듯이 미지근한 신자도 예수님을 마음에서 토하여 내친다. 미지근한 믿음의 상태는 찬 물에서 끓는 물로 가는 과정이 있고, 펄펄 끓던 물에서 찬물로 가는 과정이 있다.

라오디게아 교회의 미지근한 신앙이 원점에서 상향곡선을 그리던 중 멈추어 버린 것인지, 정점에서 하향곡선을 그리고 있는 상태인지는 불분명하다.

주님은 통상적으로 그 교회의 신앙 경력을 구체적으로 들추어내시며 칭찬을 거론하신다. 그런데 이들의 과거가 가부간에 언급되지 않은 것은 상향곡선을 그리던 중 정지 상태에 이르게 된 것으로 볼 수 있다. 그러나 그 어느 쪽이든 이들이 당면한 현실은 믿음의 세계에 대한 동경보다 물질의 세계에 대한 동경이 이들의 마음을 분리시키고 있었다는 사실이다.

돈은 분명 양날의 비수이지만 이들이 벌어들인 돈은 하나님의 나라를 위해 쓰이는데 인색했다. 그리스도인은 돈을 벌어야 하는 영적인 목적을 설정하는 일부터 해야 한다. 돈이 경제적인 수단만이 아닌 정치, 사회, 심리적인 현상으로 둔갑하는 사회일수록, 십자가가 복음이 아니라 돈이 복음이 될 수 있기 때문이다.

돈이 매력적인 마력의 무력임에는 틀림없다. 따라서 현대인들에게 있어 돈은 기독교의 대체 신(神)으로서 손색없는 존재이다. 돈도 무소부재하고 무소불능하며 돈은 모든 것을 알고 있는 전지하신 신이다.

라오디게아 신자들은 어느덧 "나는 부자라 부요하여 부족한 것이 없다"고 하는 '인식론적 오류'에 빠져 버리고 말았다. 그러나 예수님은 그들의 다섯 가지 '현상학적 실체'를 지적하시며, 그들의 오류를 교정하신다.

"네 곤고한 것과 가련한 것과 가난한 것과 눈이 먼 것과 벌거벗은 것"을 알지 못하도다. 사람은 자신을 합리화시키는데 천재이지만 자신을 평가하는 데는 백치이다.

라오디게아 신자들 자신의 관점과 예수님의 관점사이에는 극심한 합리적 불일치가 존재한다. 주님이 보시기에 그들의 실체는 매우 곤고하고(wretched) 가련하다(miserable)는 것이다.

예수님의 비유에 라오디게아 교인같은 부자가 등장한다. 예수님 왈, 하나님은 이르시되 "어리석은 자여 오늘 밤에 네 영혼을 도로 찾으리니 그러면 네 예비한 것이 뉘 것이 되겠느냐?"(눅12:20)

성경에는 요셉과 같이 '하루아침'에 면도하고 감옥에서 올라와 총리가 되는 경우가 있는가 하면, 죽도록 고생해서 모은 재물을 써 보지도 못하고 '하루아침'에 죽어 나갈 수 있는 부자의 경우도 있다. 그 '하루아침'의 신비를 모르고 사는 자가 바로 곤고하고 가련한 자라는 것이다.

사람은 안에서 밖을 내다보는 육의 창문과 밖에서 안을 들여다 보는 영의 창문 이중구조로 이루어져 있다. 영의 창문으로 들여다 본 라오디게아 교우들의 모습은 가난하고 눈멀고 벌거벗고 있는 상태이다.

그들에게는 있어야 될 무언가가 결핍되어 있고, 봐야 될 무언가를 보지 못하고 있고, 가려야 할 무언가를 가리지 못하고 있다. 있어야 될 것이 없으면 없어도 될 것이 있게 되고, 봐야 될 것을 보지 못하면 안 봐도 될 것을 보게 되고, 가려야 할 것을 가리지 못하면 가리지 않아도 될 것을 가린다. 있어야 될 무언가가 없으면 결핍장애에 걸리게 되고, 봐야 될 무언가를 보지 못하면 자기 세계에 갇혀 살게 되며, 가려야 할 무언가를 가리지 못하면 양심이 화인 맞게 된다.

예수님은 라오디게아 교우들이 자신들의 삶에 어떤 '티핑 포인트 (Tipping Point)'를 마련하고 싶다면 일정한 '액션 포인트'를 실천하라 고 권고하신다.

"내게서 불로 연단한 금을 사서 부요하게 하고 흰 옷을 사서 입어 벌 거벗은 수치를 보이지 않게 하고 안약을 사서 눈에 발라 보게 하라." 이 세 가지 요소들을 각각 예수님께 사라는 것은 예수님 자체를 절대 적으로 구매하라는 것이다.

예수님이 만일 보화라면 자기의 소유를 다 팔아 그 밭을 사는 수준 이다.

예수님이 내 속에서 떠나시면, 나는 우주의 중심축에서 멀어지는 동 시에 그만큼 지옥의 입구는 가까워진다. 그 분이 천국의 열쇠를 쥐고 계신 분이고, 그 분이 지옥의 판결을 주도하는 분이심을 안다면 그분 의 한마디 말씀까지도 떠받들지 않을 수 없다.

환란의 시대를 내다보시며 예수님은 일곱 교회에 각별히 중요한 메 시지를 띄우신다. 평화의 중심에도, 환란의 중심에도 그곳에 어김없 이 예수님이 계시기 때문이다.

예수 그리스도!

당신에게 그 분은 어떤 존재이고, 당신은 그 분에게 어떤 존재입니까?

13_마땅히 될 일 (계4:1-11)

요한의 계시록은 "마땅히 될 일"에 대한 증언이고 진술이며, "마땅히 될 일"을 믿는 자에게 "마땅히 할 일"이 주어진다. "마땅히 할 일"을 못마땅하게 여기면 "마땅히 될 일"은 못마땅한 자신의 운명이 될 것이다.

계시록이 한편의 시네마라고 한다면 4장에 와서 장면전환이 일어난다. 아직 클라이맥스까지는 여기저기 도입단계의 스토리들의 서막이 필요하다.

요한의 육체는 밧모섬에 있었지만 그의 영혼은 육체의 장막을 벗어나 하늘 문을 통과하여 하나님이 계신 보좌에 이르게 된다. 요한이 보좌 앞으로 부름을 받은 것은 "이후에 마땅히 될 일"을 보기 위함이다. '이후에 마땅히 될 일'은 하나님의 카이로스 시간대에 우리의 두 눈으로 똑똑히 관찰하게 될 것이고, 우리의 육체로 사건의 현장에 머무를 것이다.

"이 일 후에 내가 보니 하늘에 열린 문이 있는데 내가 들은 바 처음에 내게 말하던 나팔소리 같은 그 음성이 가로되 이리로 올라오라 이 후에 마땅히 될 일을 내가 네게 보이리라 하시더라.

내가 곧 성령에 감동하였더니 보라 하늘에 보좌를 베풀었고 그 보좌 위에 앉으신 이가 있는데 앉으신 이의 모양이 벽옥과 홍보석 같고 또 무지개가 있어 보좌에 둘렸는데 그 모양이 녹보석 같더라.

또 보좌에 둘려 이십사 보좌들이 있고 그 보좌들 위에 이십사 장로들이 흰 옷을 입고 머리에 금 면류관을 쓰고 앉았더라. 보좌로부터 번개와 음성과 뇌성이 나고 보좌 앞에 일곱 등불 켠 것이 있으니 이는 하나님의 일곱 영이라.

보좌 앞에 수정과 같은 유리 바다가 있고 보좌 가운데와 보좌 주위에 네 생물이 있는데 앞뒤에 눈이 가득하더라.

그 첫째 생물은 사자 같고 그 둘째 생물은 송아지 같고 그 셋째 생물은 얼굴이 사람 같고 그 넷째 생물은 날아가는 독수리 같은데 네 생물이 각각 여섯 날개가 있고 그 안과 주위에 눈이 가득하더라. 그들이 밤낮 쉬지 않고 이르기를 거룩하다 거룩하다 거룩하다 주 하나님 곧 전능하신 이여 전에도 계셨고 이제도 계시고 장차 오실 자라하고, 그 생물들이 영광과 존귀와 감사를 보좌에 앉으사 세세토록 사시는 이에게 돌릴 때에 이십사 장로들이 보좌에 앉으신 이 앞에 엎드려 세세토록 사시는 이에게 경배하고 자기의 면류관을 보좌 앞에 던지며 가로되 우리 주 하나님이여 영광과 존귀와 능력을 받으시는 것이 합당하오니 주께서 만물을 지으신지라 만물이 주의 뜻대로 있었고 또 지으심을 받았나이다 하더라."

요한은 이러한 성역을 위해서 나팔소리 같은 예수님의 음성을 듣고, 성령의 감동을 입어, 하나님의 보좌를 목격하게 된다. 인간의 모든 지각과 영감이 동원되어 하나님의 영광을 목격하는 순간이다.

본장에 보좌(왕좌)가 등장하는 것은 환란의 주권이 어디에서 비롯되고 있는지 그 출처를 명시하는 것이다.

"나는 빛도 짓고 어두움도 창조하며 나는 평안도 짓고 환난도 창조하나니 나는 여호와라 이 모든 일을 행하는 자니라."(사45:7). 더 나아가서 만물을 존재케 하는 제1원인이 누구이며, 만물이 존재하는 근본목적이 무엇인지, 이십사 장로들의 신앙고백을 통해 확인해 주고 있다.

"우리 주 하나님이여 영광과 존귀와 능력을 받으시는 것이 합당하오니 주께서 만물을 지으신지라 만물이 주의 뜻대로 있었고 또 지으심을 받았나이다."(11)

만물에 깃든 주의 뜻이 강조되고 있는 것은 대환란과 재림 및 새하늘과 새땅으로 이어지는 일련의 파노라마 역시 주의 뜻대로 진행될 것임을 시사하기 때문이다. 보좌 주변에 있는 이십사 장로들의 이러한 신앙고백은 '지상에서 천국까지'이어질 영원한 영혼의 숨결이다. 바로 만물을 지으신 자에게 '영광과 존귀와 능력'을 돌리는 것이 인생의 기쁨이고 존재의미이기 때문이다.

또한 보좌 주변의 네 생물들도, "밤낮 쉬지 않고 이르기를 거룩하다 거룩하다 거룩하다 주 하나님 곧 전능하신 이여 전에도 계셨고 이제도 계시고 장차 오실 자라” 고 노래한다. 전에도 계셨고 이제도 계시지만 장차 오실 자라는 그리스도의 재림의 예언이 천상에서 다시 선포되고 있다. ‘장차 오실 자’라는 대목을 클로즈업시키기 위한 서술이다.

‘장차 오실 자’를 믿는다면, ‘장차 오실 것’에 대한 구체적인 준비가 필요하며, 예수님은 이 예비 작업을 위해 반드시 깨어있을 것을 당부하신다.

네 생물들도 “영광과 존귀와 감사를 보좌에 앉으사 세세토록 사시는 이”에게 돌리고 있다. 이것은 천지개벽부터 우주종말까지 변하지 않는 사실이고, 지상에서 천국까지 이어질 인간의 찬양이다. 이에서 벗어나고 어긋나는 것이 바로 죄이다.

대환란과 최후 심판도 사람들이 영광과 존귀와 감사를 보좌에 앉으사 세세토록 사시는 이에게 돌리고 있지 않기 때문에 행해지는 일이다. 하나님은 이것을 위해 인간을 지으셨고, 이것을 회복시키고자 독생자를 십자가에 다셨으며, 이것을 완성하기 위해 재림이 예정되었다.

‘영광과 존귀와 능력’은 처음부터 하나님의 속안으로 이를 넘보거나 탐하거나 흉내 내고자 했던 천사와 사람은 타락과 징계의 경로를 걷게 된다.

피조물은 조물주를 높이는 자리에 있을 때에만이 가장 아름답다. 그것이 지음을 받은 목적이기 때문이다.

“이 백성은 내가 나를 위하여 지었나니 나의 찬송을 부르게 하려 함이니라.”(사43: 21).

생각의 한 조각까지, 꿈결의 한 장면까지, 호흡의 한 마디까지 인간 실존의 목적은 나를 지으신 조물주 여호와를 찬송하며 그 영광을 드러내는 것 그 이상도 그 이하도 아니다.

하나님께서 자신의 좌소인 하늘보좌를 공개하시는 것은 인간들을 향해 어떤 비밀도 두지 않겠다는 하나님의 의지의 반영이다. 이것은 엔 타임에 전개될 사건들 역시 투명한 공개의 수순을 밟음으로써 인간들로 하여금 대비하고 준비하고 예비할 수 있는 시간적 은혜를 베풀기 위함이다. 따라서 계시록은 계시의 시대에 읽어야 할 책이지, 그 계시가 끝나 성취될 즈음에 계시록을 읽는다면 그 때는 너무 늦어 버린다.

사람들이 살아가는 이 지구촌과 우주전체는 조물주의 생각이 반영된 하나의 작품세계이다. 작가로서의 조물주는 신묘막측한 우주의 작품을 통하여 당신의 선한 뜻을 드러내신다. 예술작품으로서의 피조세계의 아름다운 조화와 질서는 궁극적으로 하나님의 영광을 드러내기 위한 것이며, 그 영광을 나타내는 구성요소들은 부분적으로 천국의 소재가 사용되었음을 추정케 한다.

이 땅에 존재하는 것들이 하늘에도 있다는 것은 하늘에 존재하던 것이 이 땅에 있게 한 조물주의 어떤 의도가 엿보인다. 똑같은 무지개라도 천상의 것이 더 아름답다면 그것은 작품성에 문제가 있는 것이 아니라 인간의 죄성에 문제가 있다. 그래서 바울은 죄 때문에 피조물들이 탄식하고 고통하고 있으며, 창조의 원초적 아름다움이 상실되고 말았다고 말한다.

보좌에 앉으신 이를 묘사하는 보석들로서 벽옥(jaspin), 홍보석(sardine stone), 무지개(rainbow), 녹보석(emerald)등이 등장한다. 벽옥과 홍보석은 붉은 빛을 띄는 보석들로서 그리스도의 붉은 보혈이 인간의 구원을 위한 유일한 은총의 통로임을 상징한다.

하나님의 보좌까지도 그리스도의 보혈의 은총으로 충만해있다. 노아홍수 언약의 상징으로 여기는 무지개가 보좌에 둘러있다는 것은 인간에 대한 구원의 언약 역시 보좌에서부터 비롯됨을 보여준다. 따라서 이러한 묘사들은 인간의 구원을 향한 하나님의 진심과 본심과 중심을 드러낸다.

인간의 구원을 위한 하나님의 사랑은 "자기 아들을 아끼지 아니하시고 우리 모든 사람을 위하여 내어주신"(롬8:32) 정도까지이다.

인간을 위한 하나님의 이러한 거룩한 희생을 그리스도인들조차 당연시 여긴다. 사랑의 하나님이라면 이 정도는 해야 되지 않느냐는 마땅한 투정으로 받아들인다. 그러나 공의의 하나님은 투정이 나오지 않도록 충분히 죄에 대한 삯을 지불할 것이다.

엔 타임은 사랑의 하나님에서 공의의 하나님으로 신성의 패러다임이 전환되는 시기이다.

세례요한이 바리새인들에게 맞아 죽을 각오로 한 말이 있다.

"손에 키를 들고 자기의 타작마당을 정하게 하사 알곡은 모아 곡간에 들이고 쭉정이는 꺼지지 않는 불에 태우시리라."(마3:12)

예수님은 십자가에 자신을 갈기갈기 찢어 버릴 때가 있는가 하면 쭉정이를 꺼지지 않는 불에 갈기갈기 태우실 때도 있다는 것을 기억해야 한다.

하나님의 사랑에 진심과 본심과 중심으로 감사하고 사는지 누구보다 자신이 잘 알 것이고, 자신이 스스로를 흔들어 깨우지 않는 자는 절대적으로 절망적이다.

보좌를 중심으로 한 여러 그룹들의 배치구도는 곧 피조물들의 삶의 구조이고, 이것은 하나님의 얼굴을 향하는 인간의 의식구조이기도 하다.

하나님께 대한 영광과 존귀와 감사는 하나님을 위한 나의 삶이기도 하지만 곧 나를 위한 나의 삶이기도 하다. 천국은 한 가지 목적으로 많은 피조물들이 존재하는 곳이며, 이 한 가지 목적이 곧 지상에서도 동일한 자들만이 들어가는 곳이다.

요한의 계시록은 "마땅히 될 일"에 대한 증언이고 진술이며, "마땅히 될 일"을 믿는 자에게 "마땅히 할 일"이 주어진다. "마땅히 할 일"을 못마땅하게 여기면 "마땅히 될 일"은 못마땅한 자신의 운명이 될 것이다.

14_세상에서 가장 위대한 노래

(계5:1-14)

> 인생의 테마가 바뀔 때 노래가 바뀐다. 아직도 세상 노래가 재미있
> 는 사람은 인생의 테마가 바뀌지 않았기 때문이다. 부를 노래가 없
> 는 사람은 실패한 인생을 사는 자이고, 노래가 바뀌지 않은 사람은
> 패배한 인생을 살고 있는 자이다.

천상에서 일어나고 있는 일들이 지상에 공개되는 기사는 성서에서 흔하게 발견되지 않는 부분이다.

계시록에는 많은 비밀의 문이 열리고 계시가 계시되어 계시의 극치를 이룬다. 인류 역사의 종착역에 도달하기 전에 많은 환란의 터널을 통과해야 한다는 것이 계시록의 지론이다.

계시록은 그 모든 환란의 영적인 배경을 명시함으로써, 원인 없는 결과도 없지만 은혜 없는 저주도 없음을 드러낸다.

4장은 이십 사 장로들과 네 생물들이 만유의 주재이신 성부 하나님

"내가 보매 보좌에 앉으신 이의 오른손에 책이 있으니 안팎으로 썼고 일곱 인으로 봉하였더라.

또 보매 힘 있는 천사가 큰 음성으로 외치기를 누가 책을 펴며 그 인을 떼기에 합당하냐 하니 하늘 위에나 땅 위에나 땅 아래에 능히 책을 펴거나 보거나 할 이가 없더라.

이 책을 펴거나 보거나 하기에 합당한 자가 보이지 않기로 내가 크게 울었더니 장로 중에 하나가 내게 말하되 울지 말라 유대 지파의 사자 다윗의 뿌리가 이기었으니 이 책과 그 일곱 인을 떼시리라 하더라.

내가 또 보니 보좌와 네 생물과 장로들 사이에 어린 양이 섰는데 일찍 죽임을 당한 것 같더라. 그에게 일곱 뿔과 일곱 눈이 있으니 이 눈은 온 땅에 보내심을 입은 하나님의 일곱 영이더라.

그 어린 양이 나아와서 보좌에 앉으신 이의 오른손에서 책을 취하시니라. 그 책을 취하시매 네 생물과 이십 사 장로들이 어린 양 앞에 엎드려 각각 거문고와 향이 가득한 금 대접을 가졌으니 이 향은 성도의 기도들이라.

그들이 새 노래를 불러 이르되 노래하여 가로되 책을 가지시고 그 인 봉을 떼기에 합당하시도다. 일찍 죽임을 당하사 각 족속과 방언과 백성과 나라 가운데서 사람들을 피로 사서 하나님께 드리시고 저희로 우리 하나님 앞에서 나라와 제사장을 삼으셨으니 저희가 땅에서 왕노릇하리로다 하더라.

내가 또 보고 들으매 보좌와 생물들과 장로들을 둘러 선 많은 천사의 음성이 있으니 그 수가 만만이요 천천이라. 큰 음성으로 가로되 죽임을 당하신 어린 양이 능력과 부와 지혜와 힘과 존귀와 영광과 찬송을 받으시기에 합당하도다 하더라.

내가 또 들으니 하늘 위에와 땅 위에와 땅 아래와 바다 위에와 또 그 가운데 모든 만물이 가로되 보좌에 앉으신 이와 어린 양에게 찬송과 존귀와 영광과 능력을 세세토록 돌릴지어다 하니 네 생물이 가로되 아멘 하고 장로들은 엎드려 경배하더라."

께 경배와 찬양을 돌리는 장면에 포커스를 두었다. 5장에서는 환란과 심판의 주권자이신 성부 하나님께서 성자 예수님께 그 주권을 이양하는 장면에 포커스를 둔다.

도장이 찍힌 일곱 개의 책에는 아무도 알 수 없는 일곱 가지 환란의 비밀이 들어 있다. 일곱 권의 책이 봉인되어 있다는 것은 아무나 열어볼 수 없는 극비의 문서임을 말해준다. 이 일곱 권의 봉인서는 소위 하늘나라의 기밀문서이다.

힘 있는 천사가 큰 음성으로 "누가 책을 펴며 그 인을 떼기에 합당하냐?"고 외친 것을 최신 버전으로 표현하면, "이 문건을 다룰만한 마땅한 정보처리기사가 있는가?"라는 물음이다.

정보처리기사가 정보시스템의 생명주기 전반에 걸친 프로젝트 업무를 수행하듯이, 일곱 봉인을 떼는 자는 환란주기에 걸쳐 전개되는 모든 환란에 관한 실행과 섭리를 주관한다. 인을 떼어 대환란의 정보를 처리할 수 있는 합당한 자가 과연 누구인지 힘 있는 천사가 묻지만, 요한의 시각에서는 책을 펴거나 보거나 할 이가 없다는 생각으로 흐느껴 울게 된다.

예수님의 제자였던 요한은 왜 지금 여기서 예수 그리스도를 떠 올리지 못하고 궁상맞게 울고 있을까? 뇌 속에 존재하는 약 천억 개의 신경세포 속에 예수 그리스도라는 존재의 정보가 실로 저장되어 있지 않았던 것일까? 아니 방금 전까지만 하더라도 이리로 올라오라고 하는 나팔소리와 같은 우렁찬 예수님의 음성을 듣고 이곳에 이르지 않았던가? 결정적인 순간에 그리고 극적인 순간에 예수님이 떠오르지 않는다면, 우리는 뼛속까지 그 분의 존재인식을 위해 더 친밀한 접근과 각인작업이 필요하다.

이때 장로 중 한 명이 요한에게 울지 말라고 타이르며, 유대 지파의 사자 다윗의 뿌리가 이기었으니 이 책과 그 일곱 인을 떼시리라고 위로한다. 장로는 '예수 그리스도'라는 용어를 사용하지 않고 "유대 지파의 사자 다윗의 뿌리"라고 소개한다. 이십사 장로가 구약의 열 두 지파와 신약의 열 두 제자를 상징하는 신구약 성도를 대표한다면, 장로는 좀 더 하나님의 '구원의 언약'과 '구속의 역사관'의 개념을 지닌 "유대 지파의 사자 다윗의 뿌리"로 표현한다.

대환란과 구원 역시 하나님의 '다윗 언약'에 기반을 둔 구속사의 주인공 '메시아 언약'에 기반하고 있음을 확인하는 것이다.

요한은 드디어 눈이 열리고 새로운 장면을 목격하게 된다. "내가 또 보니 보좌와 네 생물과 장로들 사이에 어린 양이 섰는데 일찍 죽임을 당한 것 같더라. 일곱 뿔과 일곱 눈이 있으니 이 눈은 온 땅에 보내심을 입은 하나님의 일곱 영이더라."(6)

이 일에 대한 적임자인 예수 그리스도의 극적인 등장의 장면이다. 그런데 예수님의 모습이 뿌연 먼지를 일으키며 백마를 몰고 오는 우렁찬 개선장군의 모습이 아닌 초라한 어린양의 모습이다. 음성은 나팔소리로되 모양은 어린양이다.

여기서 예수님께서 일찍 죽임을 당한 어린양의 모습으로 등장하심에 주목해야 한다. 대환란과 심판은 속죄양의 죽음을 통한 대속의 은혜를 거부하거나 기만하는 자들에 대한 심판이기 때문이다. 십자가의 죽음으로 희생양이 되신 하나님의 사랑을 거부하거나 부정한 자들에 대한 대가는 잔혹하게 치러질 것이다.

계시록의 환란들은 돌발적으로 발생하는 뜬금없는 사건들이 아니라, 바로 대속의 양을 통해 자신의 죄를 처리하지 못한 자들에 대한 자비 없는 심판이다.

인류 역사의 종말의 키워드는 어린양이다. 어린양의 은총을 받지 못한 자들은 어린양의 심판을 받는다. 어린 양의 분노는 사자의 송곳니와 발톱을 부러뜨린다. 그런데 어린 양에는 일곱 뿔과 일곱 눈이 달렸고, 이 눈은 온 땅에 보내심을 입은 하나님의 일곱 영이라고 말한다. 성부 하나님의 일곱 영인 성령 하나님과 함께 성자 하나님의 사역이 총체적으로 완성되기 때문이다.

드디어 어린 양이 나아와서 보좌에 앉으신 이의 오른손에서 책을 취하신다. 이 모습은 심판의 주권을 어린양에게 이양하시는 삼위 하나님의 위계질서를 보여준다. 어린 양 예수님께서 책을 취하실 때에, 네 생물과 이십 사 장로들이 각각 거문고와 향이 가득한 금 대접을 가지고 어린 양 앞에 엎드리는데, 이 향은 성도의 기도들이라고 한다.

어린 양이 책을 취하실 때에 이들이 취한 액션은 어떤 의미가 있는 것일까? 어린 양이 책을 취하신다는 것은 심판의 주권이 예수님께 주어져 이제 실행단계에 이르렀다는 싸인이다.

이때 네 생물과 이십 사 장로들의 손에 들려진 두 가지 물건인 '하프'와 '금 대접'을 어린 양에게 바치고 있다. 이 물건들은 어린 양의 심판과 관련된 성도들의 숙원이다. 향이 가득한 '금대접'에는 성도들의 탄원의 기도가 들어 있다.

어린 양의 심판은 하나님의 계명과 예수 믿음을 지키다가 죽어 간 성도들의 한 맺힌 기도 응답의 일환으로 이루어지는 것이다. 성도의 기도는 금대접에 담을 만큼 귀한 가치를 지닌 것이고, 기도는 공중에 소멸되는 소음이 아닌 하나님께 가져가는 향기로운 소리이다. 그들의 손에 들려 있는 또 하나의 물건인 비파는 이러한 기도를 들으시고 응답하시는 예수 그리스도에 대한 찬양의 도구이다. 이들은 비파를 타며 이렇게 새 노래를 부른다.

"책을 가지시고 그 인봉을 떼기에 합당하시도다. 일찍 죽임을 당하사 각 족속과 방언과 백성과 나라 가운데서 사람들을 피로 사서 하나님께 드리시고, 저희로 우리 하나님 앞에서 나라와 제사장을 삼으셨으니 저희가 땅에서 왕노릇하리로다."(9-10)

사람들을 피로 사서 하나님께 드렸다는 보혈의 찬송을 부르고 있는 것이다. 성도는 누구인가? 예수님께서 피로 값 주고 사서 하나님께 바쳐진 소중한 존재이고, 이에 감사하여 새 노래를 부르며 사는 자들이다.

인생의 테마가 바뀔 때 노래가 바뀐다. 아직도 세상 노래가 재미있는 사람은 인생의 테마가 바뀌지 않았기 때문이다. 부를 노래가 없는 사람은 실패한 인생을 사는 자이고, 노래가 바뀌지 않은 사람은 패배한 인생을 살고 있는 자이다. 어린 양의 시뻘건 피가 성도들을 구속했다는 증언이 장로들과 생물들의 새 노래를 통해 울려 퍼지고 있다.

십자가의 죽음은 죄를 처리하는 구약의 제사법을 진화시켜 완성한 하나님의 기묘한 발상이다. 하나님께서 인간의 죄 문제를 해결하기 위해, 자신의 피를 손수 흘리셨다는데 우리는 그 분의 깊디깊은 자비를 헤아린다.

하나님께서는 대제사장으로 하여금 소나 양을 잡지 않고 인간 예수를 잡아서 그 피를 제단에 뿌리게 한 것이다. 그리고 그 피의 효능을 믿는 자들은 하나님 나라의 왕 같은 지위와, 거룩한 제사장의 신분상 승이 이루어진다. 그렇게까지 할 필요성이 있을까? 라는 생각은 곧 봉인된 책들 속에 들어있는 환란의 비밀이 이루어지는 즉시 사라지게 된다.

하나님은 죄로 인해 '죽어가는 사람들'은 살리고자 하는 사랑을 소유한 분이지만, 죄로 인해 '살아가는 사람들'은 죽이고자 하는 공의를 소유한 분이시다. 서로 밀어내려는 사랑과 공의의 반발력이 십자가에서 만큼은 융화되고, 하늘과 땅이 친화된다. 보좌를 둘러선 생물들과 장로들과 수많은 천사들의 합창이 울려 퍼진다.

"죽임을 당하신 어린 양이 능력과 부와 지혜와 힘과 존귀와 영광과 찬송을 받으시기에 합당하도다."(12)

이 신앙고백에 인생의 뿌리를 두어 자신의 찬송시가 되는 사람은 행복한 자이다. 어린 양의 피에서부터 모든 우주의 생명의 기운이 약동하고, 어린 양을 향해 모든 우주의 생기들이 약진한다. 그래서 5장의 마지막 단원은 이렇게 끝을 맺는다.

"내가 또 들으니 하늘 위에와 땅 위에와 땅 아래와 바다 위에와 또 그 가운데 모든 만물이 가로되 보좌에 앉으신 이와 어린 양에게 찬송과 존귀와 영광과 능력을 세세토록 돌릴지어다 하니 네 생물이 가로되 아멘 하고 장로들은 엎드려 경배하더라."(13)

오늘날 찬송가의 기원과 출처인 경배와 찬양이 하늘에서부터 땅까지 울려 퍼진다. 세례 요한이 위대한 것은 위대한 발견을 했기 때문이다. “이튿날 요한이 예수께서 자기에게 나아오심을 보고 가로되 보라 세상 죄를 지고 가는 하나님의 어린 양이로다.”(요1:29)

여인이 낳은 자 중에 세례요한보다 큰 자가 없다는 것은 세례요한보다 더 큰 발견을 한 자가 없기 때문이다. 당신이 만약 이 세상에서 이러한 발견을 했다면 당신은 이 세상에서 세례요한 다음으로 큰 자이다.

15_말들이 달려 온다 (계6:1-8)

네가지 말들이 초래하는 전쟁과 기근과 자연재해와 지진들은 계시록의 단골메뉴로 등장할 것이고, 이러한 사건들의 경험이 나날이 증폭되고 있다는 것은, 우리네 현실이 계시록의 그림을 착실히 그리고 세밀히 스켓치하고 있음을 보여 준다.

"보라 세상 죄를 지고 가는 하나님의 어린 양이로다."(요1:29)

세례요한은 이 한마디 말을 남기기 위해 태어나서 결국 이 한마디를 지키기 위해 쟁반 위에 머리를 얹었다.

세례요한의 어린 양이 인간의 가장 깊은 내면에 실존해 있는 죄의 문제를 처리 한다면, 사도요한의 어린 양은 죄의 문제를 처리하지 못한 자들에 대한 냉혹한 처리이다.

어린 양이 인을 떼신다는 것에 대한 전이해는 계시록의 운을 떼는

작업이다. 이윽고 어린 양이 일곱 인 중에 하나를 떼시는 그 때에 요한
은 네 생물 중에 하나가 우뢰 같은 소리로 '오라' 외치는 말을 듣는다.

(요한계시록6:1-8)

"내가 보매 어린 양이 일곱 인 중에 하나를 떼시는 그 때에 내가 들으니
네 생물 중에 하나가 우렛소리 같이 말하되 오라 하기로 내가 이에 보니
흰 말이 있는데 그 탄 자가 활을 가졌고 면류관을 받고 나가서 이기고 또
이기려고 하더라.

둘째 인을 떼실 때에 내가 들으니 둘째 생물이 말하되 오라 하더니 이
에 붉은 다른 말이 나오더라. 그 탄 자가 허락을 받아 땅에서 화평을 제
하여 버리며 서로 죽이게 하고 또 큰 칼을 받았더라.

셋째 인을 떼실 때에 내가 들으니 셋째 생물이 말하되 오라 하기로 내가
보니 검은 말이 나오는데 그 탄 자가 손에 저울을 가졌더라. 내가 네 생물
사이로서 나는 듯한 음성을 들으니 가로되 한 데나리온에 밀 한 되요 한
데나리온에 보리 석 되로다. 또 감람유와 포도주는 해치 말라 하더라.

넷째 인을 떼실 때에 내가 넷째 생물의 음성을 들으니 가로되 오라 하
기로 내가 보매 청황색 말이 나오는데 그 탄 자의 이름은 사망이니 음부
가 그 뒤를 따르더라. 저희가 땅 사분의 일의 권세를 얻어 검과 흉년과
사망과 땅의 짐승으로써 죽이더라."

그 명령에 따라 흰 말이 나타났고 말을 탄자는 활을 가졌으며 면류관을 받고 나가서 이기고 또 이기려고 하는 장면을 목격한다.

이 장면의 문자만 음미해 가지고서는 행간에 숨어 있는 충분한 상징적 의미를 파악할 수 없기 때문에 해석을 시도하는 것이다. 문단 자체에 해석이 깃들어 있을 때에는 문제가 없지만 해석이 불가피하게 요구되어 다양한 해석이 상충할 때에는 반드시 유연한 처리방안을 모색해야 한다. 최선의 해석을 한다 할지라도 '단정' 보다는 '추정'에 무게를 두고 해석의 여지를 남겨두는 것이 바람직하다. 해석 불가능한 것들을 억지로 풀기 보다는 사건과 시대가 해석해 줄 때까지 기다리면서 모르면 모르는 채로 괄호 처리해 둘 필요가 있다. '모름의 해석'을 해석하기보다 '해석의 모름'을 해석하는 것이다.

계시록의 말씀을 원형대로 보전하려는 하나님의 뜻은 매우 완고하다. "누구든지 이것들 외에 더하면 하나님이 이 책에 기록된 재앙들을 그에게 더하실 터이요, 누구든지 이 책의 예언의 말씀에서 제하여 버리면 하나님이 이 책에 기록된 생명나무와 및 거룩한 성에 참예함을 제하여 버리시리라."(계22:16-19) 따라서 해석학적 시도는 어디까지나 예언의 말씀을 가감하지 말라는 원칙적인 훈고(訓詁)에 저촉되지 않는 범위 내에서 이루어지는 것이다.

첫째 인을 뗐을 때 흰 말을 타고 나타나는 자가 누구인가에 대한 논란이 매우 거세다. 흰 말을 타고 있는 자가 그리스도라는 주장과 적그리스도라는 주장이 팽팽히 맞서 있다. 그런데 어린 양 그리스도가 인을 떼고, 생물이 명령을 내렸는데, 다시 그리스도가 백마를 타고 오는 것은 명령체계의 논리를 스스로 거스린다. 보좌를 중심으로 생물들과 장로들이 자리 잡고 있으며, 그 둘레에 만만 천천의 천사들의 서열적 위치 선정에 주목해야 한다.(5:11)

우뢰와 같은 생물의 호령에 따를 자는 천사가 가장 적합한 존재이다. 심판의 사역을 직접적으로 관장하는 심부름꾼이라는 역할은 천사가 하는 것이기에, 흰 말에 누가 타고 있는지가 그리 중요한 것은 아니다. 또한 네 번째 인을 떼실 때까지 각기 다른 색상을 지닌 말이 나타나며, 그 색상이 상징하는 고유한 메시지를 배반하지 않고 있음을 참조하는 일이 중요하다.

따라서 흰색이 악을 상징할 수는 없다고 볼 때에, 첫 번째 말은 재앙을 가져 오는 말이 아니다. 말을 탄자가 활을 가졌다는 것은 누군가와 싸울 준비태세를 보여 주며, 그가 이기고 또 이기려고 한다는 것은 수많은 적군이 있으며 그 적군을 끈질기게 물리쳐 필연코 이겨야 함을 보여준다. 동시에 그가 면류관을 받는다는 것은 싸움에서 이기게 됨을 상징한다. 또한 이십 사 장로들이 <흰> 옷을 입고 머리에 금<면류관>을 쓰고 앉아 있는 모습을 참조할 때(4:4), <흰>말을 타고 <면류관>을 받은 자를 적그리스도로 보는 것 역시 계4:4의 이미지와 조화되지 않는다.

또한 흰 말을 탄자가 면류관을 받는데, 면류관을 줄자는 성부 하나
님 외에는 없는 것임으로, 하나님께서 적그리스도에게 면류관을 줄
이유는 없다. 그렇다면 말을 타고 면류관을 받고 싸움에 나서 이겨야
할 자는, 방해공작을 펼치는 마귀와 싸우는 천사로 보는 것이 무난해
보인다.

하나님께서는 인의 재앙을 방해하려는 사단의 집요한 행위의 제재
를 위해서 그리고 원만한 심판의 진행을 위해서 첫째 인을 떼실 때에
천사를 등장시키는 것으로 추정된다.

둘째 인을 떼실 때에 또 다른 붉은 말이 나오는데, 그 탄자가 허락을
받아 땅에서 화평을 제하여 버리며 서로 죽이게 하고 또 큰 칼을 받는
장면이 나온다. 그가 큰 칼을 받았다는 것은 주권자 하나님에게서 싸
움을 일으키려는 마음과 살인의 조건들을 부여 받은 것이다.

둘째 인이 떼어질 때에 서로 죽이는 일(They should kill one
another)이 벌어진다. 이 전쟁이 이념의 충돌, 경제적 이해관계, 종교
적 신념의 대립, 인종적 갈등 등에서 야기될 수 있다. 화평이 제거된
황무한 이땅에 남는 것이라고는 살인과 폭력뿐이다.

어린 양이 셋째 인을 떼실 때에 요한이 셋째 생물이 오라 하는 말을
듣고 보니 검은 말이 나오는데 그 탄자가 손에 측량의 도구인 저울을
가지고 있다. 동시에 요한은 네 생물들이 나누는 대화를 엿듣게 되었

는데 내용인즉, "한 데나리온에 밀 한 되요 한 데나리온에 보리 석 되로다 또 감람유와 포도주는 해치 말라"는 것이다.

검은 말이 초래하는 재앙의 내용은 곡물 품귀 현상이다. 한 데나리온은 노동자의 하루 품삯에 해당하는 로마의 은화이다. 하루 벌어 밀 한 됫박 살 수 있고, 하루 일해서 번 돈으로 보리 석 되 살 수 있는 상황이라면 매우 심각한 기근 속에서 굶주림에 시달리고 있다고 볼 수 있다. 노동력이 없는 가정은 아사현상에 직면할 수도 있고, 곡물의 품절이 장기화 될 때에는 실제적으로 많은 돈을 주고도 양식을 구입할 수 없는 극한 상황에까지 이를 수 있다. 각각의 인이 떼어지는 시간적 간격은 전혀 예측할 수 없지만, 인이 떼어져 나타나는 재앙의 수준은 고난의 행군 그 이상이다. 이 상황에서 네 생물들은 감람유와 포도주는 해치 말라고 한다.

감람유와 포도주는 구약에서 신앙의 매체로 사용되는 성물이다. 또한 감람유와 포도주는 자기 백성들에게 주시는 하나님의 축복의 상징이었다. "여호와께서 너희 땅에 이른 비, 늦은 비를 적당한 때에 내리시리니 너희가 곡식과 포도주와 기름을 얻을 것이요"(신11:14), 동시에 감람유와 포도주는 하나님께 드리는 백성들의 감사의 예물이기도 했다. "그들이 여호와께 드리는 첫 소산 곧 제일 좋은 기름과 제일 좋은 포도주와 곡식을 네게 주었은즉."(민18:12).

감람유(올리브기름)는 최근 영양학적으로 소중한 식탁의 자리를 차지하고 있고, 구약시대에는 기름부음의 소재로 사용되었다. 이것들은 종교적 가치와 영양학적 가치에 탁월한 재료들이다. 따라서 "감람유와 포도주는 해치 말라" 는 것은 문자적인 의미로는 하나님의 백성들에게 감람유와 포도주는 기근 중에도 정상적인 수확을 허락하시는 것이다. 동시에 기근중이라 할지라도 하나님과의 영적인 교제를 지속하는 자기 백성들은 해치지 말고 보호하라는 뜻으로도 살펴 볼 수 있다.

넷째 인을 떼실 때에는 청황색 말(pale horse : 창백한 말)이 나오는데 그 탄자의 이름은 사망(death)이고 음부(hell)가 그 뒤를 따라 나온다. 해석이 없어도 머릿속에 그림이 그려지는 장면이다.

"저희가 땅 사분 일의 권세를 얻어 검과 흉년과 사망과 땅의 짐승으로써 죽이더라."(8)

지구촌의 사분의 일이 매우 치명적인 타격을 입는다면 나머지 사분의 삼은 사분의 일 때문에 간접적인 타격을 입을 것이고, 결국 세계 전반에 걸친 재앙으로 귀결될 것이다. 검(전쟁)과 흉년(기근), 사망(역병)과 땅의 짐승(지진)등이 동시다발적으로 벌어진다면 정상적인 삶이 마비되는 수준의 재난이 될 것이다.

둘째, 셋째인의 재앙이 넷째 인을 뗄 때에 중복되고 있는데, 만약 이 재앙들이 일련의 재난코스 세트로 심화되는 과정이라면 이는 우리가 상상할 수 있는 그 이상의 참극을 경험하게 될 것이다.

전쟁과 기근과 자연재해와 지진들은 계시록의 단골메뉴로 등장할

것이고, 이러한 사건들의 경험이 나날이 증폭되고 있다는 것은, 우리
네 현실이 계시록의 그림을 착실히 그리고 세밀히 스케치하고 있음을
보여 준다.

계시록의 환란은 예수 그리스도의 재림을 기다리는 진통이며, 그 진
통은 변수가 아닌 상수임이 강조된다.

예수님은 재림직전의 어떤 징조들에 대한 언질을 주심으로서, 예언
이 아닌 예측의 창을 열어 주셨다. "이와 같이 너희도 이 모든 일을 보
거든 인자가 가까이 곧 문 앞에 이른 줄 알라."(마24:33).

계시록의 환란들을 예측하는 수준도 그리스도의 재림에 대한 '준비
를 위한 예측'인 것이지 예측을 위한 예측은 무의미하다. 마지막 때에
는 그리스도의 재림을 예측하며 살아가는 것이 그 사람의 영적 수준
을 알리는 지표가 된다. 그리고 이 물음은 자신이 답변해야 할 예수님
의 심각한 질문이기도 하다.

"아무개야, 너는 현재 무슨 생각으로 어떤 예측을 하며 살아가느
냐?"

16_죽임을 당한 영혼들의 신원

<계6:9-11)

이 세상에 가장 무서운 소리는 억울하게 죽은 의인들의 핏소리이다. 의인의 핏소리는 하늘의 보좌를 흔들어대는 파워를 형성한다. 피에 대한 신원과 핏소리의 호소는 생명의 주인이신 하나님께 당신의 생명의 주권을 침해한 자들을 고소하는 것이다.

다섯째 인에서는 색다른 장면이 연출되고 있다. 인을 뗀다는 것이 봉해져 있던 하늘의 비밀이 공개된다는 의미를 지닌다면, 여기서 또 하나의 새로운 신비가 열리고 있다.

다섯째 인 속에는 땅에 있는 자들을 심판할 수 밖에 없는 하늘의 뜻이 밝혀지고 있다는 점에서 계시록을 이해하는 또 하나의 주요한 단초가 제공된다.

죽임을 당한 영혼들!

이 세상에 자신의 생명과 맞바꿀 만한 가치를 지닌 것이 있다면 그

것이 도대체 무엇일까? 설령 있다손 치더라도, 그것을 얻기 위해 자신의 생명을 실제로 내던질 사람이 얼마나 존재할까? "죽임을 당한 사람들"이 아닌 "죽임을 당한 영혼들"이라는 표현 속에 그 해답이 있다. 그들은 '육신이 알맹이'라는 정상적인 생각을 뒤집어 '영혼이 알맹이'라는 비정상적인 생각을 가지고 사는 사람들이기 때문에 가능하다.

'육신이 알맹이'인 사람들은 정상적인 비정상적인 사람들이며, '영혼이 알맹이'인 사람들은 "하나님의 말씀과 저희의 가진 증거"를 소중히 여기는 비정상적인 정상적인 사람들이다.

하나님의 말씀은 듣고자 할 때 말씀하고, 목말라 할 때 생수가 되며, 행하고자 할 때 길이 된다. 하나님의 말씀이 눈으로 보인 것이 예수 그리스도이고, 예수 그리스도가 마음으로 인격화 된 것이 곧 그 분에 대한 증거(testimony)이며, 그 '말씀과 증거'는 궁극적으로 자신의 생명

(요한계시록6:9-11)

"다섯째 인을 떼실 때에 내가 보니 하나님의 말씀과 저희의 가진 증거를 인하여 죽임을 당한 영혼들이 제단 아래 있어 큰 소리로 불러 가로되 거룩하고 참되신 대주재여 땅에 거하는 자들을 심판하여 우리 피를 신원하여 주지 아니하시기를 어느 때까지 하시려나이까 하니 각각 저희에게 흰 두루마기를 주시며 가라사대 아직 잠시 동안 쉬되 저희 동무 종들과 형제들도 자기처럼 죽임을 받아 그 수가 차기까지 하라 하시더라."

까지 초월한다. 죽임을 당한 영혼들이 제단 아래 있다는 것은 그들의 생명이 하나님께 드려졌음을 의미한다.

하나님의 백성은 자신의 생명이 마땅히 생명의 주인이신 하나님의 것임을 기정사실화하고 살아가는 자들이다. 하나님이 필요로 하실 때 물질을 드리듯이 목숨도 서슴없이 하나님의 제단에 제물로 바치는 것이다.

죽임을 당한 영혼들의 한 맺힌 절규를 들어 보자!

"큰 소리로 불러 이르되 거룩하고 참되신 대주재여 땅에 거하는 자들을 심판 하여 우리 피를 신원하여(avenge) 주지 아니하시기를 어느 때까지 하시려 하나이까."(계6:10)

그들의 요청은 땅에 거하는 자들에 대한 심판이다. 하나님은 이 요청을 거부할 수 없다. 언젠가 "땅에 거하는 자들"은 질풍노도와 같은 맹렬한 인생의 악천후를 만나게 될 것이다. 특히 "하나님의 말씀과 저희의 가진 증거"를 빙거로 그리스도인들을 살해한 지역이나 인종, 집단과 국가는 혹하고 가중된 심판의 채찍을 만날 수 있다.

가인이 아벨을 돌로 쳐 죽였을 때에 하나님은 이렇게 말씀하신다. "네가 무엇을 하였느냐 네 아우의 빗소리가 땅에서부터 내게 호소하느니라."(창4:10)

이 세상에 가장 무서운 소리는 억울하게 죽은 의인들의 핏소리이다. 의인의 핏소리는 하늘의 보좌를 흔들어대는 파워를 형성한다. 피에 대한 신원과 핏소리의 호소는 생명의 주인이신 하나님께 당신의 생명의 주권을 침해한 자들을 고소하는 것이다. 심판관으로서의 하나님의 법정은 매우 냉철한 잣대를 적용하여 억울한 자들의 손을 들어 줄 것이다.

이 때 들려 온 의미심장한 하나님의 음성에 주목해 보자.

"각각 저희에게 흰 두루마기를 주시며 이르시되 아직 잠시 동안 쉬되 그들의 동무 종들과 형제들도 자기처럼 죽임을 받아 그 수가 차기까지 하라 하시더라."(계6:11)

죽임을 당한 영혼들이 "어느 때까지 하시려나이까?" 라는 질문에 대한 하나님의 응답은 "그 수가 차기까지"(should be fulfilled)이다.

인간의 죄를 대속하기 위한 하나님의 저울추는 독생자를 희생양으로 삼을 때 수평을 이룰 수 있었다. 노아의 때에 하나님께서는 "사람의 죄악이 세상에 관영함과 그 마음의 생각의 모든 계획이 항상 악할 뿐임을 보시고" 자신이 창조한 사람들을 지면에서 쓸어버리기로 결심하신다.

이 땅을 심판하여 인간들을 쓸어버리기 위해서는 하나님의 마음의 정하신 저울추가 균형을 잡을 때이다. 그 수가 얼마인지는 알 수 없지만 마지막 순교자의 영혼이 하늘에 도착하는 순간, 하나님께서 생각하고 계신 수가 차게 되면서, '죽임을 당한 영혼들'의 한 맺힌 복수의 처절한 심판의 문이 열릴 것이다.

참고로 크리스천 순교에 관한 역사적인 고찰에 주력한 고든-콘웰 센터는 2005년부터 2015년까지 매해 약 90,000명의 크리스천이 목숨을 잃어 약 900,000명이 순교한 것으로 집계된다고 발표했다. "2016년에는 매 6분마다 한 명의 크리스천이 신앙을 이유로 목숨을 잃어 총 90,000명이 순교했다"고 밝힌다. 그 '죽임을 당한 영혼들'은 하늘나라의 제단 밑에서 지금도 자신의 피를 신원해 달라고 호소하고 있을 것이다.

하나님께서는 그 '죽임을 당한 영혼들'에게 '흰 두루마기'를 주시며 그들을 달래고 계신다. 이 의상은 그들의 신원을 잠시 보류하는 대신에, 그들의 억울함을 임시로 보상하는 하나님의 증표이다. 이 의상은 예수님의 혼인잔치 비유에 등장하는 예복(wedding garment)을 입지 않은 사람의 그 '예복'일 수 있다.

'흰 예복'은 정결한 상태에서 신랑 예수 그리스도의 영화로운 혼인잔치에 초대 받을 수 있는 초대장과 자격증인 셈이다. '죽임을 당한 영혼들'이라 할지라도 하나님의 절대적 성결을 지닌 영화로운 영혼들로 거듭날 필요성이 있기 때문이다.

엔 타임에는 '그 수가 차기까지' 그리스도인들에 대한 핍박이 가열될 것이고, 현실적으로 기독교인들을 핍박하고 죽이는 이슬람이나 힌

두고, 여타의 정치집단의 세력이 매우 팽창하여 폭력적인 모습을 드러낼 것이다. 이러한 종교사회적 현상을 계시록과 접목시켜 해석함으로써 엔 타임의 퍼즐을 완성해 나아갈 수 있다.

예수님께서 다섯째 인을 떼어 '죽임을 당한 영혼들'의 모습을 공개하시는 것은 역사 속에 이루어진 신앙적 순교가 약자의 억울함으로 소멸되는 것이 아니라, 이 역사 속에 실현될 하나님의 깊은 심판의 채찍으로 드러남을 천명하기 위한 것이다.

죽인 자는 다시 죽임을 당하지만, 죽임을 당한 자는 다시 죽지 않는다. 죽임을 당한 영혼들이 억울하면 억울할 수록, 그들의 죽음이 장렬하면 장렬할 수록 이 땅에 닥칠 환란의 바람은 더욱 세차고 거세질 것이다.

하나님께서 "죽임을 당한 영혼들"의 피를 신원해 주시는 것은 마치 인류를 위해 대속의 피를 흘린 어린 양의 의로운 죽음을 공의롭게 하는 원리이다.

"회오리바람이 지나가면 악인은 없어져도 의인은 영원한 기초 같으니라."(잠10:25)

17_어린양의 진노 - 재난 경보

(계6:12-17)

여섯째 인은 '어린 양의 진노'에 대해서 언급한다.

이 진노가 다섯째 인 속에 등장하는 '죽임을 당한 영혼들'의 신원에 대한 보복의 차원에서 이루어지는 것인지는 알 수 없다. 그러나 천지만물이 요동치는 여섯째 인은 소위 인재가 아닌 100% 천재라는 점에서 '죽임을 당한 영혼들'의 신원이 아니라 할지라도 상당한 고통을 수반하고 있다.

이 환란에 대한 사람들의 반응은 "땅의 임금들과 왕족들과 장군들과 부자들과 강한 자들과 각 종과 자주자"의 차원에서 이루어진다.

"땅의 임금들과 왕족들과 장군들과 부자들과 강한 자들"은 소위 상류계층과 엘리트, 고위관직의 하이스탠딩 사람들이다. 만약 '각종'(every bondman)이 앞서 언급된 고위신분의 사람들을 섬기는 자들을 표현하는 용어라면, '자주자'(freeman)는 고위신분의 사람들 자체를 지시하는 용어일 것이고, 결국 이 언급된 사람들은 최고위급 상류집단에 임하는 환란을 말한다. 그러나 만약 임금에서 종까지 각계각층의 사회적 신분을 망라하고 있는 것이라면, 이 지구촌에 존재하는 모든 사람에게 닥치는 환란인 것이다. 이들이 "굴과 산 바위틈에 숨어" 있다는 것은 최근에 등장하고 있는 미국의 지하벙커를 연상시킨다.

(요한계시록6:12-17)

"내가 보니 여섯째 인을 떼실 때에 큰 지진이 나며 해가 검은 털로 짠 상복 같이 검어지고 온 달이 피 같이 되며 하늘의 별들이 무화과나무가 태풍에 설익은 열매가 떨어지는 것 같이 땅에 떨어지며 하늘은 두루마리가 말리는 것 같이 떠나가고 각 산과 섬이 제 자리에서 옮겨지매 땅의 임금들과 왕족들과 장군들과 부자들과 강한 자들과 모든 종과 자유인이 굴과 산들의 바위 틈에 숨어 산들과 바위에게 이르되 우리 위에 떨어져 보좌에 앉으신 이의 얼굴에서와 어린 양의 진노에서 우리를 가리라.

그들의 진노의 큰 날이 이르렀으니 누가 능히 서리요 하더라."

최근 북한이 대륙간탄도미사일(ICBM)급 '화성-14형' 시험발사를 한 후부터 지하 벙커에 대한 주문이 크게 늘어 미국의 지하벙커 사업가들을 미소 짓게 하고 있다고 한다. 만일의 사태에 대비하려는 이들이 많아지면서 업체들은 개인용 벙커는 물론 호텔형까지 내놓고, 가격도 수천만 원에서 수십억 원까지 다양한 상품이 등장하고 있는 현실을 살아가고 있다.

부자들은 자기 살 궁리를 다 하고 있지만 엄밀한 의미에서 환란의 때에는 안전한 처소가 존재하지 않는다. 유일한 피난처가 있다면 오직 예수 그리스도로 의의 옷을 입는 방법뿐이다.

여섯째 인은 경험해 보지 않은 영역이기 때문에 머릿속의 그림이나 영화 속의 필름으로 상상하는 것이 더 쉽게 이해가 된다.

캘리포니아 남부에서 최대 규모 M 9.6의 지진이 발생한 상황을 다룬 영화 '샌 안드레아스', 소행성 충돌의 여파가 쉽게 연상되는 영화 '딥 임팩트(Deep Impact)', 그리고 부산 앞바다에서 일어나는 지진과 해일을 다룬 영화 '해운대'는 가상의 재난 영화이지만 계시록의 관점에서는 현실 가능한 이야기이다. 사람들은 가상의 영화를 만들어 내지만 영화 같은 현실이 그 뒤를 따라가 곧 영화가 현실로 입증된다. 소행성이 바다에 떨어지면 거대한 해일이 발생하게 된다.

본문에 등장하는 "하늘은 종이 축이 말리는 것 같이 떠나가고 각 산과 섬이 제 자리에서 옮기우는" 일들은 소행성 충돌이나 아니면 큰 지진의 결과로도 연결해 볼 수 있다. 지진은 최근 일상화 된 세계적인 자연재해로 한국에서도 지진 발생 횟수가 예사롭지 않게 늘어나고 있다.

최근의 예로 2018년 9월 28일에 있었던 인도네시아 술라웨시 섬 팔루 북부 해안의 규모 7.5의 지진이, 3~7m 높이의 쓰나미를 발생시켜 수천 명의 인명 피해를 일으켰다. 한국도 더 이상의 지진 안전지대가 아니며 최근 백두산 화산 폭발의 가상 시나리오가 끊임없이 제기되고 있는 상황이고, 백두산 화산폭발이 대규모 지진으로 이어져 아비규환이 되는 한반도 상황을 그린 영화 '백두산'이 개봉되기도 했다. 국민안전처 의뢰로 서울시립대 산학협력단이 작성한 보고서에 의하면 서울 중심부에서 규모 7의 지진이 일어나면 276만여 명이 사망하고 2,848조원의 경제손실이 발생한다는 전망도 나왔다. 또한 국민 안전처 연구 용역에 의하면, 활화산인 백두산 화산이 폭발하면 남한에 최대 11조 1천 900억원에 달하는 재산피해를 줄 것이라는 예측 결과도 나와 있다. 화산 대폭발로 리히터 규모 7 이상의 강진이 발생 하면 반경 200㎞ 안에 있는 저층 건물 등을 때려 무려 22조원의 재산 피해가 발생한다는 예측이다.

본문의 "해가 총담같이 검어지며"라는 것은 화산 폭발 시에 발생하는 화산재가 하늘과 태양을 가리는 장면을 묘사한 것으로도 추정된다.

'총담'은 '검은 천' 혹은 '염소의 검은 털'이나 '말의 긴 꼬리털'을 말한다. 화산재가 태양을 가릴 때의 모습이 검은 천을 댄 것 같기도 하고, 염소의 검은 털 같기도 하고, 말의 긴 꼬리털 같기도 해 보일 수 있는 것이다. 또한 "해가 총담같이 검어지며"라는 의미는 우주적인 흑암 재앙을 상징하는 것으로 해석이 가능하다.

종말과 관련한 흑암 재앙은 신구약에 공통적으로 언급되고 있다.

"여호와의 크고 두려운 날이 이르기 전에 해가 어두워지고 달이 핏빛 같이 변하려니와"(욜2:31), "그 때에 그 환난 후 해가 어두워지며 달이 빛을 내지 아니하며"(막13:24,25)

해가 총담같이 검어진다는 것은 그야말로 엔 타임을 가장 시각적으로 느끼는 사건이 될 것이다. 어김없이 "해는 또 다시 뜬다"고 믿는 사람들에게 "해가 총담 같이 검어진다"는 진리를 하나 더 추가해야 한다.

여섯째 인을 뗄 때에 해가 총담같이 검어진다면 달은 피같이 되는 일이 발생한다. 달이 피같이 되는 일은 최근에 지구촌의 사람들이 몇 차례 경험한 일이다.

달이 지구 그림자에 들어 가 어두워지는 개기월식으로 인한 '핏빛 우주쇼'가 종종 생중계되고 있다. 이 피가 그 피가 될지는 분명하지 않지만 이 우주 쇼는 해가 총담 같이 검어지는 사건의 개연성을 열어 주고 있다.

또한 여섯째 인의 내용들은 상징이 아닌 문자적이고 실제적으로 발생할 일월성신과 천지만물의 요동인 것이다. 해가 총담 같이 어두워지고 달이 핏빛같이 변하는 것 외에 별들에게서도 조짐이 보이는데 소위 '별들의 행진'이다.

"하늘의 별들이 무화과나무가 대풍에 흔들려 선 과실이 떨어지는 것 같이 땅에 떨어지며..."

별이 땅에 떨어지는 것은 소행성이나 유성이 지구와 충돌하는 사태로 가정할 수 있다. 매년 6월 30일은 소행성의 날로 이 날은 지구를 소행성으로부터 보호하자는 취지를 세계적으로 널리 전파시키기 위해 제정되었다. 6월 30일로 정한 것은 1908년 그 날, 최근 역사 중에 가장 큰 직경 약 40m의 소행성이 시베리아 퉁구스카(Tunguska)에 떨어진 것을 기억하기 위해서이다.

퉁구스카에 떨어진 소행성은 3~5메가톤급 폭탄 파괴력과 맞먹는다고 한다. 참고로 히로시마에 떨어뜨린 원자폭탄은 12킬로톤이었으니, 이보다 수백 배의 위력이었다. 이 충돌로 서울시 면적의 3배가 넘는 약 2,000㎢의 숲이 초토화되었다.

미국에서는 얼마 전(2018년 10월 4일) 휴대용 전화기를 소유한 모든 사람들에게 '대통령 경보' 문자가 美 재난안전청(FEMA)에서 발송되었다. 이날은 미 연방 재난안전청이 미 국민에게 대통령 경보 문자를 처음으로 시험 발송한 날이다.

대통령 경보란 전쟁, 테러, 천재지변, 전염병과 같은 재난이 발생하면 대통령이 미 연방 재난관리청을 통해 전 국민에게 문자로 발송하는 전국적인 비상경보시스템이다.

2018년 1월 하와이에서 미사일 오경보 소동이 있은 지 3일 후 미시간 주에서는 운석 폭발이 있었고, 5월에는 화산이 폭발하는 큰 재난이 발생했다. 미국 FEMA(연방 재난안전청)의 대통령 경보문자의 첫 시험 발송은 다가오는 상황에 대한 미리 주어지는 경고이지만 믿음의 눈으로 보면 계시록의 시대를 경고하는 것이다.

땅의 임금들과 왕족들과 장군들과 부자들과 강한 자들과 각 종과 자주자가 굴과 산 바위틈에 숨어서 산과 바위에 하는 말들을 들어 보자. "우리 위에 떨어져 보좌에 앉으신 이의 낯에서와 어린 양의 진노에서 우리를 가리우라."(16) 그들이 이 극한 상황을 하나님의 얼굴과 어린 양의 진노로 인식하고 있음을 인식할 필요가 있다. 이들이 만약 지하벙커 속에 들어앉은 사람들이라면, 이들은 계시록의 환란에 대해 충분히 숙지하고 있는 자들일 것이다. 왜냐하면 이들의 판단인 즉, "진노의 큰 날이 이르렀으니 누가 능히 서리요"라고 말하고 있기 때문이다. 이들이 환란의 출처를 하나님과 어린양의 진노로 귀결 짓고 있다는 것은 매우 놀라운 일이다. 그럼에도 불구하고 이들은 이 극한 상황중에 회개하여 하나님의 도우심을 바라는 모습은 보이지 않고 있다. 회개하여 하나님의 도우심을 받기에 이미 살아온 지난날들이 너무 멀리 빗나가 있었다는 판단 하에 자포자기의 상태에 이르렀는지도 모른다.

평상시 주님과의 친밀한 관계가 형성되어 있지 못하고 하나님이 있는 둥 없는 둥 살아가는 사람들은 환란의 때에 하나님과의 괴리감에 스스로 무너지고 마는 것이다. 만약 이들이 주님을 붙잡기에 늦었다는 판단을 한 것이라면 이들은 평상시에 하나님의 뜻대로 살기 보다는 육신의 생각대로 살아왔기 때문이다.

보좌에 앉으신 이의 낯에서와 어린 양의 진노에서 가림을 받는 방법은 전혀 없다. 심판의 원형인 노아의 시대의 홍수심판과 롯의 시대의 불의 심판중에 오직 의인들만 구원받았다. 이러한 사실은 어린 양의 진노가 임할 때에는 그 이전에 이미 의인들은 휴거의 반열에 들었다고 보는 응당한 성경적 견해를 제공한다.

재난안전청의 대통령 경보문자가 휴대폰을 진동시키는 시대를 살고 있다. 그러나 어린양의 진노의 경보문자를 소홀히 하는 자는 대통령 경보 문자를 받기도 전에 재난의 한 가운데 있게 될 것이다.

18_당신의 이마에는 무엇이 있습니까? (계7:1-8)

[
하나님의 인을 맞지 못하면 하나님의 매라도 맞아야 산다. 하나님의 인을 받지 못하는 것이 바로 대환란이기 때문이다. 하나님의 인을 받았는지 안 받았는지는 쉽게 알 수 있다. 자신의 인생을 자신의 소유로 살아가고 있는지 하나님의 소유로 살아가고 있는지... 자신은 아는 일이다.
]

        예수 그리스도의 재림이 다가 오고 있다는 징조중의 하나는 바로 재림에 대한 거부반응이다. 보편적 이성(상반되는 '관찰하는 이성'과 '실천하는 이성'을 지양하는 '통일된 이성')을 지닌 현대인들이 보지 않고 체험하지 않은 영역의 일들을 받아들이는 것은 결코 쉬운 일이 아니기 때문이다. 이러한 인간의 완악한 마음 때문에 예수님은 세상 끝에 일어날 징조들을 미리 보여 주시고, 마지막 때의 환란을 공개하시는지도 모른다. 생각지 않은 때에 인자가 오신다는 것은 인자의 오심을 사람의 머릿속에서 생각하기조차 싫어한다는 말이다.

신랑의 귀환을 손꼽아 기다리는 신부들은 '사랑의 미로'에 빠지는 것이지만, 신랑을 생각조차 하기 싫어하는 신부들은 '사랑의 말로'에 빠지게 된다.

(요한계시록7:1-8)

"이 일 후에 내가 네 천사가 땅 네 모퉁이에 선 것을 보니 땅의 사방의 바람을 붙잡아 바람으로 하여금 땅에나 바다에나 각종 나무에 불지 못하게 하더라.

또 보매 다른 천사가 살아계신 하나님의 인을 가지고 해 돋는 데로부터 올라와서 땅과 바다를 해롭게 할 권세를 얻은 네 천사를 향하여 큰 소리로 외쳐 이르되 우리가 우리 하나님의 종들의 이마에 인치기까지 땅이나 바다나 나무나 해하지 말라 하더라.

내가 인침을 받은 자의 수를 들으니 이스라엘 자손의 각 지파 중에서 인침을 받은 자들이 십사만 사천이니 유다 지파 중에 인침을 받은 자가 일만 이천이요 르우벤 지파 중에 일만 이천이요 갓 지파 중에 일만 이천이요 아셀 지파 중에 일만 이천이요 납달리 지파 중에 일만 이천이요 므낫세 지파 중에 일만 이천이요 시므온 지파 중에 일만 이천이요 레위 지파 중에 일만 이천이요 잇사갈 지파 중에 일만 이천이요 스불론 지파 중에 일만 이천이요 요셉 지파 중에 일만 이천이요 베냐민 지파 중에 인침을 받은 자가 일만 이천이라."

"인자가 올 때에 세상에서 믿음을 보겠느냐."(눅18:8)

요한은 땅과 바다를 새롭게 할 네 천사가 땅 네 모퉁이에 서서 사방의 바람을 붙잡아 바람으로 하여금 땅에나 바다에나 각종 나무에 불지 못하게 함을 목격한다.

엔 타임에는 사방에서 바람(four winds of the earth)이 불어 닥치는 시기이다. 동서남북 사방천지에서 자연재해와 전쟁 그리고 역병의 환란의 바람이 불어 올 것이지만, 피난처는 존재하지 않는다. 심판이 불가항력적이라면 구원도 불가항력적이다.

하나님께서 환란 중에 자기 백성을 보호하기 위해 '하나님의 종들'의 이마에 인을 치는 방법을 사용하고 계신다. 이 환란의 바람이 땅과 바다와 나무에 임할 때에 자기 백성들을 다치지 않게 보호하시려는 인으로서, 마치 출애굽 전야에 어린 양의 피를 문설주에 바름으로 사망을 면했던 상황과 매우 흡사하다.

땅에는 지진이 나고 바다에는 쓰나미가 일고 나무들이 불에 타서 화염에 휩싸일 때 인 맞은 자들은 하나님의 보호를 받는다는 이 사실이 얼마나 놀라운 일인가!

요즈음 땅과 바다가 예사롭지 않은 것은 "땅과 바다를 해롭게 할 권세를 얻은 네 천사"의 움직임의 조짐이 보이기 시작하기 때문이다. 이 인 맞은 '하나님의 종들'이 이스라엘 자손의 각 지파 중 십사만 사천이라는 것이다.

‘십사만 사천’과 ‘이스라엘 자손의 각 지파’의 해석을 두고 해석자들 사이에 매우 격한 논쟁의 바람이 불고 있다.

‘십사만 사천’이 문자적으로 해석되면 이단 교주들의 배를 충분히 불려주는 한 세대 양식이 된다. 그러나 가장 전통적인 해석은 ‘구원받은 성도들의 총 수’로 보거나 ‘완전한 하나님의 백성’ 또는 ‘완전한 교회’를 상징하는 것으로 해석되는 경우이다. 숫자가 지닌 상징적 의미를 부각시킬 때 이러한 결론에 도달할 수 있다.

계시록 21장에는 예루살렘성의 장광고를 측량할 때 12,000 스다디온이고, 그 성곽은 144 규빗으로 나온다. 이 수치들은 ‘이스라엘 자손의 각 지파’ 144,000 명의 구원이 지파별로 12,000명씩 동등하게 분배되어 있는 수치와 공통점이 있다. 따라서 144,000명을 문자적인 의미 보다는 계시록이 가지고 있는 전형적인 숫자의 상징적 의미로 해석할 때 강한 설득력을 얻게 된다.

그러나 144,000을 상징적으로 해석하더라도 ‘이스라엘 자손의 각 지파’를 문자적인 의미로 해석하는 가설을 설정해 볼 필요가 있다.

첫째, 만약 십사만 사천 인이 “구원받은 성도들의 총 수”라면 이미 성령의 인침을 받은 성도들이 과연 천사를 통해 하나님의 인침을 다시 받을 필요성이 있는 것인지 강한 의구심이 제기된다.

바울은 고린도 교회를 향해서 이렇게 말했다.

"우리에게 기름을 부으신 이는 하나님이시니 저가 또한 우리에게 인 치시고 보증으로 성령을 우리 마음에 주셨느니라."(고후1:21-22)

성도는 하나님께서 직접 인을 치시고 그 보증으로 성령을 이미 부어 주셨다. 그러나 십사만 사천의 이스라엘 자손의 각 지파는 하나님이 인을 치시는 것이 아니라 하나님의 인을 받아 가지고 천사가 치고 있다. 따라서 십사만 사천이 "구원받은 성도들의 총 수"이고 "완전한 하나님의 백성"이라면, 이미 하나님께 성령의 인을 받은 성도들이 급수가 떨어지는 천사를 통해 재차 인을 받을 필요성이 있는지의 문제를 명쾌히 해결해야만 한다.

둘째, 만약 하나님께서 "구원받은 성도들의 총 수"를 표현하기 위해 "이스라엘 자손의 각 지파"를 열거하셔야만 했다면 왜 열두 지파를 서열대로 지목하지 않으시고 변형된 지파를 말씀하셨을까? 열거된 이스라엘 12지파 중에는 누락된 지파가 있고 추가된 지파가 있으며, 인 치는 순서도 뒤바뀌어 있다. 단지파가 누락되어 있고, 요셉의 아들 므낫세 지파가 추가되었으며 가장 먼저 유다지파가 인을 맞는다.

단지파가 누락된 이유는 야곱이 죽기 직전 열두 아들에 대한 예언기도를 하는 과정에서 유일하게 저주를 받은 아들이기 때문이다. 요셉의 아들 므낫세가 추가된 것은 창세기의 무대에서 가장 의로운 삶을 살았던 요셉과 그 가문에 대한 축복이기 때문이다. 그리고 가장 먼저 유다지파가 르우벤 지파에 앞서 인을 받는 것은 유다지파에서 메시아가 출생하는 영적인 장자이기 때문이다. 이러한 이유들은 야곱의 열두지파 내부의 역사 속에서 산출된 실제적 사건들로서, 그러한 사연들이 인치는 일에 반영되고 있기 때문이다. 이것은 이스라엘 역사 현실 속에서 열두 지파와 하나님과의 영적인 관계가 빚어낸 그들만이 가지고 있는 내부 사정이며, 역사적 사실 혹은 구속사의 반영은 실제적인 이스라엘 역사에 대한 하나님의 관심을 드러낸다. 따라서 이스라엘 지파들의 인을 맞는 것이 "구원받은 성도들"을 상징하는 것을 주장하는 것은 자칫 하나님의 이스라엘에 대한 구속의 섭리를 차단시키는 결과를 초래할 수 있다.

최근 대체신학에 대한 비판이 제기되어 대체신학을 대체해야 한다는 논쟁이 활발히 진행되고 있다.

대체신학(Replacement Theology)이란 하나님 앞에서 이스라엘은 영원히 끊어졌고 그 자리를 구원받은 이방 기독교인들이 대체했다고 믿는 신학이다. 즉 오늘날의 교회가 이스라엘을 대체했다는 것이다. 그러나 구약 이스라엘의 구원의 섭리가 소멸된 것은 아니며, 하나님과 이스라엘과의 숱한 언약들이 이방인들 때문에 전격 취소된 것은 아니다.

다니엘서에 의하면 하나님께서는 그리스도를 통한 이스라엘의 구원의 완성을 위해 기한을 정하셨다.

"네 백성과 네 거룩한 성을 위하여 칠십 이레로 기한을 정하였나니 허물이 마치며 죄가 끝나며 죄악이 영속되며 영원한 의가 드러나며 이상과 예언이 응하며 또 지극히 거룩한 자가 기름 부음을 받으리라."(단9:24)

스가랴 선지자도 이에 관해 예언한다.

"내가 다윗의 집과 예루살렘 거민에게 은총과 간구하는 심령을 부어 주리니 그들이 그 찌른 바 그를 바라보고 그를 위하여 애통하기를 독자를 위하여 애통하듯 하며 그를 위하여 통곡하기를 장자를 위하여 통곡하듯 하리로다."(슥12:10)

바울은 선민 이스라엘에 대한 하나님의 구원의 계획이 결코 포기되지 않는 것으로 말한다.

"형제들아 너희가 스스로 지혜 있다 함을 면키 위하여 이 비밀을 너희가 모르기를 내가 원치 아니하노니 이 비밀은 이방인의 충만한 수가 들어오기까지 이스라엘의 더러는 완악하게 된 것이라."(롬11:25)

바울은 구원의 수에 있어 이방인과 이스라엘인과의 어떤 함수관계에 놓여있음을 역설한다. 이스라엘이 완악해 질수록 이방인의 구원의 수는 채워져 가고, 이스라엘이 망할수록 이방인은 흥해가지만 이것이 끝이 아니다. 이방인의 충만한 수가 채워진 후에 이스라엘도 흥하기 시작하며, "그리하여 온 이스라엘이 구원을 얻으리라…"(롬11:26)는 결론이다. 따라서 엔 타임은 이방인의 구원의 수가 채워지고 이스라엘이 구원을 얻는 시기이다.

자신의 민족애로 충만했던 바울은 로마서(9~11장)에서 이스라엘의 구원 문제를 다루며 "하나님의 부르심에는 후회하심이 없느니라"고 말한다. 따라서 "이스라엘 자손의 각 지파"의 인 맞는 정황을 문자적으로 해석해 볼 때 더 큰 의미를 얻게 된다.

셋째, 계시록 7장의 전반부의 인 맞은 "이스라엘 자손의 각 지파"와 후반부인 "아무라도 능히 셀 수 없는 큰 무리" 간에는 하나의 공통점이 존재한다.

계시록(14: 3)에 보면 보좌와 네 생물과 장로들 앞에서 새 노래를 부르는 십사만 사천 인을 "땅에서 구속함을 얻은 자(Which were redeemed from the earth)"들이라고 말한다.

특히 '땅에서' 구속함을 얻었다는 표현은 '하늘에서' 구속함을 얻은 자들을 의식하여 대조시키는 개념화된 용어일 수 있다.

하늘에서 구속함을 얻었다는 것이 '휴거'를 의미하는 것이라면 땅에서 구속함을 얻은 자들은 '순교'를 통해서이다. 따라서 이스라엘 자손의 각 지파 십사만 사천이 '유대인 순교자들의 충만한 수'를 가리킨다면, 아무라도 능히 셀 수 없는 큰 무리는 '이방인 순교자들'을 가리킬 수 있다.

왜냐하면 이들은 "큰(대) 환란에서 나오는 자들"이라고 장로가 말하고 있고, 이들은 "어린양의 피에 그 옷을 씻어 희게"했다는 것인데, 이것은 대환란 기간의 순교적 행위를 통해서만 비로소 어린 양의 피에 옷을 씻어 희게 될 수 있기 때문이다. 더욱이 14장 1절에 나오는 십사만 사천의 이마에 "어린 양의 이름과 그 아버지의 이름을 쓴 것"이 있다고 나온다. 그러니까 7장에서 이들이 천사에 의해 이마에 맞은 인의 실제적인 내용은 "어린 양의 이름과 그 아버지의 이름"으로 이들은 이스라엘 백성의 신분으로 예수님을 영접한 유대인 크리스천들인 것이다.

유대인 크리스천들은 인침을 받아 자연재해로부터 보호받는 하나님의 은총을 누리지만, 그러나 후삼년 반 적그리스도의 통치기간에 많은 고난을 받거나 순교하는 것으로 볼 수 있다.

"여호와가 말하노라 이 온 땅에서 삼분지 이는 멸절하고 삼분지 일은 거기 남으리니 내가 그 삼분지 일을 불 가운데 던져 은 같이 연단하며 금 같이 시험할 것이라 그들이 내 이름을 부르리니 내가 들을 것이며 나는 말하기를 이는 내 백성이라 할 것이요 그들은 말하기를 여호와는 내 하나님이시라 하리라."(슥13:9)

스가랴 선지자가 말하는 "내가 그 삼분지 일을 불 가운데 던져 은 같이 연단하며 금 같이 시험할 것이라"는 대목을 참조할 필요가 있다.

따라서 7장의 삽입구절을 해석하는 가장 주요한 키워드는 '환란전 휴거를 전제'하는 것이다.

이미 정결한 신부들은 환란 전에 휴거되었고, 지상에 남아 환란을 겪고 있는 유대인 크리스천들과 이방인 크리스천들의 고난 혹은 순교를 통한 구원의 역사를 묘사하고 있다는 가설을 설립할 수 있다.

하나님께서 자기 백성들에게 인을 치신다는 것은 매우 경이로운 일이다. 베드로가 믿는 자들의 신분을 이렇게 말한다.

"오직 너희는 택하신 족속이요 왕 같은 제사장들이요 거룩한 나라요 그의 소유된 백성이니 이는 너희를 어두운데서 불러내어 그의 기이한 빛에 들어가게 하신 자의 아름다운 덕을 선전하게 하려 하심이라."(벧전2:19).

인을 쳐서 그의 소유된 백성으로 삼으시는 하나님의 선택적 은혜를 누리지 못하는 자는 절망의 나락으로 떨어지는 자이다.

하나님의 인을 맞지 못하면 하나님의 매라도 맞아야 산다. 하나님의 인을 받지 못하는 것이 바로 대환란이기 때문이다.

하나님의 인을 받았는지 안 받았는지는 쉽게 알 수 있다. 자신의 인생을 자신의 소유로 살아가고 있는지 하나님의 소유로 살아가고 있는지... 자신은 아는 일이다.

19_당신의 입은 옷은 무슨 색깔입니까? (계7:9-17)

> "어린 양의 피에 옷을 씻어 희게" 한다는 것은 환난의 때나 무환난
> 의 때나 그리스도인들이 죄악된 세상에서 완수해야 할 날마다의
> 과제이고, 화평하지 못한 인간관계 속에서 반드시 풀어야 할 숙제
> 이다.

인간에 대한 하나님의 관심은 하나님에 대한 인간의 관심이다. 이사야 선지자는 여호와께서 행하시는 일들에 무관심하며 그의 손으로 하신 일을 생각지 아니하는 지도자들을 질책한다.(사5:12)

신명기 사관과 역대기 사관의 주제의 공통점은 예수님께서 제시하신대로 "네 마음을 다하고 목숨을 다하고 뜻을 다하여 주 너의 하나님을 사랑하라"는 것이다. 이것은 하나님에 대한 관심의 질량을 말하며, '관심의 질량'은 장소에 따라 변하지 않는 값이다.

"이 일 후에 내가 보니 각 나라와 족속과 백성과 방언에서 아무라도 능히 셀 수 없는 큰 무리가 나와 흰 옷을 입고 손에 종려 가지를 들고 보좌 앞과 어린 양 앞에 서서 큰 소리로 외쳐 이르되 구원하심이 보좌에 앉으신 우리 하나님과 어린 양에게 있도다 하니 모든 천사가 보좌와 장로들과 네 생물의 주위에 섰다가 보좌 앞에 엎드려 얼굴을 대고 하나님께 경배하여 이르되 아멘 찬송과 영광과 지혜와 감사와 존귀와 능력과 힘이 우리 하나님께 세세토록 있을지어다 아멘 하더라.

장로 중에 하나가 응답하여 내게 이르되 이 흰옷 입은 자들이 누구며 또 어디서 왔느냐 내가 말하기를 내 주여 당신이 아시나이다 하니 그가 나에게 이르되 이는 큰 환난에서 나오는 자들인데 어린양의 피에 그 옷을 씻어 희게 하였느니라.

그러므로 그들이 하나님의 보좌 앞에 있고 또 그의 성전에서 밤낮 하나님을 섬기매 보좌에 앉으신 이가 그들 위에 장막을 치시리니 저희가 다시 주리지도 아니하며 목마르지도 아니하고 해나 아무 뜨거운 기운에 상하지 아니하리니 이는 보좌 가운데 계신 어린 양이 저희의 목자가 되사 생명수 샘으로 인도하시고 하나님께서 그들의 눈에서 모든 눈물을 씻어 주실 것임이라."

계시록 7장의 후반 절에는 고난과 위험의 장소에서도 불변의 신앙을 견지한 자들이 죽음 이후에 어떠한 삶이 열리는지를 보여준다.

요한이 목격한 이들의 장면은 매우 중요한 의미를 지닌다. 이들은 "각 나라와 족속과 백성과 방언에서 아무라도 능히 셀 수 없는 큰 무리"들이다. 나라(all nations)와 족속(kindreds)과 백성(people)과 방언(tongues)은 세계 약 242개 국가의 인종과 민족과 언어를 일컫는 것으로 구원의 세계적인 현상을 일컫는 말이다.

구원은 돌감람나무인 이방인들이 참감람나무인 이스라엘에 접붙임을 받고 참감람나무 뿌리의 진액을 함께 받아 이르게 된 것이다.(롬11: 17) 이들이 취하고 있는 액션과 함성은 구원론의 진수를 보여 준다.

"흰 옷을 입고 손에 종려 가지를 들고 보좌 앞과 어린 양 앞에 서서 큰 소리로 외쳐 가로되 구원하심이 보좌에 앉으신 우리 하나님과 어린 양에게 있도다." 이들이 입고 있는 흰 옷은 어린 양의 피로 씻음 받은 자만이 입을 수 있는 그야말로 성의(聖衣)이다.

구약의 제사는 제사장이 제단에 짐승의 피를 뿌림으로 이루어졌지만, 신약의 제사는 예수 그리스도가 십자가에서 자신의 피를 뿌림으로 이루어졌다. 구약의 수많은 제사를 반복할 필요가 없는 것은 저가 단번에 자기를 드려 이루셨기 때문이다. (히7:27) 단번에($\varepsilon\varphi\alpha\pi\alpha\xi$, 에파팍스)는 "한 번으로 영원히"라는 의미이다.

구약의 그 숱한 세월의 피비린내는 십자가에서 사라지게 되었다. 어린 양의 피로 죄를 씻어내는 그 때에 비로소 흰 옷을 입고 구원의 대행렬에 합류하게 된다. 이들의 손에 종려 가지를 들고 메시야를 환영하며 "호샤나—호사나"(הושענא)라고 외치는 것이 바로 구원의 완성된 그림이다.

이때에 장로 중에 하나가 요한에게 "이 흰옷 입은 자들이 누구며 또 어디서 왔느뇨" 라는 호기심어린 질문을 던진다. 알면서 묻는 것은 확실히 알라고 묻는 것이다. 그들은 바로 "큰 환난에서 나오는 자들"이고 어린양의 피에 그 옷을 씻어 희게 되었다는 것이다. 이 "큰 환난에서 나오는 자들"은 문자 그대로 큰 환난에서 나오는 자들(came out of great tribulation) 이다.

전후 문맥을 살펴 볼 때에 이들은 큰 환난 중에 많은 고난을 받았다. "저희가 다시 주리지도 아니하며 목마르지도 아니하고 해나 아무 뜨거운 기운에 상하지 아니할지니" 라는 것은 환난 중에 주리고 목마르고 뜨거운 기운에 상했기 때문이다. 만약 이들이 환난전 휴거된 백성들이라면 굳이 이러한 표현을 쓸 필요는 없을 것이다. 휴거백성들이 주리고 목마르고 뜨거운 기운에 상할 필연성은 없기 때문이다. 뜨거운 기운에 상했다는 것은 실제적으로 화형의 시험을 당했다고 볼 수 있다.

"성도들의 인내가 여기 있나니 저희는 하나님의 계명과 예수 믿음을

지키는 자니라."(계14:12)

주리고 목말랐다는 것도 실제적으로 음식과 식품을 살 수가 없어 굶주린 상황을 표현하는 것으로 보인다.

"누구든지 이 표를 가진 자 외에는 매매를 못하게 하니 이 표는 곧 짐승의 이름이나 그 이름의 수라."(계13:17)

이들이 비록 큰 환난(great tribulation)에서는 이런 저런 모양으로 큰 해를 받고 순교 당했지만 "저희가 다시 주리지도 아니하며 목마르지도 아니하고 해나 아무 뜨거운 기운에 상하지 아니할"것을 약속하는 것이다. 더욱이 "보좌 가운데 계신 어린 양이 저희의 목자가 되사 생명수 샘으로 인도하시고 하나님께서 저희 눈에서 모든 눈물을 씻어 주실 것"을 보장해 주신다. '모든 눈물'을 씻어 주신다는 것은 그들이 받은 '모든 고난'의 정도를 이해할 수 있는 말씀이다.

하나님은 이들이 당한 환난에 대한 보상을 극대화하신다.

"그러므로 그들이 하나님의 보좌 앞에 있고 또 그의 성전에서 밤낮 하나님을 섬기매 보좌에 앉으신 이가 그들 위에 장막(throne)을 치시리니."

특히 이들의 행적에 대한 결정적인 단서를 주목해야 한다.

"큰 환난에서 나오는 자들인데 어린양의 피에 그 옷을 씻어 희게 하였느니라."

이들은 평범한 때에 평범하게 죽은 평범한 그리스도인들이 아니다. '큰 환난'의 시대에 "아무라도 능히 셀 수 없는 큰 무리"가 동시에 하늘

나라에 입성했다는 것은 '순교'외에 달리 해석할 방도가 없다.

"짐승의 우상에게 경배하지 아니하는 자는 몇이든지 다 죽이게 하더라."(계13:15)

만약 죽음이 두려워 우상에게 경배하면 그 사람은 큰 환난에서 나와 더 큰 환난으로 들어가게 된다. '환난 전 휴거'를 전제한다면 이들은 휴거되지 못하고 지상에 남아있던 그리스도인들로서, 후 삼년 반 환난의 시대에 순교 당해 비로소 "어린 양의 피에 옷을 씻어 희게 한" 무리들이라고 볼 수 있다.

"어린 양의 피에 옷을 씻어 희게"한다는 것은 환난의 때나 무환난의 때나 그리스도인들이 죄악된 세상에서 완수해야 할 날마다의 과제이고, 화평하지 못한 인간관계속에서 반드시 풀어야 할 숙제이다.

"어린 양의 피에 옷을 씻어 희게" 한다는 것은, 죄를 가지고 하나님께 나아가는 절박한 중심에서 시작하지만 궁극적으로는 아버지의 거룩한 성품을 유지하는 지속적인 상태를 의미한다.

엔 타임의 그리스도인들이 항상 흰 옷을 입고 살아가는 것은 매우 중요한 일(matter)이다.

"어린 양의 피에 옷을 씻어 희게" 된 자들은 천사들이 하나님께 경배 하는 내용의 삶을 사는 자들이다.

"가로되 아멘 찬송과 영광과 지혜와 감사와 존귀와 능력과 힘이 우리 하나님께 세세토록 있을지로다. 아멘 하더라.”

흰 옷을 입은 자들은 “찬송과 영광과 지혜와 감사와 존귀와 능력과 힘”있는 삶을 하나님께 드리는 자들이다. 하나님께 드려야 할 이러한 삶을 미루는 자는 환란기에 주리고 목마르고 뜨거운 불기둥을 통과해야 한다.

바울은 하나님께 이러한 삶을 드렸다.

“수고하며 애쓰고 여러 번 자지 못하고 주리며 목마르고 여러 번 굶고 춥고 헐벗었노라”(고후11:27). 그는 “어린 양의 피에 옷을 씻어 희게” 된 환상적인 체험을 했기 때문이다.

당신의 입은 옷은 무슨 색깔입니까?

20_세상에서 가장 아름다운 향기
(계8:1-5)

> 기도는 애를 태우고 속을 태워 아름다운 향기를 올려 드리는 마음
> 의 제사이다. 이때에 성도의 기도는 지상에서 천상으로 올라가는
> 아름다운 향내가 된다. 인생의 향기만을 채취하는 천사의 금향로
> 에 보배로운 성도의 기도가 담기는 것은 기도가 금보다 귀하기 때
> 문이다.

하나님 말씀으로서의 계시록을 어떤 위치에서 어떻게 바라볼 것인가를 고찰하는 일은 매우 중요하다. 계시록은 이미 미래완료형의 사건이지만, 동시에 그 사건들을 구성해 나아가는 현재와의 긴장관계 속에 있다. 미래가 현재진행형의 선상에 있다는 점에 있어서 계시록적 상상력을 가지고 현실을 보는 일이 가장 중요한 해석학적인 지평을 넓힌다. 즉 계시록은 현재의 발생하는 사건들과 사회적 현상들의 새로운 컨텍스트가 텍스트를 스스로 해석해 나아가고 예언들을 성취해 (contextualization) 나아가는 것이다.

계시록은 인간의 체념을 유도한다기 보다 각성과 회개의 메시지를 통해 사람들에 대한 하나님의 기대치를 높이고 있다. 소아시아 일곱 교회에 대한 메시지가 서론을 장식하는 것도 바로 이러한 이유에서이다.

계시록의 바탕에 깔려 있는 죄에 대한 문제의식을 발굴하고, 하나님을 향한 인간의 중심을 바로 세워 나아가는 각성이 엔 타임을 살아가는 신도들의 삶을 구성하는 모티베이션이 되어야 한다. 더욱이 죄에 대한 전쟁을 선포하지 않으면 아무도 죄의 사슬에서 자유로울 수 없는 시대에 살고 있는 우리의 마음속에 이미 종말론적 현상이 자리 잡고 있음을 인식 할 수 있다.

사람에게서 아름다운 향기를 취하시는 일이 사람에 대한 하나님의

(요한계시록 8 : 1-5)

"일곱째 인을 떼실 때에 하늘이 반 시 동안 쯤 고요하더니 내가 보매 하나님 앞에 시위한 일곱 천사가 있어 일곱 나팔을 받았더라.

또 다른 천사가 와서 제단 곁에 서서 금향로를 가지고 많은 향을 받았으니 이는 모든 성도의 기도들과 합하여 보좌 앞 금단에 드리고자 함이라.

향연이 성도의 기도와 함께 천사의 손으로부터 하나님 앞으로 올라가는지라. 천사가 향로를 가지고 단 위의 불을 담아다가 땅에 쏟으매 우레와 음성과 번개와 지진이 나더라."

관심이다. 그래서 여호와의 눈은 항상 온 땅을 두루 감찰하시며 전심으로 자기를 향하는 사람들의 아름다운 향기를 찾고 계시는 것이다.

성경에는 '전심으로'(whole heart)라는 말이 무려 24회 나오고 있고, 이 용어는 하나님을 향한 인간의 마음상태를 표현할 때 사용되었다. 기도의 의식은 전심으로 하나님을 앙망하고 바라며 하나님을 향해 향기를 만발하는 행위이다.

노아가 홍수 후에 하나님께 번제를 드렸을 때에 하나님께서 그 향기를 흠향(歆饗)하신 후, 다시는 사람으로 인하여 땅을 저주하지 않겠다고 선포하신다. 제사장이 제물의 고기를 태웠을 때에 그 고기 타는 냄새를 하나님이 흠향하시고서야 비로소 향기로운 제물의 목적이 달성되는 것이다.

하나님은 반드시 인간의 향기를 먼저 취하시고 나서 마음을 바꾸신다. 기도의 향기로 하나님의 마음을 바꾸고 싶다면 죄를 태우는 기도를 드려야 한다.

제물은 제주(祭主)의 죄를 대신해서 죽는 것이고, 제물을 태우는 것은 바로 제주의 죄를 태워 버리는 것이다. 죄를 태우는 기도는 바로 기도자의 마음을 태우고 애를 태우는 기도이다. 속을 태워 올리지 않는 무색 무취의 기도를 하나님은 달가워하지 않으신다.

기도는 단순히 언어를 쏟아내어 단어를 나열하고 미사여구의 문장을 구성한다고 향기로운 기도가 되는 것이 아니다. 향기로운 기도는 속 타는 기도, 애통의 기도요, 한나가 마음이 괴로워서 여호와께 통곡하는 그러한 기도이다.

기도의 극치는 언어가 없다. 예수님께서도 육체로 계실 때에 심한 통곡과 눈물로 간구와 소원을 올렸다고 하신다. 그런 의미에서 기도는 제사이다. 애를 태우고 속을 태워 아름다운 향기를 올려 드리는 마음의 제사이다. 이때에 성도의 기도는 지상에서 천상으로 올라가는 아름다운 향내가 된다. 인생의 향기만을 채취하는 천사의 금향로에 보배로운 성도의 기도가 담기는 것은 기도가 금보다 귀하기 때문이다.

기도는 하나님을 향한 생각의 열정이고 마음의 열매이며 믿음의 현상이다. 기도는 하나님의 존재를 가장 가치 있는 방식으로 인정하고 존중하는 신앙의 총체적인 표현이다.

기도는 죽은 심령을 소생시키는 하나님의 심폐소생술이고, 죽은 자를 일으켜 세우는 하나님의 생기이다. 기도는 사태를 역전시키고, 포기와 체념의 상황을 반전시킬 수 있는 하나님의 예정의 보좌를 움직이는 핫라인이다.

기도는 실패자와 낙오자의 마지막 희망봉이자 죽고 싶은 자의 최고의 대안이다. 기도는 마음을 다하고 성품을 다하고 뜻을 다하고 목숨을 다하여 오직 하나님의 얼굴만 바라보는 육체와 영혼의 중노동이다.

하나님은 성도가 기도의 자리로 나아오기까지 기다리고 계시며, 기도하기 시작할 때에 비로소 일하기 시작하신다. 따라서 기도하지 않으면 아무 일도 일어나지 않는다. 이 신성한 노동의 향기로움을 채취하기 위해 기도하는 자의 주변에는 늘 천사가 서성거린다. 그러나 기도가 삶이 되지 못하면 그 사람의 기도는 악취가 된다.

성도의 기도가 일곱째 인의 개봉의 시점에 맞추어 하나님께 드려진다는 것은, 기도의 응답으로서의 일곱 나팔 재앙이 시작됨을 암시 한다.

하나님의 심판은 악의 강압적인 세력에 박해 받은 믿음의 성도들이나 어둠의 세력에 의롭게 희생된 자들의 가슴에 맺힌 원한을 풀어 주는 신원기도와 탄원기도의 성취의 차원에서 이루어진다.

하나님의 영광을 드러내는 성도의 억울한 누명이나 오해, 박해와 죽음 속에서 피어오르는 기도의 향은 결국 하나님의 보좌 앞 금단에 까지 올려지는 것이다. 그리고 마침내 의인의 탄원의 기도는 하나님의 대접재앙이라는 무서운 심판으로 되돌아오고 있다.

계시록이 이러한 심판을 소상하게 밝혀주는 이유는 하나님의 심판을 철저히 의식하는 삶을 살라는 것이고, 가능한 한 피할 수 있는 길을 모색 하라는 인류에 대한 경고장이기 때문이다.

하나님을 향한 한 맺힌 기도가 금향로에 담겨 올려진 후 다시 천사가 향로를 가지고 단 위의 불을 담아다가 땅에 쏟자 이 땅에 뇌성과 음성과 번개와 지진이 발생 한다. 한 맺힌 기도는 하나님의 영광을 드러내기 위해서 당하는 억울함과 오해, 누명과 희생이 없이는 나오지 않는다.

향기로운 기도는 하나님의 영광을 위해 처절한 자기와의 싸움에서 우러나오는 피맺힌 신원이고 한 많은 탄식이다.

일곱째 인을 떼실 때에 하늘이 반시 동안쯤 고요해진다. 왜 하늘이 반시 동안의 고요를 필요로 하는 것일까?

하늘이 고요해지는 숨 고름은 땅에서 올라오는 기도의 향연을 받으시기 위함이다. 이 반시동안에라도 죽을 힘을 다 해 기도해서 자신의 운명을 바꾸라는 것이다.

하나님의 침묵과 하늘의 고요는 결코 평화의 상태가 아니기에 반시(half an hour)를 넘기지 않음을 상기하고 있어야 한다. 길지 않은 시간이지만 회개의 재를 뒤집어 쓰기에는 짧지 않은 시간이다.

엔 타임에는 많은 것들이 하늘에서 땅으로 내려오고, 땅에 있는 것들은 땅속으로 들어가고, 높은 곳에 있는 것들이 낮은 곳으로 떨어지는 때이다. 천사가 내려오고 사탄이 내려오며, 소행성이 떨어지고 화산재가 떨어지며, 지진이 일어나 사람이 땅속으로 떨어진다. 그러나 이 와중에 땅에서 하늘로 올라가는 것이 있다. 바로 성도의 기도의 향연이 올라가고, 정결한 신부들이 공중으로 올라간다. 내려 올 것은 내려오고 올라 갈 것은 올라가며, 떨어질 것은 떨어지고 취할 것은 취해지는 때이다.

기도와 더불어 향연이 보좌 앞으로 올라간다는 것은, 올라가는 기도와 향내나는 삶을 살지 못하는 자는 이 땅에 남겨진다는 것을 의미한다. 데려감을 당하지 못하면 버려둠을 당하는 것이라고 성경은 똑뿌러지게 말한다.(the one shall be taken, and the other left)

시방(時方) 당신의 드리는 기도와 삶의 향방은 어느 곳을 향하고 있습니까?

21_삼분의 일 재앙 (계8:6-13)

왜 삼분의 일일까? 3은 '완전함'을 의미하면서 '변화'를 의미한다. 하루 24시간은 8시간 수면, 8시간 노동, 8시간 레크리에이션으로 할당된다. 8시간 수면을 취할 때 완전한 휴식의 시간이면서 그 시간이 채워지면 새로운 변화의 시간이다.

어린양이 일곱째 인을 떼실 때에 하늘이 반시 동안쯤 고요하더니... 그 고요한 적막을 깨고 천사의 나팔소리가 울려 퍼진 후... 이 땅에는 해괴망측한 일들이 벌어진다.

일곱째 인 속에 일곱 나팔 재앙이 들어있고, 일곱째 나팔 재앙 속에 일곱 재앙이 들어 있다. 마치 깊은 굴속에 한 번 들어가면 미궁에 빠져 헤어 나오지 못하는 것처럼 환란의 미궁에서 벗어나지 못하는 길로 들어갈 뿐이다. 더욱이 시간이 경과 될 수록 좀처럼 평안과 안정의 기미는 보이지 않고 환란의 바람은 더욱 거세게 불어 닥친다.

넷째 나팔재앙까지는 삼분의 일 재앙이다. 땅 삼분의 일, 수목의 삼분의 일, 바다의 삼분의 일, 피조물들의 삼분의 일, 배들의 삼분의 일,

"일곱 나팔 가진 일곱 천사가 나팔 불기를 예비하더라.

첫째 천사가 나팔을 부니 피 섞인 우박과 불이 나서 땅에 쏟아지매 땅의 삼분의 일이 타 버리고 수목의 삼분의 일도 타 버리고 각종 푸른 풀도 타 버렸더라.

둘째 천사가 나팔을 부니 불 붙는 큰 산과 같은 것이 바다에 던져지매 바다의 삼분의 일이 피가 되고, 바다 가운데 생명 가진 피조물들의 삼분의 일이 죽고 배들의 삼분의 일이 깨지더라.

셋째 천사가 나팔을 부니 횃불 같이 타는 큰 별이 하늘에서 떨어져 강들의 삼분의 일과 여러 물샘에 떨어지니 이 별 이름은 쓴 쑥이라 물들의 삼분의 일이 쑥이 되매 그 물들이 쓴 물이 되므로 많은 사람이 죽더라.

넷째 천사가 나팔을 부니 해 삼분의 일과 달 삼분의 일과 별들의 삼분의 일이 타격을 받아 그 삼분의 일이 어두워지니 낮 삼분의 일은 비추임이 없고 밤도 그러하더라.

또 내가 보고 들으니 공중에 날아가는 독수리가 큰 소리로 이르되 땅에 사는 자들에게 화, 화, 화가 있으리니 이는 세 천사들이 불어야 할 나팔 소리가 남아 있음이로다 하더라."

강들의 삼분의 일, 물들의 삼분의 일, 해 삼분의 일, 달 삼분의 일, 별 삼분의 일이 절단 나 버린다.

왜 삼분의 일일까? 3은 '완전함'을 의미하면서 '변화'를 의미한다. 하루 24시간은 8시간 수면, 8시간 노동, 8시간 레크리에이션으로 할당된다. 8시간 수면을 취할 때 완전한 휴식의 시간이면서 그 시간이 채워지면 새로운 변화의 시간이다.

예수님은 사흘 만에 부활하셨다. 완전한 죽음과 부활의 새로운 변화의 시간이다.

계시록에는 '삼분의 일'의 수치가 9회 등장한다. 나팔재앙을 통해 삼분의 일이 손상을 받는 것은 완전한 파괴를 의미하면서 그로 인해 새로운 변화의 패턴이 도래한다. 땅과 수목과 푸른 풀의 삼분의 일이 타서 사위는(불이 다 타고 사그라져 재가 되는) 이유인즉 피 섞인 우박과 불이 나서 땅에 쏟아지기 때문이다.

나팔재앙이 해괴망측하다는 것은 인간들이 경험해 보지 못한 재앙을 겪기 때문이다. 간혹 아기 주먹만한 우박이 떨어져 뉴스거리로 회자되는 일은 종종 있지만, 우박과 불이 동시에 땅에 쏟아지는 일은 기상 관측 역사상 전무한 일이다. 사람이 우박과 불을 동시에 맞는다면 맞아 죽으면서 타 죽는 것이니 그 고통의 가중성이 이만저만이 아닐 것이다.

지난 2013년 필리핀 마욘화산이 폭발할 당시의 목격자들에 따르면 마욘 화산이 갑자기 우르르 소리를 내더니 커다란 바위들이 비 오듯 쏟아졌다고 한다. 대부분 이 바위에 맞아 다치거나 사망한 것으로 추정하는데 이 화산파편을 화산탄(volcanic bomb)이라 부른다. 마치 폭탄을 던지는 것 같다고 하여 화산탄이라고 부르는데 주먹만 한 것들부터 큰 경우는 집채만한 것들도 있다.

땅과 수목과 푸른 풀의 삼분의 일이 타기 위해서는 여러 가지 가설 중 화산 폭발이 유력시되는 요인이며 '피 섞인 우박'이 바로 화산탄을 의미하는 것으로도 볼 수 있다. 이 화산탄이 떨어진 사건들을 종종 우박이 쏟아지는 것에 비유하기도 한다.

요즈음 세계적으로 화산 활동이 심각히 잦아지는 징후는 첫째 천사가 불 나팔재앙의 맛보기형 오픈게임을 보여주는 하늘의 사인이기 때문이다. 이런 오픈게임을 보면 빅게임이 어떨 것인지 상상이 간다.

두 번째 나팔재앙도 마치 자연계의 돌연변이처럼 자기 자리를 이탈하고 지구와 충돌하여 파괴의 원인이 된다.

"불붙는 큰 산과 같은 것이 바다에 던지우매 바다의 삼분의 일이 피가 되고 바다 가운데 생명 가진 피조물들의 삼분의 일이 죽고 배들의 삼분의 일이 깨어지더라."

'불붙는 큰 산'이 바다에 던지운다는 것은 어떤 자연재해를 말하는 것일까? 우선은 '불붙는 큰 산' 하면 가장 먼저 화산을 떠 올릴 수 있다. 요즈음 화산은 중요한 해양재해의 원인이 되기도 하는데, 그것은 육지보다 바닷속에 훨씬 많은 화산이 존재하기 때문이다.

우리나라의 제주도, 울릉도, 그리고 독도가 대표적인 화산섬으로 알려져 있다. 울릉도와 독도는 수심 약 2,000m의 해저에서 솟아올라 만들어진 해양성 화산도(oceanic volcanic island)이다.

바다의 생명 가진 피조물들의 삼분의 일이 죽고 배들의 삼분의 일이 깨어졌다는 것은 불붙는 큰 산과 같은 화산이 해저에서 폭발하는 상황으로 가정해 볼 수 있다. 만약 이것이 아니라면 불붙는 큰 산은 소행성으로 추정된다. 인 재앙과 나팔 재앙, 그리고 대접 재앙에 중복되는 환란의 요소들은 바로 환란의 심화성을 강조하기 때문이다.

간혹 소행성에 대한 다음과 같은 기사들이 종종 언론에 보도 된다.

'버스 크기 소행성 두개, 지구 지나간 뒤에야 파악(7. 12. 2018)', '축구장 절반 소행성 아슬아슬 지구 비켜 가(2. 16. 2013)'.

그렇다면 이 같은 기사가 어느 날 언론에 대서특필 될 수 있다. '불붙는 큰 산과 같은 소행성 태평양에 추락'. 이러한 추락이 현실화된다면 바다의 삼분의 일이 피가 되고, 바다 가운데 생명을 가진 피조물들의 삼분의 일이 죽고, 배들의 삼분의 일이 깨어지는 일이 발생할 수 있다.

셋째 천사가 나팔을 불 때에는 횃불 같이 타는 큰 별이 하늘에서 떨어져 강들의 삼분의 일과 여러 물샘을 오염시킨다. 쑥이라는 이름을 지닌 이 별로 인해 물들의 삼분의 일이 쑥이 되고, 그 물들이 쓰게 됨을 인하여 많은 사람이 죽게 된다.

만약 하늘에서 떨어진 별이 운석을 가리키고 이것이 물을 오염시킨다면 운석 속에 포함된 니켈을 생각해 볼 수 있다. 니켈은 무색, 무미의 특색을 지녔지만 이것이 다른 요소들과 결합하여 독특한 화학적인 맛을 낼 수 있다. 이 니켈은 발암성, 피부독성. 호흡독성 등을 일으키는 독성물질로 이것이 들어 있는 물을 마시거나 접촉할 때 사람에게는 치명적인 장애요인이 된다.

과학적인 진리를 하나의 가능성의 예로 든 것이지만 하늘에서 떨어진 큰 별이 물의 근원에 들어가 많은 사람들을 죽음으로 내 몰 수 있음이 충분히 가능하다.

넷째 나팔 재앙은 갈수록 오리무중이다.

"넷째 천사가 나팔을 부니 해 삼분의 일과 달 삼분의 일과 별들의 삼분의 일이 타격을 받아 그 삼분의 일이 어두워지니 낮 삼분의 일은 비췸이 없고 밤도 그러하더라."(12)

도대체 '해 삼분의 일과 달 삼분의 일과 별들의 삼분의 일'이 무엇에 의해 침공(smitten)을 받을 수 있단 말인가? 그것이 무엇이든지 간에 그 삼분의 일이 어두워짐으로서 낮 삼분의 일은 비췸이 없고 밤도 그렇게 된다는 것이다.

예수님께서 엔 타임의 해와 달, 별들에 대해 이렇게 예언하셨다.

"일월성신에는 징조가 있겠고 땅에서는 민족들이 바다와 파도의 우는 소리를 인하여 혼란한 중에 곤고하리라."(눅21:25)

일월성신에 분명 어떤 불길한 징조가 보일 것이고 예수님은 이때에 나타날 사람들의 반응을 말씀하셨다.

"사람들이 세상에 임할 일을 생각하고 무서워하므로 기절하리니 이는 하늘의 권능들이 흔들리겠음이라."(눅21:26)

이사야도 모든 민족의 심판을 예언할 때에 이렇게 외쳤다.

"그때 해와 달과 별들이 용해되고 하늘이 두루마리처럼 말리며 하늘의 모든 별들이 마른 나뭇잎이나 익은 과일이 떨어지듯 떨어질 것이다."(사34:4, Korean Living Bible).

마지막 심판의 환란기에 해와 달과 별들이 하나님의 심판의 도구로 사용되어질 것을 선지자 시대부터 예언되어 왔음을 주시해야 한다. 그러나 더 큰 환란이 기다리고 있으니 그것은 다섯째 나팔부터 시작되는 세 화(禍)에 대한 예고이다.

"내가 또 보고 들으니 공중에 날아가는 독수리가 큰 소리로 이르되 땅에 거하는 자들에게 화, 화, 화가 있으리로다. 이 외에도 세 천사의 불 나팔소리를 인함이로다 하더라."(13)

이처럼 인간을 향한 하나님의 심판은 막을 방도가 없고 피할 길이 없으며 숨을 장소가 없다. 이렇게 사느니 차라리 죽는 게 낫다는 말이 유행어가 될 것이다. 이러한 상황을 예고라도 하듯이 전도서 기자는 이렇게 읊조린다.

"살아 있는 산 자보다 죽은 지 오랜 죽은 자들을 복되다 하였으며, 이 둘보다도 출생하지 아니하여 해 아래서 행하는 악한 일을 보지 못한 자가 더 복되다 하였노라."(전4:2,3)

　육체의 고통도 참기 어려운 일이지만, 무엇보다 죽음의 공포를 느끼는 정신적 고통이 가중되는 가운데서도 가장 큰 고통은 심판중 하나님의 자비를 찾아볼 수 없다는 사실이다.

　계시록을 읽을 때에 심오한 주석도 중요하지만 그 보다 심각한 결단이 더 중요하다. 계시록에는 우리가 몰라도 되는 내용이 있고 반드시 알아야 될 내용이 있다.

　환란의 정확한 내용이 무엇인지는 몰라도 그 환란을 누가 주관하고 계시는지는 알아야 한다. 하나님 소간(所幹)은 몰라도 되지만 인간의 소간(所幹)은 알고 있어야 한다. 왜냐하면 인간의 하는 일에 따라 하나님이 하시는 일이 달라질 수 있기 때문이다.

22_첫째 화
해 받는 인 받지 아니한 사람들
(계9:1-12)

내 이마에 하나님의 도장이 찍혀 있는지 자다가도 만져봐야 하고 걸으면서도 두드려 봐야 한다. 성령의 사인을 받은 자들은 구속의 날까지 날마다 자신을 쳐서 그 분의 음성에 복종해 나아간다. 이 하나님의 인 맞음은 참과 거짓, 진짜와 가짜, 알곡과 쭉정이의 진위를 가르는 유일한 준거(準據)이다.

계시록은 생명과 사망, 구원과 심판, 선과 악, 복과 화, 현세와 내세, 하늘과 땅, 천국과 지옥, 영생과 영벌, 영적 세계와 현실세계, 하나님과 사람, 그리스도와 적그리스도, 시작과 끝, 천사와 마귀의 이원론적인 대립과 긴장관계로 엮어져 있다. 그 갈등의 와중에 하나님의 신비가 역사적으로 성취되고 인간의 역사는 신비적으로 전개된다.

엔 타임은 하나님 나라의 완결이 종착되는 과정에서 무수한 환란의 터널을 통과하는 시기이다. 환란의 도가 중하면 중할수록 하나님의 인내가 얼마나 오랫동안 지속되어 왔는지를 가늠할 수 있다.

(요한계시록 9 : 1 - 12)

"다섯째 천사가 나팔을 불매 내가 보니 하늘에서 땅에 떨어진 별 하나가 있는데 저가 무저갱의 열쇠를 받았더라.

그가 무저갱을 여니 그 구멍에서 큰 화덕의 연기 같은 연기가 올라오매 해와 공기가 그 구멍의 연기로 인하여 어두워지며, 또 황충이 연기 가운데로부터 땅 위에 나오매 저희가 땅에 있는 전갈의 권세와 같은 권세를 받았더라.

그들에게 이르시되 땅의 풀이나 푸른 것이나 각종 수목은 해하지 말고 오직 이마에 하나님의 인침을 받지 아니한 사람들만 해하라 하시더라. 그러나 그들을 죽이지는 못하게 하시고 다섯 달 동안 괴롭게만 하게 하시는데 그 괴롭게 함은 전갈이 사람을 쏠 때에 괴롭게 함과 같더라.

그 날에는 사람들이 죽기를 구하여도 얻지 못하고 죽고 싶으나 죽음이 저희를 피하리로다.

황충들의 모양은 전쟁을 위하여 예비한 말들 같고 그 머리에 금 같은 관 비슷한 것을 썼으며 그 얼굴은 사람의 얼굴 같고, 또 여자의 머리털 같은 머리털이 있고 그 이빨은 사자의 이빨 같으며, 또 철 호심경 같은 호심경이 있고 그 날개들의 소리는 병거와 많은 말들이 전쟁터로 달려 들어가는 소리 같으며, 또 전갈과 같은 꼬리와 쏘는 살이 있어 그 꼬리에는 다섯 달 동안 사람들을 해하는 권세가 있더라.

그들에게 왕이 있으니 무저갱의 사자라. 히브리어로 그 이름이 아바돈이요 헬라어로는 그 이름이 아볼루온이더라.

첫째 화는 지나갔으나 보라 아직도 이 후에 화 둘이 이르리로다."

계시록의 하나님은 색다른 하나님이시다. 하나님에게도 반전이 있고, 예수님도 1년 365일 십자가에 매달려 계시지 않을 뿐 아니라, 성령님도 서투르면 떠나신다는 사실을 알아야 한다. 하나님은 복을 줄 자에게 복을 주시고 화를 줄자에게 화를 주시는 분이시다.

대환란중에는 세 차례 화, 화, 화가 예정되어 있다. 죄의 삯이 사망이라면 환란의 본질은 죄이다. 죗값을 탕감(蕩減)해 주는 것이 하나님의 역사(役事)이고, 죄 값을 속량(贖良)받는 것이 인간의 역사(歷史)였다. 그러나 엔타임 기간에는 죄 값을 요구하는 것이 하나님의 역사(役事)이고, 그 요구에 응하는 것이 인간의 역사(歷史)이다.

다섯째 천사의 앙칼진 나팔소리가 소위 첫 번째 화를 불러들인다.

저 나팔이 구원받은 무리들에게는 축제의 팡파르였으리라. 하늘에서 땅에 떨어진 별 하나가 무저갱의 열쇠를 받았고, 무저갱의 사자이자 임금인 아바돈(아볼루온)이 다섯째 화를 주관하는데 그의 정체는 사탄이다. 하늘에서 떨어지기 전에는 저도 하나님을 찬양하는 성가대장이었을 테고, 그도 하나님이 주신 자유의지 속에서 만유의 주재를 경배했을 것이다.

이사야는 이 별에 대해서 이렇게 말한다.

"너 아침의 아들 계명성(Lucifer)이여 어찌 그리 하늘에서 떨어졌으며 너 열국을 엎은 자여 어찌 그리 땅에 찍혔는고." (사14:12)

에스겔은 사단에 대해 이렇게 밝힌다.

"네가 지음을 받던 날로부터 네 모든 길에 완전하더니 마침내 불의가 드러났도다."(겔28:15)

사람이나 천사나 떨어지고 추락하기 전의 모습은 선하고 아름답다.

하나님께서는 우리가 지닌 자유가 하나님의 영광을 위해 더 크게 사용되기를 원하신다. 이 선택의 자유가 천사를 만들기도 하고 마귀를 만들기도 하며 의인을 만들고 악인을 만들기도 한다. 그럼에도 불구하고 왜 천사나 사람이나 추락하는 것일까? 그것은 오르려고 하기 때문이다. 내려가는 자는 높아 질 수 있지만 오르려고 하는 자는 추락한다.

사탄이 무저갱의 열쇠를 받았다는 것을 통해 하나님께서는 악한 자에게 악한 역할을 맡기시고 선한 자에게 선한 역을 맡기심을 알 수 있다. 사탄이 무저갱의 자물쇠를 풀을 때에 그 구멍에서 매우 심상찮은 것들이 튀어 나온다.

계시록의 시대는 매우 신비적인 현상들로 점철될 뿐만 아니라 무저갱 즉 지옥이 열리는 시기이다. 어둠의 영들이 득세하여 최후의 발악을 하며 지옥의 권세를 지상에서 휘두른다. 하나님의 신비를 비난하고 축소시키고 왜곡한 인간들에게 하나님은 그 신비의 맛을 부정적인 방식으로 알게 하신다. 능력의 하나님을 섬기면서도 여전히 사람의 지혜나 이론과 상식만을 앞세우는 자들은 하나님의 신비가 무엇인지 뒤늦게나마 통탄하며 깨닫게 될 것이다.

전갈의 권세를 받은 황충이 첫 번째 화의 주체이다. 단순한 메뚜기라고 보기에는 그의 형상이 매우 흉측하다. 마치 전쟁터에 나가는 말같이 생긴 메뚜기로서 머리에는 금 면류관을 썼고, 얼굴은 사람의 얼굴이고, 여자의 머리털과 사자의 이빨을 가졌으며 가슴에는 철을 두르고, 날개에서는 병거소리가 나고 꼬리는 전갈의 꼬리가 달려 이 꼬리로 다섯 달 동안 사람들을 해치게 된다.

이 해괴망측하고 요사스런 몬스터가 하나님이 만드신 피조물들 중에 오로지 이마에 하나님의 인 맞지 아니한 사람들만을 해치는 것이다. 더군다나 그들을 죽이지는 못하게 하시고 다섯 달 동안 괴롭게만 하게 하시는데, 그 괴롭게 함은 전갈이 사람을 쏠 때에 괴롭게 함과 같다고 한다. 그러니까 첫 번째 화는 하나님의 인 맞지 않은 특수계층을 위해서만 예비된 환란이다. 그렇다면 하나님의 인 맞지 않은 자(which have not the seal of god)는 누구일까?

여섯째 인이 떼어지고 일곱째 인이 떼어지기 전에 "이스라엘 자손의 각 지파 중에서 인 맞은 자들 십사만 사천"이 등장했다. 이때에 인침을 주관하는 한 천사가 "우리가 우리 하나님의 종들의 이마에 인치기까지 땅이나 바다나 나무나 해하지 말라"고 말한다. 하나님의 종들의 이마에 인치기까지 애꿎은 땅이나 바다나 나무는 해치 말라는 것이다.

그런데 다섯째 나팔재앙에 와서는 "땅의 풀이나 푸른 것이나 각종 수목은 해하지 말고 오직 이마에 하나님의 인 맞지 아니한 사람들만

해하라"는 것이다.

"하나님의 인 맞지 아니한 사람들"이 과거에 "인 맞은 이스라엘 지파 십사만 사천"에 들지 못했던 사람들일 수 있고, 아니면 성령 받지 못하고 거듭나지 못한 자연인들 일 수 있다. 어쨌든지 간에 이들은 인 맞지 못할 조건들을 갖추고 살아 온 사람들이고 다섯째 나팔재앙의 고통은 고스란히 이자들의 몫으로 남는다.

바울은 인 맞는 것이 무엇인지 이렇게 말한다.

"그 안에서 너희도 진리의 말씀 곧 너희의 구원의 복음을 듣고 그 안에서 또한 믿어 약속의 성령으로 '인치심'을 받았으니"(엡1:13). "하나님의 성령을 근심하게 하지 말라. 그 안에서 너희가 구원의 날까지 '인치심'을 받았느니라."(엡4:30)

그리스도인의 인침은 성령님과 깊은 연관이 있다. 성령으로 거듭난 이후에도 성령 하나님과의 친밀한 인격적 관계성이 지속되고 있는가가 중요한 포인트이다.

성령 하나님을 근심시켜 드리지 않기 위해서는 아까워도 버려야 되고, 싫어도 취해야 되며, 고달파도 감내해야 되고, 괴로워도 가야 된다. 만약 이 때가 그리스도의 공중강림이 이루어진 이후라면 인 맞은 자들은 데려감을 당했고, 이 땅에는 버려둠을 당한 완악하고 처량한 무늬의 신자들만 남아 있을 것이다.

내 이마에 하나님의 도장이 찍혀 있는지 자다가도 만져봐야 하고 걸으면서도 두드려 봐야 한다. 성령의 사인을 받은 자들은 구속의 날까지 날마다 자신을 쳐서 그 분의 음성에 복종해 나아간다. 이 하나님의 인 맞음은 참과 거짓, 진짜와 가짜, 알곡과 쭉정이의 진위를 가르는 유일한 준거이다.

엔 타임 기간에 사탄의 권세를 이기기 위해서 "어린 양의 피와 자기의 증거하는 말"이 요건이라면, 황충의 독침을 피하기 위해서는 "이마에 하나님의 인" 맞음이 필수이다. 뼛속까지 투명한 하나님의 사람이 아니고는 하나님께서 거두어 들이시지 않겠다는 것이다.

이 첫째 화의 기간에 고통이 얼마나 심한지 많은 자들이 집단 자살의 길을 택한다. 그럼에도 불구하고 그날에는 사람들이 죽기를 구하여도 얻지 못하고 죽고 싶으나 죽음이 저희를 피한다.

무려 다섯 달 동안 사람의 육체가 황충에게 고통을 당하는 먹잇감이요 놀이감이 된다. 고통의 기간에 느끼는 시간 감각은 보통 때와는 달리 일일이 여삼추이다. 만약 체감적인 시간이 하루가 3년 같다면 이 고통의 기간은 무려 450년이다. 그러나 육체와 정신이 죽도록 아파도 죽을 지경만 계속되니 그야말로 사는 것이 죽을 맛이고 죽는 것이 사는 맛이다.

그 육체적 고통은 전갈이 사람을 쏠 때의 고통으로 묘사한다. 전갈은 사람을 물었을 때 가장 고통을 느끼게 만드는 10대 동물 군에 속하는 것으로, 전갈의 독이 사람의 몸속에 들어가면 고통이 극에 달해 죽게 된다. 이루 말할 수 없는 그 고통이 사람들을 자살의 길로 몰아가지만 어떤 선택의 여지도 없다. 죽는 것이 행복하다는 말은 이런 경우를 두고 하는 말이다.

하나님께서 인간을 구원하시기 위해 얼마나 처절한 선택을 하셨던가! 십자가에 달린 성자 하나님은 "엘리엘리 라마 사박다니"라고 외치며 "어찌하여 나를 버리시기까지 인간들을 사랑하시나이까" 라고 절규하셨다.

첫째 화의 고통은 그 형용할 수 없는 하나님의 위대한 사랑을 거부한 자들이 받는 보응이고 댓가인 것이다. 그리고 예수를 믿어도 성령으로 거듭나지 못하고 육신의 생각대로만 살아 온 자들이 치러야 할 죄의 값이다.

첫째 화에 등장하는 황충이 상징적인지 문자적인 의미인지는 차치하고라도, 인 맞지 않은 자들이 받아야 할 고통은 다분히 문자적이다. 이 황충이 의미하는 것이 무엇인지를 알기 위해 지나친 에너지를 쏟을 필요는 없다. 황충이 무엇인지 몰라도 아무런 문제가 되지 않고, 안다고 문제가 해결되는 것도 아니다.

그러나 환란의 시대가 오고 무저갱이 열리는 시대가 올 때에 성령세례 받지 못하면 벌레만도 못한 인간이 되는 것이고, 그 벌레에게 독침세례를 받는 존재가 되고 만다는 이 중요한 이슈만은 반드시 알고 넘어가야 한다.

23_둘째 화
인구 삼분의 일이 죽는 화 (계9:13-21)

전쟁의 헤게머니를 쥐고 계신 하나님은 때로 전쟁을 통해 자기 백성을 회개의 길로 이끌어 가시지만, 대환란 기간에 나타난 전쟁은 긍휼 없는 전쟁이다. 이 전쟁으로 인류의 1/3이 죽는다.

계시록을 읽으면 두 번을 놀라게 된다.

첫째는 하나님께서 수천 년 전에 이미 엔 타임의 환란과 심판을 세밀하게 예정하셨다는 것이고, 둘째는 인간의 역사가 이 하나님의 예정을 향해 정확히 진행되어 가고 있다는 사실이다.

계시록의 온전한 해석은 마치 낱개의 퍼즐들을 맞추어 완성했을 때 전체 그림이 드러나듯이 정치, 경제, 사회, 문화, 종교, 인종, 과학, 군사, 자연 등에서 발생하는 사건들의 퍼즐들이 연결되고 조합될 때에 확연해진다. 그러나 그렇다 할지라도 그 그림은 마치 엑스레이에 촬영된 사람의 골조의 구조를 보는 그림에 불과할 뿐이며, 보이지 않는 살을 마치 보는 것 처럼 애써 가져다 붙일 필요는 없다. 동시에 계시록의 해석학적 지평을 넓히기 위해서는 성서신학의 통찰력과 사회 과학, 자연 과학의 지식 등의 융합을 통한 알뜰한 기초적 조명이 중요하다.

"여섯째 천사가 나팔을 불매 내가 들으니 하나님 앞 금단 네 뿔에서 한 음성이 나서 나팔 가진 여섯째 천사에게 말하기를 큰 강 유브라데에 결박한 네 천사를 놓아 주라 하매 네 천사가 놓였으니 그들은 그 년 월 일 시에 이르러 사람 삼분의 일을 죽이기로 예비한 자들이더라.

마병대의 수는 이만 만이니 내가 그들의 수를 들었노라 이같이 이상한 가운데 그 말들과 그 탄자들을 보니 불빛과 자줏빛과 유황빛 흉갑이 있고 또 말들의 머리는 사자 머리 같고 그 입에서는 불과 연기와 유황이 나오더라. 이 세 재앙 곧 저희 입에서 나오는 불과 연기와 유황을 인하여 사람 삼분의 일이 죽임을 당하니라. 이 말들의 힘은 그 입과 그 꼬리에 있으니 그 꼬리는 뱀 같고 또 꼬리에 머리가 있어 이것으로 해하더라.

이 재앙에 죽지 않고 남은 사람들은 그 손으로 행하는 일을 회개치 아니하고 오히려 여러 귀신과 또는 보거나 듣거나 다니거나 하지 못하는 금, 은, 동과 목석의 우상에게 절하고 또 그 살인과 복술과 음행과 도적질을 회개치 아니하더라."

계시록에 등장하는 단어와 문맥, 개념과 상징들이 우리시대의 삶의 소재와 뉴스거리로 등장함으로써, 계시록에 대한 관심과 재조명이 자연스럽게 유발되고 있는 현실을 살고 있다. 자고 있는 계시록을 깨우게 되면 다시 계시록은 잠들어 있는 우리의 심령을 깨운다.

둘째 화는 한마디로 모년 모월 모일 모시에 군인 2억 명이 유프라테스에서 전쟁을 일으켜 인구 1/3이 죽는다는 예언이다.

요즘같이 핵전쟁의 흉흉한 소문이 끊이지 않는 때에 전쟁으로 인구 1/3이 죽는다는 예언이 그리 낯설지만은 않다. 그러나 2천년 후에 발생할 전쟁에 대해서 년월일시(an hour and a day and a month, and a year) 장소, 전투인원과 사망자 수를 소상하게 적어 놓고 있다는 점에 있어서 온 몸에 전율을 느낀다. 이 전쟁은 모년 모월 D-Day H-Hour에 정확히 발생할 것이다.

전쟁의 헤게머니를 쥐고 계신 하나님은 때로 전쟁을 통해 자기 백성을 회개의 길로 이끌어 가시지만 대환란 기간에 나타난 전쟁은 긍휼 없는 전쟁이다. 이 전쟁으로 인류의 1/3이 죽는다. 2차 세계대전시에 약 5천만 명의 사망자를 냈지만, 여섯째 나팔재앙은 수십억의 사망자를 낼 것이다.

2차 대전은 나팔 앞에서 피리 부는 격이다. 내가 죽을 확률은 3할 3푼 3리이고, 두 집 건너 한 집이 초상집이며, 세 사람 중 두 사람이 한 사람의 장례를 치러야 한다. 인구 1/3이 죽어 나가는 세상은 완전히 미친 세상일 테고, 무저갱에서 올라온 마귀가 사망 권세를 풀어 놓는 어둠의 세상이다.

불과 연기와 유황을 인하여 사람 삼분의 일이 대량학살을 당한다는 것은 핵폭발 시에 발생하는 방사선, 열선, 폭풍의 강한 파괴력을 연상시킨다. 만약 이 전쟁이 핵전쟁을 의미한다면 강대국들이 그토록 핵실험을 통해 핵을 보유하고자 했던 근원적인 목적이 여기에 있는 셈이다.

핵보유국들이 소유한 핵들이 세계 곳곳에서 불꽃놀이를 일으키며 죽음의 축제에 몰입하는 동안, 산 사람은 살아 숨 쉬는 것 자체가 고통스러운 세상을 만나게 될 것이다. 사람 1/3이 죽고 나서 이 세상에 발생할 정신적 충격과 육체적 후유증은 지상으로 올라온 지옥 그 자체이다.

북한의 핵실험이 계속되던 해에, 미국의 지하벙커(Survival Condo)의 가격이 천정부지로 솟아올랐다.

핵폭발의 폭풍이나 충격에 견딜 수 있을 만큼 견고하게 만들어진 핵미사일 사일로(Silo)가 미국 전역에 72개소가 존재하는 것으로 알려져 있다.

사일로에는 1인당 5년치 식량이 준비되어 있고, 과일과 야채, 곡물이 통조림으로 보관돼 있다고 한다. 사일로 거주 지역의 가격은 1개소당 150만 달러(약 17억 원)에서 300만 달러(약 34억 원)로 거래된다. 돈 있는 사람들은 이미 핵전쟁을 대비해 살 궁리를 완료하고 살아가고 있는 현실이며, 엘리트들은 핵전쟁을 기정사실화하고 있다.

그러나 믿음은 없고 돈만 있는 사람보다 돈은 없고 믿음만 있는 사람이 핵전쟁 속에서 살아날 확률이 더 높다. 왜냐하면 "하나님은 우리의 피난처시요 힘이시니 환난 중에 만날 큰 도움"(시46:1)이시기 때문이다.

전쟁의 근원지인 유프라테스강은 터키 동부 고원에서 발원하여 시리아와 이라크를 가로질러 흐른다. 최근 들어 시리아 내전이 중동의 화약고가 되면서 강대국들의 화력이 집중하고 많은 사상자와 난민들을 내는 곳이기도 하다.

터키는 이스라엘 주재 미 대사관을 예루살렘으로 이전하는 것에 가장 강력히 반발한 국가로서 무슬림 연합 대응 행동을 주도하고 있는 나라이다. 그래서 터키정부는 이스라엘대사를 추방하고 이스라엘 텔아비브 주재 자국 대사를 소환했다. 이 전쟁이 메소포타미아 문명권의 이슬람교도들이 밀집된 곳에서 발생한다는 것은 이스라엘 대 중동 연합국가, 유대교 대 이슬람교, 기독교 대 이슬람교, 민주국가 대 공산국가등의 복합적이고 다양한 대립구도의 양상을 보여준다.

이 두 번째 화가 일어난 원인도 사람들의 영적인 상태와 무관하지 않다. 첫 번째 화가 이마에 하나님의 인 맞지 아니한 사람들에 대한 재앙이라면, 두 번째 화는 십계명 속에 들어 있는 하나님의 규례를 위반한 사람들을 향한 재앙이라 할 수 있다.

십계명은 모세를 통해 이스라엘에게 주신 하나님의 계명이지만, 동시에 이스라엘을 통해서 전 세계의 백성들에게 주신 당위적인 삶의 양식이다. 이 재앙에 죽지 않고 남은 사람들도 끝까지 완악한 모습으로 회개치 아니한다. 이들이 회개하지 않은 죄의 목록이 열거되어 있다.

첫째는 여러 귀신과 우상을 섬기며 그것을 형상화시키고 그것들에 절하는 대신관계에 관한 것이다.

우상을 섬기는 곳에는 어김없이 냄새를 맡고 달려오는 하이에나 같은 귀신들이 우글거린다. 귀신들이 사용하는 하나님 훼방의 가장 효과적인 방법이 바로 우상숭배이다. '하나님을 섬긴다는 것'은 '하나님만을 섬기는 것'을 의미하며, 하나님은 질투하는 분이심을 잊어서는 안 된다.

살아남은 자들이 회개치 않는 또 한 가지는 살인하고 간음하고 훔치고 점치고 굿하는 대인관계에 관한 것이다. 마음의 욕정이 솟구치는 대로 행동하며 온갖 정욕과 혈기대로 살아간다.

음란과 폭력이 현대인들의 마음으로 생각하는 모든 상상력(every imagination of the thoughts of his heart)을 점령하고 있다. 음풍이 사회는 물론이고 교회까지 침투해 들어와 여기저기 넘어지는 소리, 무너지는 소리가 들려온다.

여호와께서 이렇게 말씀하셨다.

"네 딸을 더럽혀 기생이 되게 말라 음풍이 전국에 퍼져 죄악이 가득할까 하노라."(레19:29).

음풍이 전국에 돌면 죄악이 가득해지고 죄악이 가득해지면 노아의 때와 같이, 소돔의 때와 같이 하나님의 심판이 철석같이 따라 붙는다. 초등학생부터 노년층에 이르기까지 음란하기 그지없다. 배운 자나 못 배운 자나, 가진 자나 못 가진 자나, 예수 믿는 자나 안 믿는 자나 음란한 짓거리에 사회가 미쳐 돌아간다.

그럼에도 불구하고 엔 타임 사람들의 패역한 점은 죄의 삯을 치루고 있으면서도 죄에 대한 뼈저린 자각과 성찰과 회개가 없다는 것이다. 뼈를 깎는 성형수술을 감행해 외모는 가꾸어도 마음을 다잡아 뼈를 깎고 살을 도려내는 통회의 자복으로 내면의 모습을 가꾸려고는 하지 않는다. 사람들은 누구나 다 자기의 마음상태가 이미 천국과 지옥행을 결정 내 버리는 것이다. 천국 가는 사람은 마음이 이미 천국을 살고 있고, 지옥 가는 사람은 마음에 이미 지옥이 이루어져 있다.

바리새인들이 예수님에게 하나님의 나라가 어느 때에 임하는지를 물었다. 그 때에 예수님께서는 하나님의 나라는 볼 수 있게 임하는 것이 아니고, 또 여기 있다 저기 있다고도 못하리니 하나님의 나라는 너희 안에 있는 것이라고 하신다. 이 말씀의 의미는 하나님 나라의 공간적 우선순위를 언급하시는 말씀이다.

하나님의 나라는 먼저 마음의 영역과 신앙 공동체 속에서 선험적으로 이루어질 때, 후험적 하나님의 나라에 들어 갈 수 있다는 것이다. 현재 내 마음에 성령의 내주를 통한 평안과 기쁨이 없다면 내 속에 있어야 할 하나님의 나라를 의심 없이 의심해 봐야 한다.

예수님께서 "내가 땅의 일을 말하여도 너희가 믿지 아니하거든 하물며 하늘 일을 말하면 어떻게 믿겠느냐."(요3:12)고 하셨다.

하나님께서 메시야를 이 땅에 보내시고 구원의 역사가 일어나고 있는 일을 현재의 눈으로 보고 있으면서도 당대의 사람들은 예수님을 믿지 못했다. 마음이 닫히고 눈이 열리지 않으면 하나님을 보고 있으면서도 하나님을 보여 달라고 하는 것이다.

마음이 닫히고 눈이 열리지 않으면, 이 땅에 일어나는 일들을 날마다 보고 겪으면서도, 엔 타임을 부정하고 재림을 부인하며 자신을 바로 세우지 못한다. 자신의 마음에 무슨 일이 일어나고 있는지 모르고 사는 사람은 땅에 무슨 일이 일어나는지 모를 뿐더러 하늘에 무슨 일이 일어나고 있는지는 더더욱 모른다. 성경은 그래서 때 늦은 후회를 말한다.

"임금이 사환들에게 말하되 그 수족을 결박하여 바깥 어두움에 내어 던지라 거기서 슬피 울며 이를 갊이 있으리라 하니라 청함을 받은 자는 많되 택함을 입은 자는 적으니라." (마22:13,14)

24_작은 책의 단 맛과 쓴 맛 (계10:1-11)

'말씀의 단맛'은 입속에서 미각적인 효과를 내지만 '말씀의 쓴맛'은 뱃속에서 촉각적인 약효를 낸다. 만약 순서가 바뀌어 말씀을 받아들일 때 입에서 씁쓰름하고 뱃속에서 달큼하다면 그 말씀은 약이 아닌 독이 될 것이다.

일곱째 천사의 마지막 나팔재앙을 앞두고 삽경이 제시된다. 삽경(挿景)이 본경(本景)을 보충, 부연(敷衍), 암시, 예고하는 수준이라면, 본경은 계시록의 주제인 "죄인의 심판과 의인의 구원 혹은 현세의 심판과 교회의 구원"을 그 내용으로 한다.

본경이 계시록의 큰 맥락인 일곱 인 재앙, 일곱 나팔 재앙, 일곱 대접 재앙, 재림, 천년왕국, 곡과 마곡, 최후의 심판, 새 하늘과 새 땅에 대한 계시들이라면 나머지 부분들은 삽경들로 분류된다. 본경과 삽경이 교차되어 구성되는 이유는 삽경이 본경의 본질적인 핵심을 보는 창이

"내가 또 보니 힘센 다른 천사가 구름을 입고 하늘에서 내려오는데 그 머리 위에 무지개가 있고 그 얼굴은 해 같고 그 발은 불기둥 같으며 그 손에 펴 놓인 작은 책을 들고 그 오른발은 바다를 밟고 왼발은 땅을 밟고 사자의 부르짖는 것 같이 큰 소리로 외치니 외칠 때에 일곱 우레가 그 소리를 발하더라.

일곱 우뢰가 발할 때에 내가 기록하려고 하다가 곧 들으니 하늘에서 소리 나서 말하기를 일곱 우뢰가 발한 것을 인봉하고 기록하지 말라 하더라.

내가 본바 바다와 땅을 밟고 서 있는 천사가 하늘을 향하여 오른손을 들고 세세토록 살아계신 이 곧 하늘과 그 가운데 있는 물건이며 땅과 그 가운데 있는 물건이며 바다와 그 가운데 있는 물건을 창조하신 이를 가리켜 맹세하여 이르되 지체하지 아니하리니 일곱째 천사가 소리 내는 날 그 나팔을 불게 될 때에 하나님의 비밀이 그 종 선지자들에게 전하신 복음과 같이 하나님의 그 비밀이 이루어지리라 하더라.

하늘에서 나서 내게 들리던 음성이 또 내게 말하여 이르되 네가 가서 바다와 땅을 밟고 서 있는 천사의 손에 펴 놓인 두루마리를 가지라 하기로 내가 천사에게 나아가 작은 두루마리를 달라 한즉 천사가 이르되 갖다 먹어버리라 네 배에는 쓰나 네 입에는 꿀 같이 달리라 하거늘 내가 천사의 손에서 작은 두루마리를 갖다 먹어버리니 내 입에는 꿀 같이 다나 먹은 후에 내 배에서는 쓰게 되더라. 그가 내게 말하기를 네가 많은 백성과 나라와 방언과 임금에게 다시 예언하여야 하리라 하더라."

되기 때문이다.

어떤 것을 이해하기 전에 먼저 무엇인가를 이해하고 있어야 하는 '전이해'가 필요한 케이스가 있다면, 바로 본경을 이해하기 위해 삽경을 이해하고 있어야 하는 경우이다.

일곱째 천사의 나팔재앙은 일곱 대접재앙을 담고 있으며, 이 대접재앙을 끝으로 하나님의 심판은 종결되어 새로운 세계가 열린다. 10장의 힘센 천사의 등장으로 인해 바로 이러한 마지막 대접재앙의 심판이 지체하지 않고 속히 이루어지게 될 것을 선포하고 있다.

힘센 천사의 액션과 메시지는 그의 힘센 만큼이나 힘을 받고 있다. 그의 메시지의 권위를 위해 사도 요한 앞에 등장하는 모습부터가 비범하다. 그가 하늘에서 내려온다는 것은 메시지의 출처를 암시하며, 머리위에 무지개가 있다는 것은 그의 메시지가 하나님의 언약과 약속에 기반을 둔다는 것이며, 얼굴이 해 같고 발이 불기둥 같다는 것은 그의 존재가 영화로우신 하나님을 대변하는 순간이기 때문이다.

힘센 천사의 오른발이 바다를 밟고 왼발이 땅을 밟고 있다는 것은 그의 메시지의 선포대상이 오대양 육대주에 걸쳐 전 세계적인 현상으로 발생할 일임을 암시한다. 사자의 부르짖는 것 같이 큰 소리로 외칠 때에 일곱 우레가 그 소리를 발한다는 것은 그의 메시지의 역동성(dynamics)을 생동감 있게 표현한 것이다. 그의 이러한 액션의 키포인트는 그 손에 '펴 놓인 작은 책'을 들고 있는 모습에서 절정에 이른다.

왜 펴 놓인 작은 책일까?

책이 펴져있다는 것이 계시의 개방성을 의미한다면, 작은 책이 갖는 상징적인 의미는 바로 요한이 받고 있는 계시들의 묶음이라 할 수 있을 것이다. 왜냐하면 요한은 하늘로부터 "바다와 땅을 밟고 서 있는 천사의 손에 펴 놓인 책을 가지라"는 음성을 듣게 되기 때문이다.

'작은 책'의 이미지는 그 중요함의 축소성을 의미한다기 보다는 하나님의 창조에서 구속 그리고 왕국의 완성에 이르기까지 그 과정의 일부분을 다루고 있다는 의미를 지닌다.

요한이 천사에게 작은 책을 달라고 하자 천사는 "갖다 먹어버리라 네 배에는 쓰나 네 입에는 꿀 같이 달리라"고 말한다. 왜 책을 갖다 먹어버리라고 하는 것일까?

본디 하나님의 말씀은 인간이 근본적으로 섭취해야 할 필수적인 영의 양식이기 때문이다.

"사람이 떡으로만 사는 것이 아니요 여호와의 입에서 나오는 모든 말씀으로 사는 줄을 너로 알게 하려 하심이니라." (신8:3)

요한이 말씀을 먹어야 하는 행위는 구약의 선지자들이 하나님의 말씀을 취하는 전형적인 사명패턴이고, 에스겔이나 예레미야 선지자의 소명 노선을 답습하는 일이다.

하나님께서는 에스겔에게 "인자야 너는 받는 것을 먹으라 너는 이 두루마리를 먹고 가서 이스라엘 족속에게 고하라" 고 하셨다. (겔3:1)

이때에 에스겔이 두루마리를 배에 넣고 창자에 채우자 곧 에스겔의 입에서 달기가 꿀 같이 변한다. (3)

예레미야 선지자도 만군의 하나님의 말씀을 얻어 먹었을 때 그 말씀이 예레미야에게는 기쁨과 마음의 즐거움으로 작용하게 된다. (렘15:16)

요한이 천사의 손에서 작은 책을 갖다 먹어버릴 때에 그 입에서는 꿀 같이 단내가 났지만, 먹은 후에는 그 배에서 쓴 내로 변했다. '말씀의 단맛'은 입속에서 미각적인 효과를 내지만 '말씀의 쓴맛'은 뱃속에서 촉각적인 약효를 낸다. 만약 순서가 바뀌어 말씀을 받아들일 때 입에서 씁쓰름하고 뱃속에서 달큼하다면 그 말씀은 약이 아닌 독이 될 것이다.

일단 말씀은 먹기에 편하지만, 그 말씀의 의미를 깨달아 소화시키기에는 쓴맛이 나는 것이다. 인생의 단맛과 쓴맛을 다 본 사람이 큰 그릇이 되듯이, 말씀의 단맛 쓴맛을 관통한 사람만이 진정한 말씀의 큰 종이 되는 것이다.

요한에게는 가공할만한 마지막 나팔재앙의 쓴맛이 창자가 뒤틀리는 고통을 유발하고 있었다. 그렇다면 요한은 대체 무슨 소리를 들었기에 그토록 배에서 쓴맛을 느끼게 되었을까?

요한은 힘센 천사가 하나님 앞에 다음과 같이 맹세하는 말을 들었기 때문이다.

"일곱째 천사가 소리 내는 날 그 나팔을 불게 될 때에 하나님의 비밀

이 그 종 선지자들에게 전하신 복음과 같이 이루리라."(7)

지금까지도 일곱 인 재앙과 일곱째 인 속에 들어있는 일곱 나팔재앙이 성취되었듯이, 이후로도 일곱째 나팔재앙과 그 나팔재앙 속에 담겨있는 일곱 대접재앙이 필연코 이루어진다는 것이다.

하나님의 비밀이 그 종 선지자들에게 전하신 복음과 같이 이루어진다는 것은 일곱째 나팔재앙의 필연성을 강조하기 위한 것이다.

하나님의 비밀이 성취되기까지의 그 과정의 패턴은 이렇다.

"주 여호와께서는 자기의 비밀을 그 종 선지자들에게 보이지 아니하시고는 결코 행하심이 없으시리라."(암3:7)

특히 하나님께서는 이스라엘 선민이나 이방국가를 심판하시기 전에 반드시 그 죄를 먼저 선지자를 경유해 깨우치시고 경고하셨다. 하나님의 어떤 계획된 비밀이든지간에 반드시 선지자의 입술을 통해 비밀스럽게 누설됨으로써 비밀의 공개적 효과가 극대화된다.

요한은 힘센 천사의 이러한 선포와 더불어 그가 사자의 부르짖는 것 같이 큰 소리로 외칠 때에 일곱 우렛소리를 듣게 된다. 요한이 이것을 기록하려고 하는 순간 하늘에서 "일곱 우뢰가 발한 것을 인봉하고 기록하지 말라" 는 것이다.

왜 하나님은 이 소리의 메시지의 개봉을 인봉시키시는 것일까?

분명 이 메시지는 전후문맥상으로 볼 때 듣기에 편한 위로의 소리라기보다는 매우 강렬한 심판을 암시하는 소리였을테고, 그래서 이 책을 먹고 배에서 쓴 맛을 내게 된 것이다. 이 소리는 차라리 안 듣는 것이 당대의 사람들에게 위로인 것이다.

계시와 예언을 전달하는 자는 그 내용의 충격에서 속히 벗어나야 하며, 자신의 감정에 압도당해서도 안된다.

"네가 많은 백성과 나라와 방언과 임금에게 다시 예언하여야 하리라."(11)는 말씀은 계시록이 우주적 보편성을 지닌 역사적 진실과 종교적 진리임을 천명하는 것이다. 이 우주적인 예언을 전달(must prophecy)하는 것이 바로 말세의 복음을 증언하는 것이다.

책의 단 맛과 쓴 맛을 아는 자만이 이 말세의 복음을 전할 수 있다.

25_두 증인의 예언과 죽음 그리고 부활

(계11:1-14)

> 대환란기에 두 증인인 "성령의 기름부음을 받은 교회들"을 통해
> 일천 이백 육십일을 예언케 한다는 것은 하나님께서 인간들에게
> 마지막으로 베푸시는 진노 중 긍휼이요, 심판 중 자비이며, 환란
> 중 구원이다.

계시록 11장은 대환란을 통과하는 크리스천들로 하여금 절망과 희망이 교차하고 희비가 엇갈리며, 삶과 죽음이 오가고 영생과 영벌이 갈등하는 선택의 기로에 서게 만드는 장이다.

계시록 11장의 주제는 10장과 같은 맥락에 있으면서 동시에 둘째 화의 연장선상에 있다(14).

10장의 결론은 요한이 많은 백성과 나라와 방언과 임금에게 다시 예언(11)해야 한다는 사명을 강조하는 것이었고, 이것을 위해 작은 책을 갖다 먹으라는 하늘의 음성을 듣는다.

(요한계시록11:1-14)

"또 내게 지팡이 같은 갈대를 주며 말하기를 일어나서 하나님의 성전과 제단과 그 안에서 경배하는 자들을 척량하되 성전 밖 마당은 척량하지 말고 그냥 두라 이것을 이방인에게 주었은즉 저희가 거룩한 성을 마흔 두 달 동안 짓밟으리라

내가 나의 두 증인에게 권세를 주리니 저희가 굵은 베옷을 입고 일천 이백 육십 일을 예언하리라. 그들은 이 땅의 주 앞에 서 있는 두 감람나무와 두 촛대니 만일 누구든지 저희를 해하고자 한즉 저희 입에서 불이 나서 그 원수를 소멸할지니 누구든지 해하고자 하면 반드시 그와 같이 죽임을 당하리라.

그들이 권능을 가지고 하늘을 닫아 그 예언을 하는 날 동안 비가 오지 못하게 하고 또 권능을 가지고 물을 피로 변하게 하고 아무 때든지 원하는 대로 여러 가지 재앙으로 땅을 치리로다.

그들이 그 증언을 마칠 때에 무저갱으로부터 올라오는 짐승이 그들과 더불어 전쟁을 일으켜 그들을 이기고 그들을 죽일 터인즉 그들의 시체가 큰 성 길에 있으리니 그 성은 영적으로 하면 소돔이라고도 하고 애굽이라고도 하니 곧 그들의 주께서 십자가에 못 박히신 곳이니라.

백성들과 족속과 방언과 나라 중에서 사람들이 그 시체를 사흘 반 동안을 목도하며 무덤에 장사하지 못하게 하리로다.

이 두 선지자가 땅에 거하는 자들을 괴롭게 한고로 땅에 사는 자들이

저희의 죽음을 즐거워하고 기뻐하여 서로 예물을 보내리라 하더라.

삼일 반 후에 하나님께로부터 생기가 그들 속에 들어가매 그들이 발로 일어서니 구경하는 자들이 크게 두려워하더라.

하늘로부터 큰 음성이 있어 이리로 올라오라 함을 그들이 듣고 구름을 타고 하늘로 올라가니 그들의 원수들도 구경하더라. 그 때에 큰 지진이 나서 성 십분의 일이 무너지고 지진에 죽은 사람이 칠천이라 그 남은 자들이 두려워하여 영광을 하늘의 하나님께 돌리더라.

둘째 화는 지나갔으나 보라 셋째 화가 속히 이르는 도다."

11장의 주제도 두 증인을 세워서 그 증인들로 하여금 선지자의 권세를 받아 능력을 행하며, 저희로 하여금 굵은 베옷을 입고 일천 이백 육십 일을 예언케 하는 일이다.

요한이나 두 증인이나 "예언하는 일"이 절대적 사명으로 부각되고 있다. 하나님의 큰 뜻이 이루어지는 과정에서 하나님의 구원과 심판의 메시지가 인간들에게 선포되는 일이 그만큼 절박한 하나님의 심정을 대변하기 때문이다.

계시록 11장은 계시록 13장과 병행해서 관찰하는 일이 중요하다. 11장에 두 증인이 나오듯이 13장에는 두 짐승이 등장한다. 두 증인이 일천 이백 육십 일(마흔두 달)을 예언하듯이 짐승도 용에게 마흔두 달 일할 권세를 받는다. 두 증인의 입에서 불이 나와 원수를 소멸하듯이 둘째 짐승도 불이 하늘로부터 땅에 내려오게 한다.

용이 짐승들에게 막강한 파워를 부여하기에 앞서 하나님께서는 두 증인을 세우셔서 그리스도인들로 하여금 영적으로 무장케 하시고 환란의 시대를 극복케 하시려는 것이다. 이 과정에서 두 증인이 누구인가? 에 대한 의견이 매우 분분하고 팽팽하며 그에 대한 논란이 매우 거세다. 그러나 본문이 제공하고 있는 힌트를 놓쳐서는 안 된다. 두 증인이 누구인가에 대한 본문의 결정적인 증거는 "이 땅의 주 앞에 서 있는 두 감람나무와 두 촛대"(4)이다.

증인이 둘(2)이라는 것은 숫적인 충족을 위한 구약의 율법적 개념에 기인한다.

"사람이 아무 악이든지 무릇 범한 죄는 한 증인으로만 정할 것이 아니요 두 증인의 입으로나 세 증인의 입으로 그 사건을 확정할 것이며"(신19:15), 두 증인이 "굵은 베옷을 입고 일천 이백 육십 일을 예언"(3) 하는 행위는 죄를 범한 인간들이 하나님의 법정에 설 때에 변명할 수 없는 법률적 요건을 충족시킨다.

예수님께서 바리새인들과의 대화중에 이러한 말씀을 하셨다.

"너희 율법에도 두 사람의 증거가 참되다 기록하였으니 내가 나를

위하여 증거 하는 자가 되고 나를 보내신 아버지도 나를 위하여 증거 하시느니라."(요8:17,18)

예수님의 사역에도 두 증인이 존재하는바 '예수님 자신'과 '아버지' 라고 증거하신다. 따라서 일천 이백 육십 일을 예언하는 증인이 둘이 라는 것은 예언의 진실성을 드러내고 있는 것이며, 동시에 예언을 선 포하기에 충분한 증인의 숫자라고 볼 수 있다.

이 땅의 주 앞에 서 있는 두 감람나무와 두 촛대! '촛대'는 계시록 20 장 1절의 "일곱 촛대는 일곱 교회니라"는 해설을 참조할 때 이는 분명 '교회'라고 할 수 있다.

촛대가 교회라면 감람나무는 무엇일까?

감람나무는 헬라어로 엘라이아이(ελαιαι) 로서 영어성경에서는 two olive trees로 번역하고 있다. 그러나 감람나무와 올리브 나무는 같은 나무가 아닌 서로 다른 나무이다.

초기 한국교회의 성서 번역시 중국어 성경의 영향을 받아 감람나무 로 번역하였고 이는 번역상의 오류로 알려져 있다. 그러니까 성경에 서 말하는 감람나무는 지중해의 올리브 나무를 말하고, 한의학에서 말하는 감람나무는 중국의 감람인 것이다. 따라서 정확한 번역에 따 르면 "이 땅의 주 앞에 서 있는 두 올리브 나무와 두 촛대"이다.

그렇다면 올리브 나무는 무엇을 상징하는 것일까?

올리브 나무는 무엇보다 그 열매의 기름을 떠올린다. 구약시대 성전이나 성막에서 사용되던 기름은 올리브 열매의 기름으로만 사용되어졌다. 올리브기름을 짜기 위해서는 연자맷돌 같은데 넣어서 잘게 부수고 압력을 주어서 기름을 짠다. 압력을 줄 때 돌멩이를 하나씩 올려서 짜는데 네 번의 압력을 통해 단계별로 기름을 취한다.

그 첫 번째 기름이 바로 성소에서 쓰이는 최고급 '엑스트라 버진 올리브 오일'(extra virgin olive oil)이다. 이 기름이 바로 성소의 불을 밝히는 기름이고 관유로 사용되었다.

관유(anointing oil)는 성별의식에 사용되는 거룩한 기름으로 제사장, 선지자, 왕을 세울 때 기름부음이 이루어졌고, 이 관유는 성령을 상징한다.

"하나님이 나사렛 예수에게 성령과 능력을 기름 붓듯 하셨으매 저가 두루 다니시며 착한 일을 행하시고 마귀에게 눌린 모든 자를 고치셨으니 이는 하나님이 함께 하셨음이라."(행10:38)

올리브 오일이 '성령의 기름 부음'을 상징한다면 두 증인은 "성령의 기름부음을 받은 교회들"로 볼 수 있을 것이다. 대환란기에 두 증인인 "성령의 기름부음을 받은 교회들"을 통해 일천 이백 육십일을 예언케 한다는 것은 하나님께서 인간들에게 마지막으로 베푸시는 진노중 긍휼이요, 심판중 자비이며 환란중 구원이다.

하나님께서 이들에게 성령의 기름을 부어 주심으로 인해 막강한 성령의 권능을 행사한다. 만일 누구든지 저희를 해하고자 하면 저희 입에서 불이 나서 그 원수를 소멸하고, 누구든지 이들을 해하려 하면 반드시 이와 같이 죽임을 당한다.(5)

만약 두 증인이 문자적인 의미의 두 사람이라면, 그 두 사람이 전 세계를 대상으로 예언하고 영적인 전투를 행하는 것은 그다지 큰 의미를 주지 못한다. 그렇다면 하나님은 어떤 교회와 성도들에게 성령의 기름을 부어 이 일을 행하게 하실까? 만약 이 때가 극소수의 정결한 신부들만이 신랑의 혼인잔치에 청함을 받은 후라면 대다수의 크리스천들은 대환란에 남겨져 있을 것이다.

성령의 기름부음을 받는 교회를 가장 가까운 곳에서 찾아본다면 1절에 등장하는 "하나님의 성전과 제단과 그 안에서 경배하는 자들"이다. 이들이 "하나님의 성전과 제단과 그 안에서 경배하는 자들"이지만 결코 단순한 행위가 아니다.

13장에 보면 둘째 짐승이 우상을 만들어 우상에게 생기를 주고, 그 짐승의 우상으로 말하게 하고, 또 짐승의 우상에게 경배하지 아니하는 자는 몇이든지 다 죽이게 하는 일이 일어난다.(계13:15)

이것은 바로 핍박과 환란의 시대에 짐승에게 경배하지 않고 하나님만을 경배하기 위해 생명을 초개와 같이 여기는 믿음의 행위인 것이다.

하나님을 경배하는 것이 삶이 되지 못하면, 후삼 년 반 기간의 적그리스도의 통치 기간이 되면 반드시 배도의 길을 걷게 될 것이다.

"죽임을 당한 어린 양의 생명책에 창세 이후로 녹명되지 못하고 이 땅에 사는 자들은 다 짐승에게 경배하리라."(계13:8)

바로 이들을 척량(measure)한다는 것은 이들에 대한 하나님의 소유된 백성의 선언인 것이다. 그러나 성전 밖 마당의 불신자들은 하나님의 소유에서 제외되었으며, 마흔 두 달 동안 교회의 핍박시대를 예고하고 있다.

두 증인이 굵은 베옷을 입었다는 것은 성령의 기름부음을 받은 교회들이 바로 하나님 앞에 온전한 회개의 운동을 일으킨다는 것이고, 이들의 예언의 메시지도 바로 회개를 권하고 선포하는 일임을 암시한다.

성령의 기름부음을 받은 두 증인인 교회들의 권능은 매우 강력하다. 만일 누구든지 저희를 해하고자 한즉 저희 입에서 불이 나서 그 원수를 소멸할지니 누구든지 해하려 하면 반드시 이와 같이 죽임을 당하리라.

만약 전 삼 년 반 기간의 두 증인 교회를 핍박하는 자들은 불에 그슬려 화상을 당해 죽어야 한다. 뿐만 아니라 저희가 권세를 가지고 하늘을 닫아 그 예언을 하는 날 동안 비 오지 못하게 하고, 또 권세를 가지고 물을 변하여 피 되게 하고, 아무 때든지 원하는 대로 여러 가지 재앙으로 땅을 치게 된다.

엘리야가 3년 6개월 동안 비오지 않게 하고 다시 비 오게 하는 권능을 발휘했듯이 두 증인 교회들도 3년 6개월 동안 하늘을 열고 닫는 권세를 갖는다.

모세가 나일강을 피강으로 변화시켰듯이 이들이 발하는 이적과 기사는 예언의 메시지의 힘을 발하게 될 것이다. 그러나 이들의 예언 기간은 일천 이백 육십일로 전 삼 년 반 기간으로 한정되어 후 삼 년 반 기간으로 들어가며, 저희가 그 증거를 마칠 때에 무저갱으로부터 올라오는 짐승이 저희로 더불어 전쟁을 일으켜 저희를 이기고 저희를 죽음으로 내 몰게 된다.(7)

후 삼 년 반 기간에는 바다와 땅에서 적그리스도로 상징되는 두 짐승이 올라와 교회와 성도의 박해시대가 시작된다. 이 기간에는 적그리스도가 권세를 받아 성도들과 싸워 이기게 되고 각 족속과 백성과 방언과 나라를 다스리는 권세를 받는다. (13:7)

이때에 죽음을 당한 두 증인들의 시체에 대해 이렇게 묘사한다.

"저희 시체가 큰 성길에 있으리니 그 성은 영적으로 하면 소돔이라고도 하고 애굽이라고도 하니 곧 저희 주께서 십자가에 못 박히신 곳이니라." (8)

큰 성길(in the street of the great city)에 그들의 시체가 있다는 것은 그들의 최후가 공개적인 죽음을 맞게 된다는 것이다.

그 도시의 거리는 영적인 시각에서 보면 소돔과 애굽 땅과도 같다. 소돔과 애굽은 죄와 악이 창궐하는 곳으로 하나님 없는 인본주의와 쾌락주의와 우상주의의 본거지이다.

성령의 기름부음을 받은 두 증인의 활동범위는 소돔이나 애굽과 같이 예수 그리스도의 보혈이 필요한 곳에서 마지막까지 회개를 외치다가 최후의 죽음을 맞는 것이다.

"주께서 십자가에 못 박히신 곳"은 예수 그리스도께서 피와 물과 땀을 다 쏟아 낸 곳이고, 이곳은 주님의 보혈이 가장 필요로 하는 지역임을 상징한다. 그런데 이들의 시신에 대해 "백성들과 족속과 방언과 나라 중에서 사람들이 그 시체를 사흘 반 동안을 목도하며 무덤에 장사하지 못하게 하리로다."(9)라고 한다.

"그 시체를 사흘 반 동안을 목도"한다는 것은 후삼 년 반 기간 내내 두 증인인 성령의 기름부음을 받은 교회들에 대한 학살이 지속된다는 것이다. 실로 가공할만한 교회 핍박 시대가 열리는 것이고, 이때에 어떻게 처신해야 할 것인지 주님이 일러 주셨다.

"성도들의 인내가 여기 있나니 저희는 하나님의 계명과 예수 믿음을 지키는 자니라."(계14:12)

하나님의 계명이 외부적인 행위지침이라면 예수 믿음은 내부적인 마음지침이다.

두 증인의 죽음 후에는 두 가지 반응이 나타난다.

첫째는 이 두 선지자가 땅에 거하는 자들을 괴롭게 했기 때문에 땅에 거하는 자들이 저희의 죽음을 즐거워하고 기뻐하여 서로 예물을 보내는 현상이다.(계11:10)

계시록에는 "땅에 거하는 자들"(them that dwell on the earth)과 "하늘에 거하는 자들"(them that dwell in heaven)(13: 6)이 등장한다.

"땅에 거하는 자들"은 땅에 거하면서 땅만 바라보고 사는 사람들이고, "하늘에 거하는 자들"은 땅에 거하면서 하늘을 보고 사는 사람들이다. 같은 땅에 살면서도 차원이 다른 삶을 살아간다.

두 선지자가 땅에 거하는 자들을 괴롭게 했다는 것은 정신적이고 영적인 괴롭힘을 말하는 것으로, 회개하지 않으면 조만간에 구더기도 죽지 않는 지옥 불에 던져질 것이라는 메시지를 전했기 때문이다.

죄로 밥 먹고 사는 자들에게 밥 먹지 말라하면 좋아할 사람이 어디 있겠는가? 전 삼년 반은 하늘에 거하는 자들이 영적인 권세를 얻어 활동하는 기간이라면, 후 삼년 반은 땅에 거하는 자들이 두 짐승의 세력을 등에 업고 활동하는 시기이다. 따라서 대환란 기간에는 하늘에 거하는 자들과 땅에 거하는 자들의 치열한 영적 투쟁이 전개될 것이다.

첫 번째 반응이 땅에서 일어나는 수평적인 반응이라면, 두 번째 반응은 하늘로부터 내려오는 수직적 반응이다.

"삼일 반 후에 하나님께로부터 생기가 저희 속에 들어가매 저희가 발로 일어서니 구경하는 자들이 크게 두려워하더라."(11)

이들이 누구에게 죽었는지를 적시(摘示)하고 있는 구절을 예의주시
할 필요가 있다.

"저희가 그 증거를 마칠 때에 무저갱으로부터 올라오는 짐승이 저희
로 더불어 전쟁을 일으켜 저희를 이기고 저희를 죽일 터인즉."(7)

두 증인은 바로 '짐승'에게 살해당한 것이다.

그렇다면 이 짐승은 누구인가? 바로 후삼 년 반 기간에 교회와 그리
스도인들을 핍박할 적그리스도이다. 그러나 삼일 반 후에 하나님의
생기가 저희 속에 들어간다는 것은 후 삼년 반의 환란이 끝난 후에 부
활이 발생함을 예고한다.

"하늘로부터 큰 음성이 있어 이리로 올라오라 함을 저희가 듣고 구
름을 타고 하늘로 올라가니 저희 원수들도 구경하더라."(12)

이 부활의 장면은 이들이 천년왕국에 들어가기 위해 첫째 부활에 참
여하는 것이고 계시록 20장에서 이렇게 증언한다.

"……. 또 내가 보니 예수의 증거와 하나님의 말씀을 인하여 목 베임
을 받은 자의 영혼들과 또 짐승과 그의 우상에게 경배하지도 아니하
고 이마와 손에 그의 표를 받지도 아니한 자들이 살아서 그리스도로
더불어 천년 동안 왕 노릇 하니 이는 첫째 부활이라."(20:4,5)

무저갱으로부터 올라온 짐승이 "우상에게 경배하지 아니하는 자는
몇이든지 다 죽이게"(계13:15)할 때에 성령의 기름부음 받은 두 증인

이 순교 당하게 되는 것이다.

결국 성령의 기름부음 받은 교회들의 예언활동과 죽음 그리고 부활을 예고하는 것이고, 이것이 대환란 기간에 발생할 영적 투쟁이 될 것임을 보여준다. 이 기간의 그리스도인들에게 있어 처참한 영적 전쟁을 이렇게 묘사한다.
"짐승이 저희로 더불어 전쟁을 일으켜 저희를 이기고 저희를 죽일 터인즉."(7)

가난할 때 목청 터지라 부르던 찬송가 중에 먹고 살만하니까 쏙 들어간 찬송이 있다. 그러나 대환란 기간에는 이 찬송이 애창곡이 되어야 할 것이다.

부름 받아 나선 이 몸 어디든지 가오리다
괴로우나 즐거우나 주 만 따라 가오리니
어느 누가 막으리까 죽음인들 막으리까
어느 누가 막으리까 죽음인들 막으리까

26_ 세상 나라에서 그리스도의 나라로

(계11:15-19)

> '세상 나라'가 '그리스도의 나라'로 전환되기 위해서 치러야 할 대가는 매우 혹독하다. 이것은 '세상사람'에서 그리스도의 사람'이 되기 위해 내면에서 치러야 할 치열한 전쟁만큼이나 가혹하고 실제적이다.

드디어 셋째 화인 일곱째 천사의 나팔소리가 울려 퍼진다. 일곱째 나팔재앙은 일곱 대접재앙을 잉태하여 환란의 절정으로 치닫는다. "일곱째 천사가 소리 내는 날 그 나팔을 불게 될 때에 하나님의 비밀이 그 종 선지자들에게 전하신 복음과 같이 이루리라"(계10:7)고 했던 그 하나님의 비밀이 성취되는 순간이다.

이렇듯 일곱째 나팔재앙에 의미를 두는 것은 어둠이 깊을 수록 여명이 가깝듯이 환란의 어둠 끝에 희망의 빛이 비추어 오기 때문이다. 그것은 바로 '세상 나라'가 '그리스도의 나라'가 되는 것이고, 이것이야말로 새 하늘과 새 땅이 열리는 천지개벽이다.

"일곱째 천사가 나팔을 불매 하늘에 큰 음성들이 나서 가로되 세상 나라가 우리 주와 그 그리스도의 나라가 되어 그가 세세토록 왕 노릇 하시리로다."(15)

그러나 '세상 나라'가 '그리스도의 나라'로 전환되기 위해서 치러야 할 대가는 매우 혹독하다. 이것은 '세상사람'에서 '그리스도의 사람'이

"일곱째 천사가 나팔을 불매 하늘에 큰 음성들이 나서 이르되 세상 나라가 우리 주와 그의 그리스도의 나라가 되어 그가 세세토록 왕 노릇 하시리로다 하니 하나님 앞에 자기 보좌에 앉은 이십 사 장로들이 엎드려 얼굴을 대고 하나님께 경배하여가로되 감사하옵나니 옛적에도 계셨고 시방도 계신 주 하나님 곧 전능하신이여 친히 큰 권능을 잡으시고 왕 노릇 하시도다.

이방들이 분노하매 주의 진노가 임하여 죽은 자를 심판하시며 종 선지자들과 성도들과 또 작은 자든지 큰 자든지 주의 이름을 경외하는 자들에게 상주시며 또 땅을 망하게 하는 자들을 멸망시키실 때로소이다 하더라.

이에 하늘에 있는 하나님의 성전이 열리니 성전 안에 하나님의 언약궤가 보이며 또 번개와 음성들과 우레와 지진과 큰 우박이 있더라."

되기 위해 내면에서 치러야 할 치열한 전쟁만큼이나 가혹하고 실제적이다.

'그리스도의 사람'이 되지 못한 '세상 사람'은 '그리스도의 나라'에 입성할 수 없다. 따라서 대환란은 알곡에서 가라지를 추려내는 시기이고, 그리스도의 사람이 되지 못한 세상 사람을 걸러내는 기간이다.

인간 역사가 흥망성쇠를 거듭하다 끝내 참혹한 재앙으로 곤두박질 치는 것은 결국 '세상 나라'가 '그리스도의 나라'가 되기 위함에 있다.

요한 계시록이 역동적이고 격동적이고 감동적인 이유는 인간의 왕권이 쇠퇴하고 그리스도의 왕권이 교체되는 하나님의 비밀의 영상을 보여주기 때문이다.

인간의 역사(歷史)가 고상해 보여도 그저 먹고 싸고 하나님을 거역하는 바벨탑을 쌓는 것이라면, 하나님의 역사(役事)는 그것을 무너뜨려 그 위에 움이 돋고 순이 나고 꽃을 피워 생명의 열매를 맺게 하는 것이다.

이러한 하늘의 큰 음성을 듣던 이십사 장로들은 엎드려 얼굴을 대고 하나님께 경배하며 화답한다. 이들이 경배하는 내용은 크게 두 가지이다.

첫째, 장로들은 하나님의 능하신 존재 자체에 대해 감사하고 있다.

"감사 하옵나니 옛적에도 계셨고 시방도 계신 주 하나님 곧 전능하신이여 친히 큰 권능을 잡으시고 왕 노릇 하시도다."(17)

하나님의 전능성은 그 존재 앞에 늘 따라 붙는 수식어에 있다.

"옛적에도 계셨고 시방도 계신."

사람은 영원성을 지닌 그 분을 경배하는 것이다. 시작(時作)을 시작(始作)하신 하나님은 사람에게 영원을 사모하는 마음을 주셨고(전 3:11), 이 마음이 곧 하나님과 교통하는 채널이다. 영원을 사모하는 마음이 없는 자는 만족한 돼지와 같고 멸망하는 짐승과 같다.

둘째, 장로들은 선악 간에 심판하시는 하나님을 경외하고 있다.

"이방들이 분노하매 주의 진노가 임하여 죽은 자를 심판하시며 종 선지자들과 성도들과 또 작은 자든지 큰 자든지 주의 이름을 경외하는 자들에게 상주시며 또 땅을 망하게 하는 자들을 멸망시키실 때로소이다 하더라."(18)

영원을 사모하는 마음이 없는 자는 눈에 보이는 것에 분노하고, 살아가는 현세에 분노하여 결국 땅을 망하게 한다.

이 세상에는 "주의 이름을 경외하는 자들"(fear thy name)과 "주의 이름을 경멸하는 자들" 두 부류의 사람들만이 존재할 뿐이다. 그리고 이 두 부류의 사람들에게 '상'(reward)이냐 '벌'(judge, destroy)이냐 두 가지 중 한 가지의 보응만이 주워질 뿐이다.

역사의 심판대 앞에서 행해지는 일은 단순명료한 한 가지 기준에서만 행해진다.

"주의 이름을 경외하는 자들에게 상주시며 또 땅을 망하게 하는 자들을 멸망" 시키는 것이다.

인간에 대한 하나님의 태도는 하나님에 대한 인간의 태도만큼이나 간단하다.

"나를 존중히 여기는 자를 내가 존중히 여기고 나를 멸시하는 자를 내가 경멸이 여기리라." (삼상2:30)

따라서 하나님은 땅을 망하게 하는 자들을 망하게 하시고, 땅을 흥하게 하는 자들을 흥하게 하신다. 이때에 요한은 하늘에 있는 하나님의 성전이 열리는 것을 목격하고, 성전 안에 하나님의 언약궤와 또 번개와 음성들과 뇌성과 지진과 큰 우박을 보게 된다.

하나는 '상'을 본 것이고 다른 하나는 '벌'을 본 것이다. '언약궤'를 보았다는 것은 하나님의 신실하신 약속을 보았다는 것이고, '번개와 음성들과 뇌성과 지진과 큰 우박'을 본 것은 하나님의 결연한 심판의 의지를 본 것이다.

요한은 하나님의 가장 큰 신비를 본 것이고, 이 비밀은 여과 없이 계시록을 통해 전달되고 있다. 섬세한 천지창조만큼이나 최후의 심판 또한 매우 정교하게 이루어진다. 따라서 엔 타임의 신자들은 미완료된 현재를 완료된 미래의 지도 속에서 길을 찾아가는 자들이다.

27_누가 스테파노스($\sigma\tau\acute{\epsilon}\varphi\alpha\nu o\varsigma$)를 받는가? (계12:1-17)

그리스도인들은 이미 그리스도의 권세로 이겨 놓은 싸움을 싸우는 자들이다. 이 싸움에 참여하여 이기는 자에게 주님께서 약속하신 그 영광의 스테파노스($\sigma\tau\acute{\epsilon}\varphi\alpha\nu o\varsigma$)를 씌워주실 것이다.

계시록의 최대 관심사는 어린 양의 피로 거듭난 그리스도의 교회이다.

소아시아 일곱 교회를 향한 진지한 주님의 평가가 계시록의 전반부를 구성하고 있는 것은, 계시록은 철저히 교회를 향한, 교회를 위한, 교회의 구원을 구축하기 위한 그리스도의 지침서이기 때문이다.

계시록을 위한 교회가 아니라 교회를 위한 계시록이다. 그렇게 볼 때 12장의 큰 그림은 환란기의 교회 박해에 대한 영적인 배경을 짚어 내려는 것이다.

(요한계시록 12:1-17)

"하늘에 큰 이적이 보이니 해를 옷 입은 한 여자가 있는데 그 발 아래에는 달이 있고 그 머리에는 열두 별의 면류관을 썼더라. 이 여자가 아이를 배어 해산하게 되매 아파서 애를 쓰며 부르짖더라.

하늘에 또 다른 이적이 보이니 보라 한 큰 붉은 용이 있어 머리가 일곱이요 뿔이 열이라 그 여러 머리에 일곱 면류관이 있는데 그 꼬리가 하늘 별 삼분의 일을 끌어다가 땅에 던지더라. 용이 해산하려는 여자 앞에서 그가 해산하면 그 아이를 삼키고자 하더니 여자가 아들을 낳으니 이는 장차 철장으로 만국을 다스릴 남자라. 그 아이를 하나님 앞과 그 보좌 앞으로 올려가더라. 그 여자가 광야로 도망하매 거기서 천이백육십 일 동안 그를 양육하기 위하여 하나님의 예비하신 곳이 있더라.

하늘에 전쟁이 있으니 미가엘과 그의 사자들이 용으로 더불어 싸울쌔 용과 그의 사자들도 싸우나 이기지 못하여 다시 하늘에서 저희의 있을 곳을 얻지 못한지라. 큰 용이 내쫓기니 옛 뱀 곧 마귀라고도 하고 사탄이라고도 하며 온 천하를 꾀는 자라 땅으로 내쫓기니 그의 사자들도 저와 함께 내쫓기니라.

내가 또 들으니 하늘에 큰 음성이 있어 이르되 이제 우리 하나님의 구원과 능력과 나라와 또 그의 그리스도의 권세가 나타났으니 우리 형제들을 참소하던 자 곧 우리 하나님 앞에서 밤낮 참소하던 자가 쫓겨났고, 또 우리 형제들이 어린 양의 피와 자기의 증언하는 말씀으로써 그를 이

겼으니 그들은 죽기까지 자기들의 생명을 아끼지 아니하였도다.

그러므로 하늘과 그 가운데 거하는 자들은 즐거워하라. 그러나 땅과 바다는 화 있을진저 이는 마귀가 자기의 때가 얼마 남지 않은 줄을 알므로 크게 분내어 너희에게 내려갔음이라 하더라.

용이 자기가 땅으로 내쫓긴 것을 보고 남자를 낳은 여자를 박해하는지라. 그 여자가 큰 독수리의 두 날개를 받아 광야 자기 곳으로 날아가서 거기서 그 뱀의 낯을 피하여 한 때와 두 때와 반 때를 양육 받으매 여자의 뒤에서 뱀이 그 입으로 물을 강같이 토하여 여자를 물에 떠내려 가게 하려 하되 땅이 여자를 도와 그 입을 벌려 용의 입에서 토한 강물을 삼키니 용이 여자에게 분노하여 돌아가서 그 여자의 남은 자손 곧 하나님의 계명을 지키며 예수의 증거를 가진 자들과 더불어 싸우려고 바다 모래 위에 서 있더라."

12장의 줄거리는 11장에 나오는 두 증인이 죽게 된 사건의 정황으로 거슬러 올라간다.

"두 증인이 그 증거를 마칠 때에 무저갱으로부터 올라오는 짐승이 저희로 더불어 전쟁을 일으켜 저희를 이기고 저희를 죽일 터인즉."(11:7)

이를테면 12장은 두 증인의 죽음의 출처를 추적하는 장면이다.

성령의 기름부음 받은 교회들을 핍박하고 성도들을 죽이는 영적인 실체가 과연 누구이고 무엇인지를 밝힘으로써 성도들의 승리를 견인하고 있다.

일곱째 나팔 재앙(11:15-19)과 일곱 대접 재앙들(15-16장) 사이에는 몇 가지 삽경(12:1-14:20)들이 존재한다. 따라서 12장에는 짐승이 두 증인을 죽이게 된 영적인 동기를 보여주고, 13장은 두 짐승의 출현 배경을 보여주며, 14장에 와서는 어린 양을 경배하는 자와 짐승을 경배하는 자의 모습을 대조시키고 있다.

요한은 하늘에서 일어나고 있는 두 가지 큰 악한 이적과 선한 이적을 목격하게 된다. 두 가지의 이적이 하늘에서 일어나고 있다는 것은 이 이적들의 성격이 땅에 속한 것이 아니기 때문이다.

첫째 이적은 아이를 낳는 한 여인에 관한 영상이다.

이 여인의 모습은 해(sun)를 입고, 달(moon)을 밟고 머리에 열두 별(twelve stars)의 면류관을 쓰고 있다. 이 한 폭의 그림은 이 여인에 대한 영화로운 모습을 한 존귀한 신분의 이미지를 투영하고 있다. 그리고 이 여인은 아이를 배어 해산하게 되었고 아파서 애써 부르짖는 모습을 보인다.

이 여인의 정체와 이 여인이 낳은 아들에 대해 많은 추측이 쏟아지고 있다. 이 여인이 낳은 아들의 정체는 장차 철장으로 만국을 다스릴

자로서, 이 아이가 하나님 앞과 그 보좌 앞으로 올려가는 모습을 보게 된다.

그런데 여인은 이 아들만 낳은 것이 아니다. 17절에 보면 용이 여인을 박해 할 때에 이 여인이 도망을 치자 용이 여인에게 분노하여 돌아가서 '그 여인의 남은 자손', 곧 하나님의 계명을 지키며 예수의 증거를 가진 자들로 더불어 싸우려고 바다 모래 위에 섰다는 것이다. 여기에 분명히 '여인의 남은 자손(the remnant of her seed)'이 있음을 명시하고 있다. 여인의 남은 자손인즉 "하나님의 계명을 지키며 예수의 증거를 가진 자들"이라는 것이다.

이 자손들의 영적인 DNA는 여인이 처음 낳은 아들하고 다르지 않다.

"하나님의 계명을 지키며 예수의 증거를 가진 자들"을 낳을 수 있는 자궁은 과연 무엇일까?

그것은 교회밖에 없다. 일찍이 카르타고의 교부였고 순교자였던 키푸리아누스(Thascius Caecilius Cyprianus-258)는 "하나님을 아버지라 부르는 자는 교회를 어머니로 생각해야 한다."라는 의미 있는 말을 했다.

교회는 신자를 낳는 어머니의 모태와 같은 것이다. 그렇다면 이 여인이 교회라면, 이 여인이 낳은 아들은 대체 누구란 말인가? 여인이 낳은 이 아들은 장차 철장으로 만국을 다스릴 남자이고, 이 아이가 하나님 앞과 그 보좌 앞으로 올라가게 된다고 한다.(5)

예수님께서는 두아디라 교회를 향해 말씀하실 때에, "이기는 자와 끝까지 내 일을 지키는 그에게 만국을 다스리는 권세를 주리니 그가 철장을 가지고 저희를 다스려 질그릇 깨뜨리는 것과 같이 하리라. 나도 내 아버지께 받은 것이 그러하니라."(계2:26,27)고 하셨다. 따라서 "하나님의 계명을 지키며 예수의 증거를 가진 자들"과 같은 DNA를 가진 자들은 "이기는 자와 끝까지 내 일을 지키는 그"이다.

"이기는 자와 끝까지 내 일을 지키는 그"에게 바로 여인이 낳은 그 아들이 받았던 권세와 동일한 "철장으로 만국을 다스릴 권세"를 주시겠다는 것이다. 이 철장 권세는 먼저 '예수님'에게 주어지고, 다음에는 "이기는 자와 끝까지 내 일을 지키는 그"에게 주어진다. 결국 여인이 낳은 아들은 바로 "이기는 자와 끝까지 내 일을 지키는 그"로 볼 수 있다.

여자가 낳은 그 아이를 하나님 앞과 그 보좌 앞으로 올려간다는 것은 "하나님의 계명을 지키며 예수의 증거를 가진 자들"에게 최후의 안식처가 있음을 말해 주는 것이다.

이 여인이 아이를 배어 해산하게 될 때에 아파서 애써 부르짖었다는 것은 교회가 "어린 양의 피와 자기의 증거 하는 말 때문에 죽기까지 자기 생명을 아끼지 않는" 그 한 사람을 잉태하기가 얼마나 큰 고난과 아픔을 무릅써야 하는 일인지, 그것을 산모의 고통에 비유하여 보여 주고 있는 것이다.

요한이 두 번째 하늘에서 본 이적은 이렇다.

"보라 한 큰 붉은 용이 있어 머리가 일곱이요 뿔이 열이라 그 여러 머리에 일곱 면류관이 있는데 그 꼬리가 하늘 별 삼분의 일을 끌어다가 땅에 던지더라. 용이 해산하려는 여자 앞에서 그가 해산하면 그 아이를 삼키고자 하더니."(3,4)

용이 사단과 마귀를 상징하고 있다면 교회핍박의 영적인 근원지는 바로 보이지 않는 실체에 있음을 보여 준다. 해산하는 아이를 삼키기 위해 용이 여인 앞에서 대기중인 이 그림은, 대환란 기간의 사단은 참 신자의 숨통을 끊고 멱통을 따 버리기 위해 매우 가혹한 핍박의 기세를 부리게 될 것을 예고한다.

용의 일곱 머리가 교회를 핍박하는 일곱 세력, 일곱 왕을 가리킨다고 볼 때에(계17:9,10), 열 뿔인 열 왕도 아직 나라를 얻지 못하였지만 짐승으로 더불어 임금처럼 권세를 일시 동안 받는다.(계17:12)

그러나 용이 등장하여 여인을 해치려는 이적보다 여인이 아파 애를 쓰며 아이를 해산하려는 이적이 더욱 진귀한 이적이다. 여인의 머리에도 열두 별의 면류관을 썼지만, 큰 붉은 용도 머리에도 일곱 면류관을 쓰고 있다.

계시록에는 세 종류의 면류관이 등장한다. 한국어로는 모두 면류관으로 번역되어 있지만 헬라어에서는 각기 다른 단어가 사용되고 있다.

첫째는 용이 쓰고 있는 면류관으로, 헬라어에서는 디아데마타

(διαδήματα)로 쓰였고, 이 말은 영어의 Diadem(왕권의 상징으로 쓰는 왕관)의 의미를 지닌다.

이 면류관(13:1)은 짐승도 쓰고 있는 면류관이고, 용이 쓰고 있는 이 왕관은 자신의 왕됨을 과시하며 절대적 왕권을 흉내 내지만 용의 최후는 불과 유황의 못에 던져져 짐승과 거짓 선지자와 함께 밤낮으로 영원히 고통당하게 된다. 반면에 충신과 진실의 백마 탄 자(19:12)도 이 면류관(Diadem)을 쓰고 있다. 이는 진정한 왕만이 이 면류관을 쓸 수 있기 때문이다.

둘째는 여인이 쓰고 있는 열두 별의 면류관(12:1)이다.

이 면류관은 스테파노스(στέφανος)로서 영어의 wreath이고 둥그런 화관을 의미한다. 이 면류관은 예수님께서 서머나 교회를 향해 "네가 죽도록 충성하라 그리하면 내가 생명의 면류관을 네게 주리라"(계 2:10)할 때의 그 면류관이다.

또한 빌라델비아 교회를 향해서도 "내가 속히 임하리니 네가 가진 것을 굳게 잡아 아무나 네 면류관을 빼앗지 못하게 하라"(계3:11)고 당부하시던 면류관이며, "이십사 장로들이 흰 옷을 입고 머리에 금 면류관을 쓰고 앉았더라"(계4:4)할 때의 그 면류관이다.

첫째 인을 뗐을 때에 등장하고 있는 백마 탄 자도 바로 이 면류관을 쓰고 있음에 유의 할 필요가 있다.

“내가 이에 보니 흰 말이 있는데 그 탄 자가 활을 가졌고 면류관을 받고 나가서 이기고 또 이기려고 하더라.”(계6:2)

혹자는 흰 말 탄자가 적그리스도라고 주장한다. 그렇다면 이 적그리스도가 짐승들이 쓰던 디아데마타(διαδήματα)를 쓰지 않고, 어찌하여 죽도록 충성한 자가 받을 스테파노스(στέφανος)를 쓰고 있는지를 해명할 필요가 있다.

끝으로 이 면류관은 이(利; 날카로울 리) 한 낫을 가지고 마지막 수확을 하는 사람의 아들과 같은 이가 머리에 쓰고 있다. (계14:14)

세 번째 종류의 면류관은 다섯째 천사가 나팔을 불었을 때에 나타난 황충이 쓰고 있는 면류관이다.

“황충들의 모양은 전쟁을 위하여 예비한 말들 같고 그 머리에 ‘금 같은 관 비슷한 것’을 썼으며 그 얼굴은 사람의 얼굴 같고”(계9:7)

여기 황충이 쓰고 있는 면류관은 스테파노스(στέφανος) 이기는 하지만 진품이 아닌 모조품을 쓰고 있다. ‘금 같은 관 비슷한 것’, 헬라어는 ὡς στέφανοι ὅμοιοι χρυσῷ 이고, 영어로는 were something like wreath like gold 로서 ‘금 같은 면류관 비슷한 것’이다.

황충의 정체를 이렇게 밝힌다.

“그들에게 왕이 있으니 무저갱의 사자라 히브리 음으로 이름은 아바돈이요 헬라 음으로 이름은 아볼루온이더라.”(계9:11)

황충은 거짓의 아비인 사단에게 속해 있는 악한 영으로서, 자신을 위장하기에 능하기 때문에 그 얼굴은 사람의 얼굴 같으면서 머리에는 금같은 면류관 비슷한 것을 쓰고 세상을 현혹시키고 있다.

한편 큰 붉은 용은 끊임없이 아이를 낳은 여인을 박해하지만 그 여인은 하나님의 예비해 놓으신 광야로 도망하여 거기서 일천 이백 육십일 동안 저를 양육하게 된다.

이 여인의 도피하는 모습을 이렇게 묘사하고 있다.

"그 여자가 큰 독수리의 두 날개를 받아 광야 자기 곳으로 날아가 거기서 그 뱀의 낯을 피하여 한 때와 두 때와 반 때를 양육 받으매."(14)

일찍이 구약의 계시록이라 일컫는 다니엘서에도 이미 동일한 예언이 선포되었다.

"그가 장차 말로 지극히 높으신 자를 대적하며 또 지극히 높으신 자의 성도를 괴롭게 할 것이며 그가 또 때와 법을 변개코자 할 것이며 성도는 그의 손에 붙인바 되어 한 때와 두 때와 반 때를 지내리라."(단7:25)

한 때와 두 때와 반 때는 3년 6개월을 의미하며, 이 기간은 달 수로 마흔 두 달, 날 수로 일천이백육십 일이다.

후삼 년 반의 대환란기는 큰 붉은 용이 두 짐승인 적그리스도를 일으켜 교회를 말살시키고 크리스천의 씨를 말리는 기간이다. 이 기간은 무저갱으로부터 올라오는 짐승이 성령의 기름부음 받은 교회들인 두 증인과 더불어 전쟁을 일으켜 저희를 이기고 저희를 죽이는 시기이다.(계11:7)

동시에 하나님은 교회를 상징하는 여인을 광야로 도피시켜 거기서 일천이백육십 일 동안 저를 양육하기 위해 예비처를 마련하신다고 했다.

그렇다면 하나님의 예비하신 광야는 어디인가?

광야는 이스라엘 백성들이 신앙을 훈련받기 위해 40년 동안 머문 곳이고, 이스라엘 백성들은 이곳에서 하나님의 임재를 체험하게 된다. 즉 광야는 하나님의 실존을 체험하는 곳이라는 상징적인 의미를 지닌다. 따라서 광야를 특정 장소로만 인식할 필요는 없다.

하나님은 자신이 지명하여 부르신 자에게 물 가운데로 지날 때에 함께하시고, 강을 건널 때에 물이 침몰치 못하게 하시고, 불 가운데로 행할 때에 타지 않게 하시고, 불꽃이 사르지도 못하게 하시마 약속하신 분이기 때문이다. (사43:2)

물론 하나님께서 특정한 사람들을 위해 특정 장소를 안전 처소로 예비하실 수 있지만, 특정 장소에서 벗어났다고 하나님의 보호를 받지 못하는 것은 아니다. 중요한 것은 대환란기에는 살려는 마음보다 죽고자 하는 마음을 견지해야 하는 것이다.

이때에는 하나님의 계명을 지키며 예수의 증거를 지키기 위해 모든 것을 내려놓고 모든 것을 포기하고 모든 것을 체념해야 하는 국면이다.

"몸은 죽여도 영혼은 능히 죽이지 못하는 자들을 두려워하지 말고 오직 몸과 영혼을 능히 지옥에 멸하시는 자를 두려워하라."(마10:28)

11절에 용을 이기는 비결을 단호한 어조로 말씀한다.

"또 여러 형제가 어린 양의 피와 자기의 증거하는 말을 인하여 저를 이기었으니 그들은 죽기까지 자기 생명을 아끼지 아니하였도다."

어린 양의 피로 거듭난 자는 어린 양의 피가 어떤 극한 상황에서도 저를 배신하지 않는 힘을 주는 것이고, 자신의 이러한 신앙고백을 공개적으로 증언해야 하는 상황에서 생명을 아끼지 않음으로써 사단을 이기게 된다는 것이다.

결국 살면 지는 것이고, 죽으면 이긴다는 요지이다.

"사느냐 죽느냐", "살 것이냐 죽을 것이냐"하는 영적 싸움은 미가엘과 용의 대결에서, 용과 여인의 전투에서 그리고 용과 성도들의 전쟁에서 치열하게 진행된다.

그러나 하늘에서 큰 음성이 들려온다.

"이제 우리 하나님의 구원과 능력과 나라와 또 그의 그리스도의 권세가 이루었으니 우리 형제들을 참소하던 자 곧 우리 하나님 앞에서 밤낮 참소하던 자가 쫓겨났고….''(10)

이미 그리스도의 권세로 이겨 놓은 싸움을 싸우는 것이다. 이 싸움에 참여하여 이기는 자에게 주님께서 약속하신 그 영광의 스테파노스(στέφανος)를 씌워주실 것이다.

28_ 바다에서 올라 온 짐승과 싸우는 성도들의 인내와 믿음

(계13:1-10)

> 이 땅에 사는 자들이 다 짐승에게 경배할 시기에는 성도들의 인내
> 와 믿음이 저울에 달리는 때이며, 끝까지 견딜만한 신앙의 뿌리가
> 깊이 박혀있지 않으면 구원의 문턱을 넘을 수 없다. "순교할 것이
> 냐, 배교할 것이냐" 둘 중 하나의 길을 택해야만 하는 얄궂은 운명
> 에 맞닥뜨리게 될 것이다.

크리스천들에게 있어 대환란의 클라이막스는 적그리스도의 출현에 있다.

자연재해나 전쟁 등은 그 어떤 것도 자신의 결정이나 힘으로 살아남을 수 있는 것이 아니라는 점에서 하나님의 도우심을 간구할 수 있다. 그러나 적그리스도가 통치하는 시대에는 그리스도인으로서 자신의 정체성을 공적으로 드러내야 하기 때문에 하나님의 도우심도 자신의 선택을 초월할 수 없는 때이다.

"내가 보니 바다에서 한 짐승이 나오는데 뿔이 열이요 머리가 일곱이라 그 뿔에는 열 왕관이 있고 그 머리들에는 신성 모독 하는 이름들이 있더라.

내가 본 짐승은 표범과 비슷하고 그 발은 곰의 발 같고 그 입은 사자의 입 같은데 용이 자기의 능력과 보좌와 큰 권세를 그에게 주었더라.

그의 머리 하나가 상하여 죽게 된 것 같더니 그 죽게 되었던 상처가 나으매 온 땅이 놀랍게 여겨 짐승을 따르고 용이 짐승에게 권세를 주므로 용에게 경배하며 짐승에게 경배하여 이르되 누가 이 짐승과 같으냐 누가 능히 이로 더불어 싸우리요 하더라.

또 짐승이 과장되고 신성 모독을 말하는 입을 받고 또 마흔두 달 동안 일할 권세를 받으니라.

짐승이 입을 벌려 하나님을 향하여 비방하되 그의 이름과 그의 장막 곧 하늘에 사는 자들을 비방하더라.

또 권세를 받아 성도들과 싸워 이기게 되고 각 족속과 백성과 방언과 나라를 다스리는 권세를 받으니 죽임을 당한 어린 양의 생명책에 창세 이후로 기록되지 못하고 이 땅에 사는 자들은 다 짐승에게 경배하리라.

누구든지 귀가 있거든 들을지어다. 사로잡힐 자는 사로잡혀 갈 것이요 칼로 죽을 자는 마땅히 칼에 죽을 것이니 성도들의 인내와 믿음이 여기 있느니라."

배교의 길을 걸으면 양심이 고통스럽고, 순교의 길을 걸으면 육신이 고통스러울 것이다. 이러한 시기를 한 폭의 그림에 담아 본다면 "양의 옷을 입고 노략질하는 이리"가 그리스도인들을 삼키려고 사자의 입과 곰의 발을 갖춘 표범으로 변모하는 모습이다.

12장에서는 이러한 적그리스도를 세우고 있는 용의 실체를 정확하게 한 문장으로 묘사한다.

"큰 용이 내어 쫓기니 옛 뱀 곧 마귀라고도 하고 사단이라고도 하는 온 천하를 꾀는 자라 땅으로 내어 쫓기니 그의 사자들도 저와 함께 내어 쫓기니라."(계12:9)

표준국어대사전에 나와 있는 용에 대한 서술은 이렇다.

"상상의 동물 가운데 하나. 몸은 거대한 뱀과 비슷한데 비늘과 네 개의 발을 가지며 뿔은 사슴에, 귀는 소에 가깝다고 한다. 깊은 못이나 늪, 호수, 바다 등 물속에서 사는데 때로는 하늘로 올라가 풍운을 일으킨다고 한다."

동서양을 막론하고 '용(龍)을 상상의 동물 가운데 하나'로 상상해 낸 것 자체가 인간에게 주어진 선험적(先驗的) 능력인 영감(靈感)이 존재하기에 그 신통력 있는 상상을 일으키고 있다. 더욱이 사단의 꾀임을 받아 죄의 덫에 걸려 선악과를 따 먹어 버린 인간의 후험적(後驗的)인 체험이 더욱 용의 실존을 부인할 수 없게 만든다. 뿐만 아니라 하나님을 대적하는 사단의 교만한 죄가 인간의 마음속에서도 꿈틀거리며 추체험(追體驗)되고 있기 때문에 그 상상력은 매우 정교한 현실이 된다.

하늘에서 내어 쫓긴 큰 용과 바다에서 나오는 짐승이 만나는 곳이 바로 이 땅이고 따라서 지상의 거민들과 성도들은 이 짐승의 음흉한 손아귀에 들어갈 수 밖에 없다.

대환란기에 적그리스도와 숙명적으로 만나지 않고는 그리스도와 운명적으로 만날 수 없다. 싫든 좋든 적그리스도는 내 신앙의 인내력을 시험할 것이기 때문에 심사 다부지게 먹고 그야말로 "용용(龍龍) 죽겠지" 하는 마음으로 참고 견디고 싸워 이기는 길 외에는 출구가 없다.

불행하게도 이 싸움의 결말은 이렇게 맺는다.

"내가 본즉 이 뿔이 성도들로 더불어 싸워 이기었더니."(단7:21)

이때에는 예수 사랑의 시험무대가 될 것이기 때문에 변명과 배교는 결국 죽음의 키스를 부르고 말 것이며, 오직 인내와 믿음으로 죽어야 살고 밟혀야 일어설 뿐이다.

짐승은 용에게 끊임없이 파워를 공급받아 카리스마적인 권위를 형성하여 대중의 인기를 끌어 모으고 지배체계를 형성한다.

짐승이 용에게 받은 권위 유형은 매우 다양하다.

첫째 짐승은 용에게 카리스마적 정치력과 종교적 신성함마저 부여받는다.

"용이 짐승에게 권세를 주므로 용에게 경배하며 짐승에게 경배하여 이르되 누가 이 짐승과 같으냐 누가 능히 이로 더불어 싸우리요 하더라."(4)

만인이 우러러 존경하는 나머지 용과 짐승을 경배(worship)하며 숭상하고 숭배한다. 바다에서 올라 온 적그리스도는 명실공히 사단숭배자로서 자신의 배후에 있는 사단숭배를 조장하고 강요할 것이다. 그러나 그가 풍기는 권위에 압도되어 그 앞에서 다 꼬리를 내리며 그와 싸울 엄두조차 내지 못한다.

둘째, 적그리스도인 짐승은 사단인 용에게 뱀의 혀를 가진 달변의 달란트도 받는다.

"또 짐승이 과장되고 신성 모독을 말하는 입을 받고 또 마흔두 달 동안 일할 권세를 받으니라."(5)

다니엘이 본 환상 중에 적그리스도를 상징하는 '작은 뿔'의 입도 큰 말을 하는 것으로 예언 한다.(단7:8)

'큰 말'은 보통 사람이 하기 어려운 매우 충격적이고 과감한 말일 것이다. 용의 기(氣)를 받아 거짓에 능통한 언변술사가 됨으로서 말재주로 마술을 부리고 말로다 사람을 홀리고 미혹한다.

셋째, 그는 신성모독의 능력을 받는다.

적그리스도의 이러한 설득력 있는 언변술은 마침내 교묘히 하나님의 신성을 모독하고 예수 그리스도의 이름을 경멸하는데서 절정을 이루어 마침내 대중들의 공감을 크게 유발시킬 것이다.

"짐승이 입을 벌려 하나님을 향하여 훼방하되 그의 이름과 그의 장막 곧 하늘에 거하는 자들을 훼방하더라."(6)

짐승의 이러한 훼방이 대중매체를 통해 전 세계에 방영될 것이고, 언론이 선도적으로 적그리스도를 미화하고 칭송할 것이다.

넷째, 짐승은 용에게 우월한 종교적 능력과 세상을 다스리는 지배권을 부여 받는다.

"또 권세를 받아 성도들과 싸워 이기게 되고 각 족속과 백성과 방언과 나라를 다스리는 권세를 받으니."(7)

각 족속과 백성과 방언과 나라를 다스리는 정치적 권력의 힘은 세계 전역을 단일국가로서 지배하는 중앙정부인 '세계 정부'(World Government)의 실현을 가능케 만들 것이다. 세계 전체가 단일정부 하나로 이루어질 경우 하나의 통치체제는 모든 하위 권력을 쉽게 제어할 수 있고, 이것은 간결하게 교회와 성도들을 핍박하는 통로가 된다.

이 땅에 사는 자들이 다 짐승에게 경배할 때에 그리스도인들과 교회에도 매서운 칼바람과 잔혹한 피바람이 매우 거세게 불어 닥침으로서 "순교할 것이냐, 배교할 것이냐" 둘 중 하나의 길을 택해야만 하는 얄궂은 운명에 맞닥뜨리게 될 것이다. 이러한 정황을 계시록은 이렇게 표현한다.

"죽임을 당한 어린 양의 생명책에 창세 이후로 녹명되지 못하고 이 땅에 사는 자들은 다 짐승에게 경배하리라."(8)

이 말은 생명책에 이름이 기록된 자들이 짐승에게 경배하지 않는다는 것이 아니라, 짐승에게 경배하지 말아야 생명책에 이름이 기록된다는 말이다.

어린 양의 생명책에 기록되는 자들은 어린 양과 불가분리의 관계가 형성된 자들이다. 어린 양의 피로 거듭 난 자는 어린 양을 위해 자기 생명을 아끼지 않는 자(12: 11)이고, 어린 양이 어디로 인도하던지 따라가는 자(14: 4)이다.

"누구든지 귀가 있거든 들을지어다." 라는 주님의 경고는 이 예언의 내용에 대해 귀를 의심하지 말라는 것이다.

바다(열국)에서 이 짐승이 출현한다는 것은 짐승이 나타나기 전까지 매우 예측불허의 인물일 수 있고, 적그리스도는 열 뿔 열 왕과 일곱 왕의 배경을 두고 있다.

계17장에 이 열 뿔 일곱 머리에 대해 상세히 기술한다.

머리들에 참람된 이름들(name of blasphemy)이 있다는 것으로 미루어 볼 때 이는 생각 속에서부터 하나님을 대적하는 적그리스도의 기운을 강하게 형성하고 있는 자이다. 게다가 곰의 발과 사자의 입을 갖춘 날렵한 표범의 몸매를 갖추어 매우 호전적이고 포악한 성품을 구비한 그에게 용은 자기의 능력과 보좌와 큰 권세를 쏟아 붓는다.

이때의 상황을 주님께서 이렇게 예고하신다.

"그 때에 사람들이 너희를 환난에 넘겨주겠으며 너희를 죽이리니 너희가 내 이름을 위하여 모든 민족에게 미움을 받으리라."(마24:9)….
"그러나 끝까지 견디는 자는 구원을 얻으리라."(마24:13)

성도들의 인내와 믿음이 저울에 달리는 시기이며, 끝까지 견딜만한 신앙의 뿌리가 깊이 박혀있지 않으면 구원의 문턱을 넘을 수 없다.

다니엘은 이 혹한기에 대해 이렇게 예언한다.

"내가 들은즉 그 세마포 옷을 입고 강물 위에 있는 자가 그 좌우 손을 들어 하늘을 향하여 영생하시는 자를 가리켜 맹세하여 가로되 반드시 한 때 두 때 반 때를 지나서 성도의 권세가 다 깨어지기까지이니 그렇게 되면 이 모든 일이 다 끝나리라 하더라." (단12:7)

성도의 권세가 다 깨어지기까지 하나님은 침묵하실 테고, 하나님이 침묵하시는 기간이야말로 성도의 신앙의 진위가 드러나는 때이다.

29_두 번째 짐승의 두 가지 계략
(계13:11-18)

> 우상숭배를 강요하는 사회구조와 짐승의 표를 받아야 경제행위
> 를 할 수 있는 사회 시스템이 맞물려 돌아가는 세상에서, 하나님의
> 계명과 예수 믿음 한 가지를 위해 죽음으로 고수할 자가 과연 얼마
> 나 있을까?

계시록이 한 편의 시네마라고 한다면 이 영화는 두 짐승의 출현을 기점으로 전율(thrill), 긴장(suspense), 공포(horror) 미스테리(mystery)의 분위기가 최고조에 달한다.

두 번째 땅에서 올라 온 짐승은 얼핏 보면 어린양 같이 순진무구해 보이지만 가까이서 보면 방어와 공격용 무기인 두 뿔을 갖추었으며, 용의 생각을 가지고 용처럼 말하고 있다.

특히 이 짐승은 두 가지 획일적인 제도를 만들어 사람들로 하여금 일률적인 행위지침을 따르게 하는 통제 정책을 실행한다. 하나는 '종

"내가 보매 또 다른 짐승이 땅에서 올라오니 어린 양 같이 두 뿔이 있고 용처럼 말하더라.

그가 먼저 나온 짐승의 모든 권세를 그 앞에서 행하고 땅과 땅에 사는 자들을 처음 짐승에게 경배하게 하니 곧 죽게 되었던 상처가 나은 자니라.

큰 이적을 행하되 심지어 사람들 앞에서 불이 하늘로부터 땅에 내려오게 하고 짐승 앞에서 받은 바 이적을 행함으로 땅에 거하는 자들을 미혹하여 땅에 거하는 자들에게 이르기를 칼에 상하였다가 살아난 짐승을 위하여 우상을 만들라 하더라.

그가 권세를 받아 그 짐승의 우상에게 생기를 주어 그 짐승의 우상으로 말하게 하고 또 짐승의 우상에게 경배하지 아니하는 자는 몇이든지 다 죽이게 하더라.

그가 모든 자 곧 작은 자나 큰 자나 부자나 가난한 자나 자유이나 종들에게 그 오른손에나 이마에 표를 받게 하고 누구든지 이 표를 가진 자 외에는 매매를 못하게 하니 이 표는 곧 짐승의 이름이나 그 이름의 수라. 지혜가 여기 있으니 총명한 자는 그 짐승의 수를 세어 보라 그것은 사람의 수니 그의 수는 육백육십육이니라."

교의 통합'이고, 다른 하나는 '경제수단의 통합'이다.

먼저 나온 짐승은 죽게 되었다 상처가 나은 자로 서열상 상위계급에 있는 것으로 보이고, 나중 나온 짐승은 19장 20절에 의하면 '거짓 선지자'로 명시하고 있다. 죽게 되었던 상처가 나아도 개과천선하지 못한 것을 보면 천부적인 어둠의 자식으로 출생한 자이다.

'용', "바다에서 올라 온 짐승", 그리고 "땅에서 올라 온 짐승"의 삼두체제가 당분간 이 세상을 쥐락펴락 할 것이다.

용이 처음에 나온 짐승에게 자기의 능력과 보좌와 큰 권세를 그에게 주었다는 것은 처음에 등장한 적그리스도가 평소에 사단숭배의 컬트의식에 길들어진 인물로 추정할 수 있다.

참고로 음모론에서 대두되는 일루미나티의 피라미드 조직의 가장 높은 곳에는 엔키(= 루시퍼)가 있고, 일루미나티의 집하에서는 오직 하나의 종교만이 허용되며 사탄주의, 루시퍼주의, 주술들이 교회를 대치시킨다. 이들이 하나의 정부, 하나의 종교를 추구하며 그들의 게임 카드에 나와 있는 '휴거'(rapture)후 설립할 새시대의 신세계질서를 눈여겨 볼 필요가 있다.

나중에 나온 짐승은 먼저 나온 짐승의 모든 권세를 그 앞에서 행하고, 땅과 땅에 거하는 자들로 하여금 처음 짐승에게 경배하게 한다. 나중에 나온 짐승은 처음에 나온 짐승을 경배하게 하고, 처음에 나온 짐승은 용을 경배하며 지목한다.

땅에서 올라온 짐승이 이러한 종교통합의 효율을 극대화시키기 위해 큰 이적을 행하되, 심지어 사람들 앞에서 불이 하늘로부터 땅에 내려오게 한다.

사람들은 불이 하늘에서 땅으로 내려오는 가시적인 현상을 직접 목격할 때에 이적이 창출하는 경이와 감탄 그리고 충격의 효과에 완전히 흡입되어 주최자의 주장에 쉽게 설복 당하게 된다. 그러나 그 이적이 알고 보면 미혹(deveiveth)하는 것으로 "땅에 거하는 자들"을 속이고 기만하여 길을 잃게 만드는 것이다.

"땅에 거하는 자들"은 <어린 양의 생명책에 창세 이후로 기록되지 못하고 이 땅에 사는 자들>로 다 짐승에게 경배할 것을 예고한다.(8)

두 번째 짐승이 땅에 거하는 자들로 하여금 처음 짐승에게 경배하게(worship)한다는 것은 개인 신격화의 우상을 만들어(make an image) 숭배를 조장하는 것이다. 이러한 아이디어와 강압 드라이브는 용에게서 비롯된 것으로 크리스천들로 하여금 십계명을 범하게 유도하는 지능적인 계략이자 덫이다.

바울은 데살로니가교회 교우들을 향해 예수 그리스도의 재림 전에 발생할 두 가지 주요 사건들을 지적한다.

첫째는 배도하는 일(falling away)이 있을 것이고, 둘째는 불법의 사람 곧 멸망의 아들이 나타나서 하나님의 성전에 앉아 자기를 하나님

이라 한다는 것이다.(살후2:3,4)

불법의 사람 곧 멸망의 아들인 적그리스도가 등장한다는 것은 첫째 짐승을 신격화하려는 둘째 짐승의 시도와 일치하는 대목이다.

적그리스도가 하나님의 성전에 앉아 자기를 하나님이라고 하기 위해서는 예루살렘 제3성전의 회복이 이루어 질 때에 가능하다. 그러나 이곳은 현재 이슬람의 성지인 오마르 사원(황금사원)이 있기 때문에 제3성전을 건축하기 위해서는 이슬람권 세력들과 평화계약을 맺거나 또는 한판 전쟁이 불가피해진다. 그럼에도 불구하고 유대인들은 제3성전을 짓기 위해 모든 재료와 제사도구들을 만들어 놓고 대기 중인 것이 이미 언론에 공개되었다. 이것이 현실화되고 있는 첫 걸음이 바로 트럼프 미 대통령을 통한 미 대사관의 예루살렘 이전이다.

트럼프 대통령이 예루살렘 성전을 회복시킬 것인지에 촉각이 곤두서 있는 이유는 바로 성전회복이 이루어져야 적그리스도가 등장할 수 있기 때문이고, 적그리스도의 등장은 바로 대환란과 그리스도의 재림의 단초가 되기 때문이다.

한편 두 번째 적그리스도는 용에게 능력을 받아 그 짐승의 우상에게 생기를 주고, 그 짐승의 우상으로 말하게 한다. 우상이 살아 꿈틀거릴 뿐만 아니라 말까지 한다면 이러한 기적적인 사건 앞에 탄복하며 굴복치 않을 자들이 과연 얼마나 있겠는가?

하늘에서 불이 내려오고 우상이 꿈틀거려 말을 하는 초자연적인 사건들은 기성종교가 지닌 특성을 능가하여 대중들로 하여금 짐승에 대한 우상숭배의 합리적 선택을 용이하게 촉진시킬 것이다. 만약 이 두 번째 적그리스도가 기독교와 가장 적대적인 종교와 결부되거나 그에 편승한다면, 기독교의 위상은 급속히 추락할 것이고 많은 기독교인들의 배도적 개종이 이루어질 수 있다.

예수님은 이러한 상황을 이렇게 예고하셨다.

"거짓 그리스도들과 거짓 선지자들이 일어나 큰 표적과 기사를 보이어 할 수만 있으면 택하신 자들도 미혹하게 하리라.(마24:24)

문제는 여기서 끝나지 않고 이제부터 시작이다.

"또 짐승의 우상에게 경배하지 아니하는 자는 몇이든지 다 죽이게 하더라."(15)

짐승의 종교로 개종을 하던가 아니면 짐승같이 죽음을 당하든가 선택은 자유지만 책임은 막중하다. 그 누구도 나를 대신해 줄 수 없고 나 역시 그 누구도 도와 줄 수 없어 오직 죽는 길만이 사는 길이다. 몇이든지 다 죽인다는 것은 숫자에 연연하지 않고 죽이겠다는 것이고, 이 때에 사람의 목숨은 파리 목숨이 된다.

그렇다면 이 짐승이 만든 우상은 과연 어떤 성격의 우상일 것인가?

전형적인 우상의 형태는 다니엘 시대의 느부갓네살 왕이 세운 금신상의 유형으로, 이러한 고전적 스타일은 어떤 형상을 만들어 놓고 엎드려 절하며 숭상케 한다.

그런데 두 번째 짐승이 조성할 사회 시스템에서는 '짐승의 표'를 받지 않는 자들의 경제행위(매매)를 단절시키기 위해 베리칩이라는 현대화된 과학 기술체계가 동원된다. 이것을 고려할 때에, 그가 만들어놓을 강제적 숭배의 우상 역시 고전적인 이미지보다는 현대인들을 사로잡을 만한 최첨단의 과학 기술의 산물임을 가정할 수 있다.

성경은 이 짐승의 우상이 단순한 우상이 아니라 생기가 들어가 저가 말하기까지 하는 우상이라고 한다.

"그가 권세를 받아 그 짐승의 우상에게 생기를 주어 그 짐승의 우상으로 말하게 하고"(15)

이 예언과 자연스럽게 연상되는 현대화된 이미지가 있다면 단연코 첨단기술의 인공지능도구(AIT; artificial Intelligence Tools)일 것이다. 알파고가 이세돌과의 바둑에서 승리한 것은 인공지능이 '인간이하'의 지능이 아닌 '인간이상'의 지능이었기 때문이다.

어떤 한 분야의 유능한 일인자가 인공지능 앞에 무릎을 꿇어버린 이 상징적 사건은 매우 섬뜩하고 불길한 징조이다. 이것은 인공지능이 사람의 자리를 점령할 뿐만 아니라 마침내 신의 자리를 차지하게 될 것을 예감케 한다.

이 '인공지능'은 과거의 컴퓨터공학과는 전혀 다른 발상에서 시작되었다고 한다. 기존의 컴퓨터공학은 논리(algorithm)를 사람이 제공하고 '입력 값'을 넣어 '결과'를 구하는 것이라면, 인공지능은 인간이 데이터를 주고 컴퓨터가 논리를 만든다는 것이다. 그 결과 인간은 그 논리적 과정을 모르기 때문에 막연한 기대와 두려움을 느끼는 것이고, 이러한 '기대감'과 '공포'는 어느 날 갑자기 우리 눈앞의 현실로 닥치는 것이다.

2019년 10월 말경, 문대통령은 4차 산업의 총아라 일컫는 AI 분야를 전폭 지원하는 'AI 정부 되겠다'며 새해 예산에 1조 7천억 원을 배정하기로 했다. 이것은 인공지능의 중요성을 국가적인 차원에서 인지하고 있다는 단적인 예이다.

"인공지능로봇"은 인간의 지적인 약점을 소프트웨어인 인공지능을 통해서 보완하고, 신체적 약점은 하드웨어인 로봇기술을 통해서 강화시킨다고 한다. 물질차원의 '몸'인 '공간'뿐만 아니라 비물질적 차원의 '마음'인 '홀로그램'까지 조화시켜 하나의 통일체로 구성하는 것이다.

2018년 1월 30일, 홍콩에 본사를 둔 핸슨 로보틱스(Hanson Robotics)가 인공지능(AI) 로봇 소피아를 한국에서 첫 선을 보였는데 인간과 흡사한 외모에 비교적 능숙한 대화 기술로 대중의 큰 관심을 끌었다.

핸슨 대표는 "천재 기계(Genius Machines)가 우리의 목표다. 이를 위해서는 로봇이 상상력을 갖게 해야 한다"고 역설했다. 또한 "우리는 로봇에 생명을 불어넣는 역할을 한다"며 "로봇이 창의적이고, 자기 자신을 인식하게 하는 목표를 하고 있다"고 밝혔다.

그는 "AI의 잠재력을 충분히 발휘하기 위해서는 AI 로봇도 인격체를 가질 수 있도록 해야 한다"고 강조했다.

로봇을 만드는 사람의 '사람 이상의 로봇'을 만들고 싶어 하는 심리적 표출은 마침내 '신 같은 로봇'을 출현시킬 것이고, 그 때에 이 로봇은 절대적 지배의 대중적 욕구를 창출하기에 충분할 것이다.

만약 두 번째 짐승이 로봇에게 생기를 불어 넣어 그 짐승의 우상으로 말하게 하는 일을 상상해보자. 완벽히 사람과 똑같은 로봇이 더욱이 황홀하게 잘 생기거나 눈부시게 아름다운 로봇이 유창한 말솜씨로 천재적인 기지를 발휘한다면 손색없는 만인의 우상이 될 것이다.

인공지능로봇의 마력에 많은 대중들이 사로잡혀 그 로봇을 숭상하는 일이 벌어진다면, 마침내 그 우상은 창조주 하나님을 대적하여 그 영광을 도적질하고야 말 것이다.

사탄의 능력, 적그리스도의 카리스마 그리고 우상의 지능이 삼위일체를 이루어 후삼 년 반 환란기에 많은 영혼들을 지옥으로 쓸어 넣을 것이다.

거짓 선지자가 추진하는 두 번째 새로운 세계의 질서는 경제수단의 통합이다.

"저가 모든 자 곧 작은 자나 큰 자나 부자나 빈궁한 자나 자유한 자나 종들로 그 오른손에나 이마에 표를 받게 하고 누구든지 이 표를 가진 자 외에는 매매를 못하게 하니 이 표는 곧 짐승의 이름이나 그 이름의 수라."(16-17)

‘표’에 해당하는 헬라어는 카라그마(χάραγμα)로, 이 표를 받는다는 것은 그 사람이 짐승의 종교에 소속한다는 것이고, 그 종교와의 명백한 결합을 나타내는 상징이며, 부인 할 수 없는 정체성을 부여받는다는 표시이다. 즉 "나는 짐승의 사람입니다" 라는 공적인 자기선언인 것이다.

표를 받는 대상이 '모든 자'라는 점에서 이때에는 새로운 세계의 질서가 이미 성립되어 짐승의 통치가 생활 일반은 물론이고 정신세계와 영적인 세계까지 깊이 침투해 있을 때이다.

짐승의 우상에게 경배하지 아니하는 자를 다 잡아 죽일 때에 숨는 길을 찾아 나선다면 어느 정도까지는 버티어 볼 수 있을 것이다. 그러나 짐승의 표를 받지 않은 자가 매매를 할 수 없는(no man might buy or sell) 세상이 올 때에는 숨는 것 자체가 죽는 것이다. 절박한 민생고의 장기화된 기닉(饑溺)현상을 극복할 만한 대안을 찾기란 그리 쉽지 않기 때문이다.

우상숭배를 강요하는 사회구조와 짐승의 표를 받아야 경제행위를 할 수 있는 사회 시스템이 맞물려 돌아가는 세상에서, 하나님의 계명과 예수 믿음 한 가지를 위해 죽음으로 고수 할 자가 과연 얼마나 있을까? 더군다나 짐승의 표(mark)를 오른 손이나 이마에 받아야 한다는 것은 다른 한편으로는 전 국민이 통제 시스템 속에 들어 가 감시의 대상이 된다고 볼 수 있다. 이것은 짐승에 대한 우상숭배에 예외를 두지 않겠다는 단호한 용과 짐승들의 계략으로, 궁극적으로는 크리스천들의 숨통을 조이고 먹통을 따기 위한 전략이다.

이 '표'가 무엇인지에 관해 현재로서는 '베리칩 가설'이 가장 설득력이 높다.

"누구든지 이 표를 가진 자 외에는 매매를 못하게 하니"(17)라는 대목이 이 문제를 풀 수 있는 마스터 키이기 때문이다.

"누구든지 이 표를 가진 자 외에는 매매(buy or sell)를 못하게 하니"(17)라는 말씀을 상징으로 볼 사람은 없을 것이다.

현대인들은 물건을 살 때에 바코드를 찍고 가격이 나오면 신용카드를 긁어 물건을 사는데 익숙해져 있다. 만약 신용카드 대신에 베리칩을 오른 손에나 이마에 심는다면 더욱 편리한 기능을 갖추게 될 것이다.

이 베리칩 기능은 물건을 매매하는 데에만 사용하는 것이 아니라, 짐승의 우상에게 경배하는데 있어 가장 편리한 인원점검과 신원확인의 체크 기능을 감당 할 수 있다.

아스펙미래기술경영연구소 소장은 2019년 인터뷰에서 국내 가장 기대되는 미래 사업으로 '생체인터넷(IoB)'과 '생체에너지'를 꼽았다. 그는 "생체인식 기술은 사물인터넷 기반인 스마트 워치와 스마트 밴드 등 착용형 장비와 웨어러블 디바이스 등의 형태로 발달하고 있지만, 향후에는 인체에 패치를 부착하는 기술, 몸속에 칩을 이식하는 기술, 먹는 스마트 알약 기술 등 공상과학 영화 소재가 현실화될 것"이라고 예견한다. 그런 의미에서 볼 때 '베리칩 가설'이 666을 해석하는

데 매우 현실적인 타당성을 얻는다고 볼 수 있다.

계시록은 먼 별나라의 이야기가 아닌 지구촌 한복판에서 발생 할 사건들이기 때문에 현실과 동떨어진 괴리한 예언으로 해석하는 것은 무리이고 무의미하다. 계시록의 가장 정확한 주석은 당대의 사건들과 사회적 현상들로 스스로 해석하도록 유도하는 일이다.

그런데 이 표가 무엇인지를 아는 방법으로, 계시가 아닌 인간의 지혜로 이 짐승의 수를 세어 보라는 것이고, 그 수는 사람의 수로서 육백육십륙이라는 것이다.

참고로 히브리어와 헬라어와 영어에는 우리말에 없는 숫자 값이라는 것이 있는데 이것을 게마트리아(gematria)라고 한다.

'computer'라는 단어의 숫자 값을 계산할 때 666이 나온다.

Computer= c(18) + o(90) + m(78) + p(96) + u(126) + t(120) + e(30) + r(108) = 666

컴퓨터가 이미 현대인들의 삶을 바꾸어 놓았고, 이제는 절대적인 필수품으로 자리 잡고 있으며, 더욱 미래사회에 혁명적인 삶의 패턴을 이룩할 것이다.

바다에서 올라 온 짐승과 땅에서 올라 온 짐승들인 적그리스도의 목적은 사탄을 숭배케 하는 것이고, 이 목적을 달성하는 방법으로 우상숭배와 짐승의 표를 받게 하는 것이다. 따라서 모든 인류를 통제하기 위해서는 인적자료의 컴퓨터 처리가 필수불가결한 요소이며, 이때에 모든 사람에게 짐승의 표를 받게 하여 컴퓨터 외부에 존재하는 자료를 데이터화 할 것이다.

'짐승의 표'가 무엇인지는 가장 가까운데서 찾아야 할 것이고, 짐승의 간계가 뒤에 숨어 있다는 큰 틀을 고려해야 한다.

두 짐승의 출현은 엔 타임을 살아가는 크리스천들이 안테나를 뽑고 수신해야 할 절대적인 정보들 중의 하나이다. 왜냐하면 "누구든지 짐승과 그의 우상에게 경배하고 이마에나 손에 표를 받으면 그도 하나님의 진노의 포도주를 마시리니."(계14:9)라고 말하기 때문이다.

바다에서 솟구치는 짐승과 땅에서 올라오는 짐승이 우상과 표를 만들어 땅에 거하는 자들의 영혼을 지옥 불에 처넣는 일이 우리 생애의 멀지 않은 장래에 일어날 수 있는 일임을 잊지 말고 살아야 할 것이다.

30_ 땅에서 구속함을 얻은 자들의 하늘에서 부르는 새 노래 (계14:1-5)

> 바다와 땅에서 올라 온 두 짐승들의 출현 이후 "땅에서 구속함을 얻은 십사만 사천인"이 하늘에서 새 노래를 부른다. 땅에서 구속함을 받아 하늘에서 새 노래를 부르기까지 이들의 마음세계에서 벌어졌을 첨예한 난투극은 하나님의 은혜의 햇살을 잊지 않을 때에만 헤쳐 나갈 수 있었다.

시커먼 먹구름이 머리 위를 덮고 굵은 장대비가 몰아칠 때 그 구름 윗세계에서 작열하고 있는 뜨거운 햇살의 존재감을 느끼기란 쉽지 않다.

바다와 땅에서 올라 온 두 짐승들의 출현 이후 "땅에서 구속함을 얻은 십사만 사천인"이 하늘에서 새 노래를 부른다.

땅에서 구속함을 받아 하늘에서 새 노래를 부르기까지 이들의 마음세계에서 벌어졌을 첨예한 난투극은 하나님의 은혜의 햇살을 잊지 않을 때에만 헤쳐 나갈 수 있었다. 이 과정은 마치 시공간을 초월할 수

없는 아날로그의 세계만 있는 것이 아니라, 전혀 다른 차원의 가상공
간인 디지털의 세계가 존재함을 상상해야 하는 것과 같다.

십사만 사천 인이 땅에서 구속함을 얻었다는 것은 땅의 속성인 육의
세계와의 싸움에서 이겼다는 것이고, 땅에서 올라 온 짐승의 유혹에
서도 승리했다는 것이다.

이들이 땅에서 자신의 믿음을 지켜 구속함을 얻기까지 타율적인 생
명의 소진(燒盡)을 기다려야만 하는 극한 긴장감을 겪었을 것이다.
그럼에도 불구하고 이들이 얻은 구속함은 어린 양의 피로 거듭난 이

(요한계시록14:1-5)

"또 내가 보니 보라 어린 양이 시온 산에 섰고 그와 함께 십사만 사천이

섰는데 그 이마에 어린 양의 이름과 그 아버지의 이름을 쓴 것이 있도다.

내가 하늘에서 나는 소리를 들으니 많은 물소리도 같고 큰 우렛소리와

도 같은데 내가 들리는 소리는 거문고 타는 자들이 그 거문고 타는 것 같

더라.

그들이 보좌 앞과 네 생물과 장로들 앞에서 새 노래를 부르니 땅에서

속량함을 받은 십사만 사천 밖에는 능히 이 노래를 배울 자가 없더라.

이 사람들은 여자로 더불어 더럽히지 아니하고 순결한 자라 어린 양

이 어디로 인도하든지 따라가는 자며 사람 가운데에서 속량함을 받아

처음 익은 열매로 하나님과 어린 양에게 속한 자들이니 그 입에 거짓말

이 없고 흠이 없는 자들이더라."

후 사후 세계관, 종말론적 역사관, 영적 가치관등의 숙성한 신앙인격의 면모가 있었기 때문에 가능한 것이다.

위기의 정황 혹은 도전적 환경이 끊임없이 이들의 마음속에서 이들의 믿음체계로 재해석되었을 것이고, 결국 이들을 에워싸고 있는 상황이 아무런 영향을 미치지 못하고 말았던 것이다.

이 사람들이 여자로 더불어 더럽히지 아니하고 정절이 있는 자라는 것은 육적인 의미를 초월하여 영적으로도 매우 순결하다는 것이고 배도의 갈등과 변절의 유혹을 이겨냈다는 것이다.

이성의 유혹의 강렬함을 강조하기 위해 남성에 대한 여성의 유혹으로 비유하고 있고, 배교의 유혹의 심각한 갈등을 드러내기 위해 성적 유혹에 대한 정절로 표현한다.

이들은 적극적으로 어린 양이 어디로 인도하든지 따라가는 자들이기에 님을 위한 행진을 멈추지 않는 자들이다.

"어디로 인도하든지 따라가는 자들"은 '어디만' 따라가는 자들이 아니다. '어디만' 따라 간다면 '어디쯤' 에서 멈추고 만다.

요즈음 크리스천들과 사명자들의 문제는 '어디만' 따라 갈줄 알지 '어디든지' 가지 못하는 영적 장애인이라는데 있다. 목적을 위해 어린 양을 따라 가는 것인지 아니면 어린 양을 따라 가는 것이 목적인지 혼동될 때마다 끊임없이 그 목적을 수정해 나아가야 한다.

이 찬송가는 어린 양을 따라 가는 자가 부를 수 있는 새노래로다.

1. 어디든지 예수 나를 이끌면 어디든지 예수 함께 가려네

  예수 함께 아니 가면 낙 없고 예수님과 동행하면 겁 없네

2. 세상 친구 모두 나를 떠나도 주와 동행하면 외롬 없겠네

  가는 길이 위태하고 험해도 어디든지 예수 함께 가려네

3. 어둔 그늘 나를 에워쌀 때에 주가 함께 계심 믿고 가려네

  죽은 후에 천국에서 깨어나 예수함께 길이길이 살리라

후렴) 어디를 가든지 겁낼 것 없네 어디든지 예수 함께 가려네

그런데 십사만 사천 명의 그 이마에는 어린 양의 이름과 그 아버지의 이름이 쓰여 있고 그들은 어린 양과 함께 시온 산에 서 있다.(1) 십사만 사천인은 이미 7장에 등장했던 이스라엘 자손의 각 지파 중에서 인 맞은 자의 수이다

7장의 전반부는 인 맞은 이스라엘 자손의 열 두 지파가 등장하고, 후반부는 "각 나라와 족속과 백성과 방언에서 아무라도 능히 셀 수 없는 큰 무리"들인 이방인들이 어린 양의 피로 구원받은 모습으로 등장한다.

계시록에서의 구원은 반드시 '어린 양'과 함께 성취되고 있음에 주목해야한다.

14장에 재등장하는 십사만 사천인은 "사람 가운데서 구속을 받아 처음 익은 열매로 하나님과 어린 양에게 속한 자들"이다.(4)

즉 14장에 와서는 십사만 사천 인이 문자적인 이스라엘 백성들을

가리키지 않고, 상징적인 의미의 '구원받은 백성들 전체'를 가리키고 있다.

그들의 이마에 어린 양의 이름과 그 아버지의 이름이 쓰여 있다(1)는 것은 특별한 의미가 있다.

이마는 대뇌의 앞쪽에 있는 부분으로 전두엽이라 칭하며, 뇌 과학자들은 전두엽의 가장 중요한 기능을 '자신과 자신이 아닌 것'을 구분하는 것이라고 표현한다. 따라서 이마에 어린 양의 이름과 그 아버지의 이름이 기록되었다고 하는 것은 "나는 주의 것이로소이다"하는 종속 선언이면서 동시에 "너는 내 것이다"하는 소유권 선언이다.

구속함을 받은 십사만 사천인의 눈은 시온 산에 서 있는 어린 양을 향하고, 그들의 입으로 새 노래를 부르되 그들이 새 노래를 부를 수 있는 것은 그 입에 거짓말이 없고 흠이 없는 자들이기 때문이다.

요한이 하늘에서 나는 소리를 듣자 육의 귀로 듣기는 많은 물소리도 같고 큰 뇌성도 같은데, 마음의 귀로 들리는 소리는 거문고 타는 자들의 그 거문고 타는 소리 같았지만, 영의 귀로 듣자 그들은 구속의 새 노래를 부르고 있었던 것이다

구속함을 얻었다는 뜻의 헬라어 에고라스메노이 (ἠγορασμένοι)는 아고라조(ἀγοράζω)에서 파생된 용어로 '시장에서 사다'라는 뜻을 지닌다. 마귀의 노예시장에 묶여있던 노예인 나를 예수님께서 값을 지불하고 사셔서 자유의 신분이 되게 하신 것이다.

이 구속의 값은 도저히 계산 불가능하고 지불 불가능하지만 그 채무를 탕감 받았다는 경제적 개념으로 볼 때에 은혜인 것이다. 따라서 새 노래는 과거 채무 불이행의 인생에서 현재 채무 탕감의 인생이 한껏 흥이 올라 부르는 노래이다.

어린 양이 어디로 인도하든지 따라가는 자는 콧노래를 부르면서 마음으로 따르는 동안 그 걸음걸이는 저절로 옮겨진다.

그 사람의 입속에 어떤 노래가 맴돌고 있는지가 중요한 것은 그 노래가 바로 그 사람의 운명이기 때문이다.

"새 노래로 여호와께 찬송하라 그는 기이한 일을 행하사 그의 오른손과 거룩한 팔로 자기를 위하여 구원을 베푸셨음이로다."(시98:1)

31_세 천사의 메시지 (계14:6-13)

> 첫째 천사가 심판의 시간이 이르러도 사람들이 하나님을 두려워하지도 않고 그에게 영광을 돌리지도 않는 현상을 지적했다면, 둘째 천사는 이러한 하나님 없는 바벨론의 멸망을 선포한다. 그 뒤를 따르는 셋째 천사의 메시지는 적그리스도의 시대에 어떻게 처신해야 하는지 매우 구체적인 행위지침을 제시한다.

이후 요한은 공중에 날아가는 세 천사의 메시지를 듣게 된다. 세 명의 천사들이 사뿐히 내려앉지 않고 왜 공중을 날아가며 연속으로 메시지를 전달하는 것일까?

계시록의 천사들은 하나님의 심판의 직접적인 집행자들이자 현장 실무진들로서 매우 바쁜 자들이다. 그들은 사방 분주히 날개 짓하며 메시지를 전달해야 할 만큼 심판업무의 다급한 상황을 반영하고 있으며, 그 메시지의 성격 역시 역동적이고 촉박한 것이기에 듣는 자들의 결단력 있는 액션이 요구된다.

(요한계시록14:6-13)

"또 보니 다른 천사가 공중에 날아가는데 땅에 거주하는 자들 곧 모든 민족과 종족과 방언과 백성에게 전할 영원한 복음을 가졌더라.

그가 큰 음성으로 이르되 하나님을 두려워하며 그에게 영광을 돌리라 이는 그의 심판의 시간이 이르렀음이니 하늘과 땅과 바다와 물들의 근원을 만드신 이를 경배하라 하더라.

또 다른 천사 곧 둘째가 그 뒤를 따라 말하되 무너졌도다 무너졌도다. 큰 성 바벨론이여 모든 나라에게 그의 음행으로 말미암아 진노의 포도주를 먹이던 자로다 하더라.

또 다른 천사 곧 둘째가 그 뒤를 따라 큰 음성으로 이르되 만일 누구든지 짐승과 그의 우상에게 경배하고 이마에나 손에 표를 받으면 그도 하나님의 진노의 포도주를 마시리니 그 진노의 잔에 섞인 것이 없이 부은 포도주라 거룩한 천사들 앞과 어린 양 앞에서 불과 유황으로 고난을 받으리니 그 고난의 연기가 세세토록 올라가리로다 짐승과 그의 우상에게 경배하고 그 이름의 표를 받는 자는 누구든지 밤낮 쉼을 얻지 못하리라 하더라. 성도들의 인내가 여기 있나니 그들은 하나님의 계명과 예수에 대한 믿음을 지키는 자니라.

또 내가 들으니 하늘에서 음성이 나서 이르되 기록하라 지금 이후로 주 안에서 죽는 자들은 복이 있도다 하시매 성령이 이르시되 그러하다 그들이 수고를 그치고 쉬리니 이는 그들의 행한 일이 따름이라 하시더라."

그중 첫째 천사가 땅에 거하는 자들인 여러 나라와 족속과 방언과 백성에게 전할 영원한 복음을 외친다.(6)

그런데 그 복음(εὐαγγέλιον)은 기존의 복음이 아니다.

"그가 큰 음성으로 가로되 하나님을 두려워하며 그에게 영광을 돌리라 이는 그의 심판하실 시간이 이르렀음이니 하늘과 땅과 바다와 물들의 근원을 만드신 이를 경배하라 하더라."(7)

그 복음(good news)인즉 심판의 때가 이르렀으니 하나님을 두려워하며 그에게 영광을 돌리고, 만물을 지으신 창조주를 경배하라는 것이다.

구원의 소식이 복음(Good News)이라면 심판의 소식은 복음의 본질이다. 메시야가 오기 전에 세례 요한이 먼저 와야 하듯이 심판의 소리를 들을 수 있어야 구원의 복음이 희소식이다.

"들을 자는 들을 것이요 듣기 싫은 자는 듣지 아니하리니 그들은 반역하는 족속임이니라."(겔3:27)

남유다 시대에 거짓 선지자 하나냐가 참 선지자 예레미야의 목에서 멍에를 취하여 꺾어 버렸지만 위기의 시대에 '평화를 예언'한 하나냐는 '전쟁과 재앙과 염병을 예언'한 예레미야에 의해 저주를 선포 받아 두 달 만에 죽게 된다.

하나님의 심판의 쓰나미가 밀려오는 마지막 때에 '심판의 시간(the hour of his judgement)'을 알리지 않는 목사와 교회가 있다면 그 자체가 바로 저주로 가는 길목이다.

번영의 복음은 갈수록 번영하지만 심판의 복음은 청중들에 의해 철저히 심판 당한다.

"만군의 여호와가 말하노라 그 날에 내가 우상의 이름을 이 땅에서 끊어서 기억도 되지 못하게 할 것이며 거짓 선지자와 더러운 귀신을 이 땅에서 떠나게 할 것이라."(슥13:2)

둘째 천사가 그 뒤를 따라가며 말하길 "무너졌도다 무너졌도다 큰 성 바벨론이여 모든 나라를 그 음행으로 인하여 진노의 포도주로 먹이던 자로다" 라고 외친다.(8)

바벨론의 대명사는 육적인 음행과 영적인 음행이며, 자신을 즐겁게 해 주는 것이 죄의 발단이 되어 마침내 하나님께 죄를 짓는 것으로 발전해 나아간다.

왕하(17:30)에 "바벨론 사람들은 숙곳브놋을 만들었고" 라는 말씀이 기록되어 있다.

숙곳브놋은 '딸들의 처소'(Booths of Daughters)라는 뜻을 가진 바벨론의 신으로 이스라엘이 앗시리아에 의해 멸망당한 후 바벨론 남성들이 사마리아로 가져온 신들 중의 하나이다. 칸막이 공간으로 이루어진 이 딸들의 처소는 바벨론 딸들이 그들의 우상 신을 위해 매춘을 하는 장소로 설명되거나 혹은 여성 신들의 형상을 가지고 있는 작은 장막으로도 설명된다.

첫째 천사가 심판의 시간이 이르러도 사람들이 하나님을 두려워하지도 않고 그에게 영광을 돌리지도 않는 현상을 지적했다면, 둘째 천사는 이러한 하나님 없는 바벨론의 멸망을 선포한다.

잘 먹고 잘 살면서 인생을 즐기고자 하는 현대인들의 쾌락과 유흥심리가 신앙의 자리를 점령하면서 그것이 일종의 대체종교로 자리 잡게 되었다. 더군다나 현대의 광고사회는 인간의 잠재의식 속에 꿈틀거리는 욕망들을 알뜰히 자극시켜 현재의식 속으로 끌어 올린 다음 구매욕, 소유욕, 소비욕, 해소욕을 추구케 하여 이것이 마치 인생의 행복과 성공의 척도인양 포장한다.

또한 현대사회의 정치적 이념, 경제적 동향, 사회적 트렌드, 문화적 양상, 예술적 심미, 학문적 탐구 등이 종교적 신념(기독교적 신앙)보다도 가치추구의 상위개념으로 자리 잡으면서 자연스레 기독교의 세속화가 진행되었거나 진행되고 있다.

진노의 포도주에 취해있는 바벨론의 허상과 우상이 바로 인간의 마음속에 존재하고 있는 것이며, 스스로 이것을 헐어버리지 않으면 하나님의 채찍이 나를 통해 내 속에 있는 바벨론을 무너뜨리신다는 것이다.

그 뒤를 따르는 셋째 천사의 메시지는 적그리스도의 시대에 어떻게 처신해야 하는지 매우 구체적인 행위지침을 제시한다.

"만일 누구든지 짐승과 그의 우상에게 경배하고 이마에나 손에 표를 받으면……."

가정법 현재시제를 사용하여 실현 가능성이 높은 미래의 상황을 예견한다.

"그도 하나님의 진노의 포도주를 마시리니 그 진노의 잔에 섞인 것이 없이 부은 포도주라.”

그는 진노의 잔에 자비가 섞이지 않은 순도 100%의 진노의 포도주를 마신다는 것이다.

그 진노는 구체적으로 이렇다.

“거룩한 천사들 앞과 어린 양 앞에서 불과 유황으로 고난을 받으리니 그 고난의 연기가 세세토록 올라가리로다.” 불과 유황 속에서 피어오르는 고난의 연기를 세세토록 마셔야 한다.

예수님께서는 “거기는 구더기도 죽지 않고 불도 꺼지지 않으며, 사람마다 불로서 소금 치듯 함을 받는 곳”이라고 지옥의 그림을 그려 주셨다. (막9:49)

지옥은 꿈이 아니라 생시요, 추상화가 아닌 실물화이고, 남 애기가 아닌 내 애기이다.

2019년 1월, 러시아 정교회의 키릴 총대주교는 러시아 국영 TV와의 인터뷰에서 매우 의미심장한 발언을 했다.

“정보를 통제하는 사람이 적그리스도이다. 한 곳으로부터의 통제는 적그리스도의 도래의 전조가 될 것이다. 적그리스도는 전체 인류를 통제하는 월드와이드웹의 수장이 될 인물이다.”

동시에 KBS는 2019년 1월, 인체정보로 비행기를 탑승하는 ‘여권 프리’ 시대를 방영했다.

“비행기를 탈 때 번거롭게 신분증을 꺼내지 않아도 손바닥 한 번만

내밀면 탈 수 있는 방법이 있습니다. 바로 인체정보를 활용한 탑승 제도인데요. 현재는 국내선에만 적용중이지만 조만간 국제선에도 시범 도입될 예정입니다.

[리포트] – 김포공항 국내선 출발장.

신분증을 찾느라 부산한 탑승객들 가운데 손이 가벼운 사람들도 있습니다. 탑승권을 받고, 기계에 손바닥을 대면, ["감사합니다. 안녕히 가십시오."] 10여 초 만에 수속이 끝납니다.

손바닥 정맥은 지문처럼 고유하다는 점을 활용한 생체정보 신분확인 서비스입니다. 지난 1년간 16만 3천여 명이 등록을 마쳤고, 곧 이용횟수 백만 건 돌파를 앞두고 있습니다.

만 14세 이상 국내선 탑승객이라면 누구나 이용 가능합니다. 처음엔 간단한 등록 절차를 거쳐야 합니다. 개인 정보를 입력하고 사진을 촬영한 뒤 손바닥을 기계에 인식시키면 약 3분 만에 마무리 됩니다. 현재는 인천공항을 제외한 전국 14개 공항의 국내선에서 시행 중인데, 조만간 국제선에도 도입이 될 예정입니다.

국토부는 인천공항을 비롯한 국제선 탑승객들도 출국장에서 여권을 꺼낼 필요가 없도록 생체인식 서비스를 올해 안에 시범 운영하기로 하고 법 개정 여부를 검토 중입니다."

정보 통제를 통해 짐승에게 우상숭배시스템을 정착시킬 것이고, 사람의 몸에 생체정보를 이식시켜 짐승의 표를 받게 하는 적그리스도의 날들이 성큼성큼 다가오고 있는 중이다. 그러나 셋째 천사는 이렇게 경고한다.

"짐승과 그의 우상에게 경배하고 그 이름의 표를 받는 자는 누구든지 밤낮 쉼을 얻지 못하리라."

이 어려운 시험은 사지선다형이 아닌 OX형이 될 것이지만, 이 시험을 패스하지 못하면 밤낮 쉼을 얻지 못하는 참혹한 저주의 주인공이 된다.

불행 중 다행으로 이 어려운 시험의 정답을 미리 공개해 주고 있다.

"성도들의 인내가 여기 있나니 저희는 하나님의 계명과 예수 믿음을 지키는 자니라."(12)

정답을 알려 주었는데 오답을 표하지 말라는 것이다. 혹시라도 정답을 이해하지 못하는 자들을 위해 상세한 하늘의 음성과 성령의 음성으로 해설까지 곁들인다.

"또 내가 들으니 하늘에서 음성이 나서 가로되 기록하라 지금 이후로 주 안에서 죽는 자들은 복이 있도다 하시매 성령이 가라사대 그러하다 저희 수고를 그치고 쉬리니 이는 저희의 행한 일이 따름이라 하시더라."(13)

"밤낮 쉼을 얻지 못하는 자"가 아닌 "수고를 그치고 쉼을 얻는 자"가 되기 위해 "지금 이후로 주 안에서 죽는 자들"이 복이 있다는 것이다.

"지금 이후로(from now on)"는 "적그리스도가 출현한 시대 이후로"라는 의미로, 기독교 박해시기의 그리스도인들이 어떤 행동을 취해야 할 것인지를 한정해 주는 시제이다.

한마디로 이때에는 "오직 주를 위해 순교하라"는 말을 넌지시 부연하고 있는 것이다. 그러나 세상에 죽는 일처럼 어려운 일이 어디 있는가?

소돔성의 심판 시에 아브라함은 하나님의 존재와 속성에 대한 탁월한 인지능력으로 매우 예리한 질문을 드린다.

"주께서 이같이 하사 의인을 악인과 함께 죽이심은 부당하오며 의인과 악인을 같이 하심도 부당하니이다 세상을 심판하시는 이가 정의를 행하실 것이 아니니이까?"(창18:25)

세상을 심판하는 것 자체가 공의를 집행하기 위함인데, 어찌 의인을 악인과 함께 죽여 비공의로운 일을 자처 하십니까? 라는 공의로운 질문이다.

하나님께서는 홍수 심판 시에 노아의 가족을 구원하셨고, 소돔의 불 심판시에 롯의 가족을 구원하셨다.

하나님의 공의는 의인과 악인을 균등히 대할 수 없는 것이기에 여기서 '환란 전 휴거설'이 힘을 받는 것이다.

휴거는 가라지중에 알곡을 솎아내는 작업이고, 염소 중에 양을 골라내는 일이며, 미련한 처녀들과 지혜로운 처녀들을 분류하는 선별이며, 악인 중에 의인을 구원하는 방식이다. 따라서 하나님의 진노의 잔에 섞인 것이 없이 부은 포도주를 마시지 않기 위해서는 섞인 것이 없는 순전하고 온전한 거룩함의 상태를 항시 유지하고 있어야만 한다.

이것에 실패하면 모든 것에 실패하는 자이다.

32_날카로운 낫을 들고 계신 예수님

(계14:14-20)

계시록은 일곱째 인에 일곱 나팔재앙이, 일곱째 나팔
속에 일곱 대접 재앙들이 서수(序數)로 연결됨으로써 하나님의 심판
이 종적으로 전개되는 통시적(通時的)인 변화의 틀을 보인다.

동시에 두 짐승의 출현으로 상징되는 적그리스도의 활동이 후 삼 년
반 기간에 횡적으로 세계화되는 공시적(共時的) 구조의 틀을 형성하
고 있다. 따라서 천재지변과 인재지변의 하나님의 심판의 손길은 시
간의 경과와 더불어 지구촌 구석구석까지 통합된 현상으로 나타날 것
이다.

구원과 심판의 양상들이 전개되고 있는 14장은 통전적인(holistic) 구원의 행위양식인 통전성(integrity)을 제시한다.

"여자로 더불어 더럽히지 아니하고 정절이 있는 자"의 이미지는 순결함이고 육체가 거룩한 자이다.

"또 내가 보니 흰 구름이 있고 구름 위에 인자와 같은 이가 앉으셨는데 그 머리에는 금 면류관이 있고 그 손에는 예리한 낫을 가졌더라.

또 다른 천사가 성전으로부터 나와 구름 위에 앉은 이를 향하여 큰 음성으로 외쳐 이르되 당신의 낫을 휘둘러 거두소서 땅의 곡식이 다 익어 거둘 때가 이르렀음이니이다 하니 구름 위에 앉으신 이가 낫을 땅에 휘두르매 땅의 곡식이 거두어지니라.

또 다른 천사가 하늘에 있는 성전에서 나오는데 역시 예리한 낫을 가졌더라.

또 불을 다스리는 다른 천사가 제단으로부터 나와 예리한 낫 가진 자를 향하여 큰 음성으로 불러 이르되 네 예리한 낫을 휘둘러 땅의 포도송이를 거두라 그 포도가 익었느니라 하더라.

천사가 낫을 땅에 휘둘러 땅의 포도를 거두어 하나님의 진노의 큰 포도주 틀에 던지매 성 밖에서 그 틀이 밟히니 틀에서 피가 나서 말 굴레까지 닿았고 천육백 스다디온에 퍼졌더라."

"어린 양이 어디로 인도하던지 따르는 자"는 '어린 양'이 생각의 키워드이며 '어린 양'에게 마음의 중심이 항상 미쳐 있는(reach) 자로서 영혼이 거룩한 자이다.

'그 입에 거짓말이 없고 흠이 없는 자들'은 진실하고 정직한 자들로서 마음이 거룩한 자들이다.

구원을 위해 어떤 뛰어난 공적이나 탁월한 업적을 쌓아야 하는 것이라기보다는, 하나님과의 관계에서 비롯되는 거룩한 삶을 사는 것과 어린 양 예수 그리스도를 좇는 절대적 믿음의 삶이 중요한 포인트이다. 이러한 자들을 누구보다 어린 양이 기억하고 있는 것이고 따라서 계시록에는 '생명책'을 '어린 양의 생명책'이라고 명명한다.

계시록의 최고의 반전은 무엇보다 '구원 자'가 '심판 자'가 되는 역설에 있다. 따라서 "어린 양의 생명책"(계13:8)에 기록되지 못한 자들은 "어린 양의 진노"(계6:16)를 겪게 된다는 사실이다.

어린 양의 생명책에 기록되지 못한 자들에 대한 두 가지 종류의 심판이 14장 후반 절에 기록되어 있다.

첫째는 교회 내적인 신자들에 대한 추수이고, 둘째는 교회 외적인 불신자들에 대한 추수이다.

신자들에 대한 추수는 어린 양 예수께서 직접 하시지만 불신자들에 대한 추수는 천사가 대행한다.

요한이 볼 때에 흰 구름 위에 사람의 아들과 같은 이가 앉았는데 그 머리에는 금 면류관이 있고 그 손에는 예리한 낫을 가지고 있었다. (14)

'사람의 아들과 같은 이'는 천사는 아닐 테고 바로 예수 그리스도이시다.

왜 예수님은 '신의 아들'이 아닌 '사람의 아들'로 나타나실까?

'신의 아들'로서 예수님은 아버지의 뜻에 순종하여 '사람의 아들'로 이 땅에 오셨고, 아버지에 대한 아들의 입장에서는 '사람의 아들(인자)'이라는 표현이 매우 흡족한 자신의 메시야적 위상을 드러내주기 때문이다. 따라서 '신의 아들'로서 추수한다기 보다는 '사람의 아들'로 추수하는 것이 심판을 받는 교회 신자들에게는 더욱 공의로운 심판관의 호칭이 된다.

만왕의 왕이신 예수님의 머리에는 이십사 장로들이 쓰고 있는 금 면류관과 같은 면류관을 쓰고 계신다. 그러나 엄밀히 말하면 이십사 장로들이 쓰고 있는 면류관이 바로 예수님이 쓰고 계신 금 면류관과 같은 것이고 그들은 이것을 상급으로 받은 것이다.

예수님의 손에 이한 낫(利:날카로울 리: sharp sickle)을 들고 계시다는 것은 자비 없는 심판이 실행되어짐을 의미한다. 어제는 인류의 속죄를 위해 손에 대못을 받으시고 십자가에 달리는 희생양이셨지만 오늘은 그 손에 날카로운 낫을 들고 계신다. 날카로운 낫을 드시는 날 예수님의 손에 박혀있던 선명한 못자국은 사라질 것이다.

예수님의 십자가의 고통을 헛되게 만든 자들은 오늘이 바로 내가 받았어야 할 그 고통을 되돌려 받는 날이다. 이때에 한 천사가 성전으로부터 나와 구름 위에 앉은 이를 향하여 큰 음성으로 외친다.

'네 낫을 휘둘러 거두라 거둘 때가 이르러 땅에 곡식이 다 익었음이로다.' (15)

천사가 감히 예수님께 반말로 명하는 불손한 언사가 청중들의 귀에 심히 거슬린다. 그러나 개역개정에 와서 이 천사는 매우 공손해진 모습을 보인다.

'당신의 낫을 휘둘러 거두소서 땅의 곡식이 다 익어 거둘 때가 이르렀음이니이다.'

이 천사는 하나님의 좌소인 성전으로부터 이 메시지를 받아 전달하는 메신저일 뿐이다.

이때에 구름 위에 앉으신 이가 낫을 땅에 휘두르매 곡식이 거두어진다.(16)

계시록에 등장하는 가장 비극적인 장면중의 하나이다. 이제 예수님이 들고 계신 날카로운 낫에 의해 수많은 목사, 장로, 권사, 집사, 신자들이 줄줄이 채이고 베일 순간이 왔다. 그들은 수십 년 동안 그토록 주여 주여 외치던 자들이었지만 미안하게도 오늘은 그 주님의 손에 의해 지옥의 불 못에 떨어져야만 한다.

"아니 주님 당신이 배신을 때릴 수 있습니까?" 라고 반문하지만 정작 배신을 때린 자들은 예수님이 아니라 하늘에 계신 아버지의 뜻대로 행하지는 않은 자들이다. 십자가의 은혜를 받았으면 빛나는 삶을 살고 맛나는 삶을 살아야 하는 것 아닌가? 하다못해 그 날에 많은 사람들이 예수님께 매달리며 마지막 히든카드를 꺼내 들기 시작 한다.

"주여 주여 우리가 주의 이름으로 선지자 노릇하며 주의 이름으로 귀신을 쫓아내며 주의 이름으로 많은 권능을 행치 아니하였나이까?"(마7:22)

그러나 예수님에게서 돌아오는 답변은 매우 충격적이다.

"내가 너희를 도무지 알지 못하니 불법을 행하는 자들아 내게서 떠나가라." (23)

이렇게 큰 능력을 행한 자들이 도대체 무슨 불법을 저질렀단 말인가?

여기서 '불법', "하나님의 법을 완전히 무시하고 자기 법대로 살아가는 행위"를 일컫는다.

현대어의 아노미(anomie)라는 단어가 여기서 파생되어 도덕적 혼란을 의미하는 용어로 사용된다.

예수님께서 이 단어를 사용하실 때에는 예수님이 그토록 가증히 여기시던 서기관과 바리새인(마23:27,28)의 외식과 불법을 지탄하셨고, 거짓 선지자(마24:11,12)에게 사용하실 때에는 불법이 성하므로 많은 사람의 사랑이 식어질 것을 경고하셨다.

예수님은 겉과 속이 다르고, 말과 행위가 다르며, 어제와 오늘이 다른 크리스천들에 대해 매섭게 반응하시고 무섭게 돌아서시는 분이시다. 예수님께 버림받으면 이제 누구에게 부르짖고 무엇에 매달릴 것이란 말인가? 이 비극의 주인공이 바로 당신이 될 확률이 매우 높고 개연성도 아주 크다는 사실을 애써 부인하지 마시라.

예수님은 구원받는 크리스천들의 숫자를 비공식통계로 일러 주셨다.

"혹이 여짜오되 주여 구원을 얻는 자가 적으니이까?"(눅13:23)

예수님은 "적다마다 ... 아주 극소수란다" 라는 답변을 에둘러 이렇게 말씀하신다.

"좁은 문으로 들어가기를 힘쓰라 내가 너희에게 이르노니 들어가기를 구하여도 못하는 자가 많으리라."(24)

의도적으로 좁은 문을 들어가려고 구하고 애쓰고 노력해도 대부분의 사람들이 실패한다는 것이다. 좁은 문으로 들어가기 위해 살을 도려내고 뼈를 깎는 결단력이 필요하며, 때로는 자기가 자기에게 벌을 주고 채찍질해서라도 이 영적인 삶에 성공해야 한다.

예수를 왜 믿는 것인지 목적 적합성의 문제를 깐깐히 따져보고, 그 다음 예수를 어떻게 믿어야 할 것인지 그 당위적 방법론을 터득해야 한다.

산상수훈의 결론과 같은 예수님의 말씀이 우리의 믿음생활의 문제점을 진단해 준다.

"나의 이 말을 듣고 행치 아니하는 자는 그 집을 모래 위에 지은 어리석은 사람 같으리니 비가 내리고 창수가 나고 바람이 불어 그 집에 부딪히매 무너져 그 무너짐이 심하니라."(마7:27)

이번에는 불신자들을 심판하기 위해 예리한 낫을 가진 또 다른 천사가 하늘에 있는 성전에서 나오고 있다. 이때에 불을 다스리는 다른 천사가 제단으로부터 나와 이한 낫 가진 자를 향하여 큰 음성으로 불러 외친다.

"네 예리한 낫을 휘둘러 땅의 포도송이를 거두라 그 포도가 익었느니라."(18)

불신자들을 왜 포도에 비유하고 있을까?

대량의 포도를 와인으로 만드는 고전적인 방법은 먼저 잘 익은 포도를 수확하여 포도주 틀에 넣고 발로 밟아 으깨는 일부터 시작되었다.

"천사가 낫을 땅에 휘둘러 땅의 포도를 거두어 하나님의 진노의 큰 포도주 틀에 던지매 성 밖에서 그 틀이 밟히니 틀에서 피가 나서 말굴레까지 닿았고 천육백 스다디온에 퍼졌더라."(20)

불신자들이 처절히 심판받는 장면이 포도주가 생산되는 초기 단계의 과정으로 연출되고 있는 것이다.

피를 상징하는 붉은 포도즙이 말굴레(말고삐)까지 닿았다는 것은 얼마나 많은 자들의 피가 흘러 그 높이까지 차올랐는지를 가늠케 하며, 무려 이 높이는 사방 약 320km(천육백 스다디온)까지 뻗어 나간다.

1600은 땅의 수(세상) 4의 제곱에 숫자적 완전수 10의 세제곱으로 전 세계 모든 불신자들에게 심판이 거행되고 있음을 말해준다. 이러한 신자들과 불신자들의 추수는 대환란 기간에 이루어질 것이고, 환란의 두께와 높이, 깊이, 너비 등을 짐작해 볼 수 있다.

아직 예수님과 천사가 예리한 낫을 드시기 전 자신을 추슬러 주님을 붙잡을 수 있는 촉박한 기회는 남아 있다.

예수님을 온전히 소유하기 위해 모든 것을 내려놓고, 포기하고 내버리는 용단을 내릴 수 있다면 그 사람의 발걸음은 실로 무척이나 가벼울 것이다.

33_자유의 새 노래를 부르는 영혼들
(계15:1-8)

> 이들은 유리바닷가에 서서 하나님의 거문고를 가지고 하나님의
> 종 모세의 노래와 어린 양의 노래를 부른다. 조금 전까지만 해도
> 끈질기게 붙잡고 늘어지던 삶의 굴레와 죽음의 공황에서 벗어나
> 처음으로 영혼의 세계에서 입술을 벌려 부르는 자유의 노래이다.

요한은 땅에서 일어날 일들을 먼저 하늘에서 보고 있다. 땅의 일은 하늘이 결정하기 때문이기도 하지만, 주께서 가르쳐 주신 기도대로 "뜻이 하늘에서 이룬 것 같이 땅에서도 이루어지는"(마6:10) 순리에 따르기 때문이다.

그러나 땅에 살면서 하늘의 뜻을 추구하는 자들에게는 땅에서 매면 하늘에서도 매이고 땅에서 풀면 하늘에서도 풀린다. (마18:18)

하나님의 진노를 마감하는 마지막 재앙이 시작된다.

지금까지 하나님의 진노에 살아남은 자들이 있다면 그것은 행운이 아니라 저주이다. 전도서 기자는 살아 있는 산 자보다 죽은 지 오랜 죽은 자가 복되고, 이 둘보다도 출생하지 아니한 자가 더욱 낫다고 말한다.(전4:3)

"또 하늘에 크고 이상한 다른 이적을 보매 일곱 천사가 일곱 재앙을 가졌으니 곧 마지막 재앙이라 하나님의 진노가 이것으로 마치리로다.

또 내가 보니 불이 섞인 유리 바다 같은 것이 있고 짐승과 그의 우상과 그의 이름의 수를 이기고 벗어난 자들이 유리 바다 가에 서서 하나님의 거문고를 가지고 하나님의 종 모세의 노래, 어린 양의 노래를 불러 이르되 주 하나님 곧 전능하신이시여 하시는 일이 크고 놀라우시도다. 만국의 왕이시여 주의 길이 의롭고 참되시도다.

주여 누가 주의 이름을 두려워하지 아니하며 영화롭게 하지 아니하오리이까 오직 주만 거룩하시니이다 주의 의로우신 일이 나타났으매 만국이 와서 주께 경배하리이다 하더라.

또 이 일 후에 내가 보니 하늘에 증거 장막의 성전이 열리며 일곱 재앙을 가진 일곱 천사가 성전으로부터 나와 맑고 빛난 세마포 옷을 입고 가슴에 금 띠를 띠고 네 생물 중에 하나가 영원토록 살아 계신 하나님의 진노를 가득히 담은 금 대접 일곱을 그 일곱 천사에게 주니 하나님의 영광과 능력으로 말미암아 성전에 연기가 가득 차매 일곱 천사의 일곱 재앙이 마치기까지는 성전에 능히 들어갈 자가 없더라."

요한은 불 섞인 유리바다만큼 반짝 반짝 빛나고 있는 사람들을 보게 된다. 그들은 "짐승과 그의 우상과 그의 이름의 수를 이기고 벗어난 자들"이다.(2)

실로 놀라운 장면이다. 이는 후삼 년 반 기간 동안 적그리스도의 서슬 퍼런 통치체계 속에서도 하나님의 계명과 예수 믿음을 지킨 신앙의 용장들이기 때문이다.

이들은 셋째 천사가 말했던 "누구든지 짐승과 그의 우상에게 경배하고 만일 이마에나 손에 표를 받으면 그도 하나님의 진노의 포도주를 마시리니…. 거룩한 천사들 앞과 어린 양 앞에서 불과 유황으로 고난을 받으리라…."는 경고를 마음에 새기고 자신의 목숨을 초개와 같이 버린 자들이다.

이들의 모습은 하나님의 영광을 위해 모든 것을 내던지고 최후 승리자가 되었을 때의 천국에서 느끼는 평강과 희락과 환희의 순간을 그려주고 있다. 이들은 유리바닷가에 서서 하나님의 거문고를 가지고 하나님의 종 모세의 노래와 어린 양의 노래를 부른다. 조금 전까지만 해도 끈질기게 붙잡고 늘어지던 삶의 굴레와 죽음의 공황에서 벗어나 처음으로 영혼의 세계에서 입술을 벌려 부르는 자유의 노래이다.

"불러 가로되 주 하나님 곧 전능하신이시여 하시는 일이 크고 기이하시도다 만국의 왕이시여 주의 길이 의롭고 참되시도다."(3)

영혼의 세계에서 가장 놀라운 일은 이들의 의식 속에 가득 채워지는 전능하신 주 하나님의 존재감이다.

천국은 보좌로부터 흘러나오는 진리의 빛과 기이한 향기 그리고 의로운 소리들로 요동친다. 무엇보다 천국에 사는 자들은 하나님의 거룩하신 존전에 머무는 감격과 구원의 은총을 감사하는 찬양이 끊임없이 솟구쳐 오른다.

이들은 한결같이 이러한 찬양의 고백을 드린다.

"주여 누가 주의 이름을 두려워하지 아니하며 영화롭게 하지 아니하오리이까 오직 주만 거룩하시니이다 주의 의로우신 일이 나타났으매 만국이 와서 주께 경배하리이다 하더라."(4)

하나님의 존재감에 온전히 압도되어 두려운 것은 오직 주의 이름이고, 하고픈 일은 오직 하나님을 영화롭게 하는 것이요, 느껴지는 일은 오로지 주님의 거룩하심이고, 보이는 것은 주님의 의로우신 일이요, 모든 자들과 함께 하고픈 일은 주님께 경배하는 일이다.

하나님께서는 짐승과 우상의 시대에 크리스천들이 어떠한 선택과 결단을 해야 하는지 극명한 대조를 통해 누누이 그 길을 일러 주신다.

13장에서는 적그리스도에 대한 상세한 설명을 통해 그의 정체를 밝혀주며, 14, 16장에서는 적그리스도에게 굴복하는 자가 받을 형벌에 대해서 경고하고, 15장에서는 적그리스도의 시험을 이기고 승리한 자들이 얻을 복락을 언급한다.

적그리스도의 출현은 교회와 크리스천들의 믿음체계를 총체적으로 뒤흔드는 전무후무한 시험 무대를 만들어 낼 것이다. 많은 자들이 패자가 되고 적은 자들만이 승자가 된다.

요한은 적그리스도의 세 가지의 강력한 유혹과 시험을 이긴 자들을 보게 되는데 그들이 극복한 것은 (1) 짐승, (2) 그의 우상, (3) 그의 이름의 수이다.

적그리스도는 용이 지닌 능력과 보좌와 큰 권세(계13:2)를 소유함으로 인해 그 존재자체가 뿜어내는 압도적인 위력으로 많은 자들의 마음을 도적질 할 것이다. 또한 사탄의 사주를 받는 적그리스도의 탁월한 신탁통치(神託統治)는 급기야 자신의 형상을 제조해서 경배케 만드는 우상숭배의 사회구조를 형성할 것이다.

마침내 이러한 강압적인 숭배 정책은 그의 이름의 수를 이마와 오른손에 주입시키지 않으면 물건 매매가 불가능한 경제 시스템의 인프라를 구축시킬 것이다. 생존의 위협으로 진퇴양난에 처하게 되는 크리스천들 중에는 대다수의 사람들이 뒤로 물러설 것이고 소수만이 강한 믿음으로 정면 돌파한다.

"두려워 말라 내가 너와 함께 함이니라 놀라지 말라 나는 네 하나님이 됨이니라 내가 너를 굳세게 하리라 참으로 너를 도와주리라 참으로 나의 의로운 오른손으로 너를 붙들리라."(사41:10)

이 일 후에 요한의 눈에 증거 장막의 성전이 열리고 있다. 성전은 성전이되 구약시대에 사용하던 장막 성전이다.

왜 이 순간 장막으로 된 성전이 등장하는 것일까? 장막 성전은 구약시대 이스라엘 백성들의 신앙의 구심점으로 이것은 "사람은 무엇으로 사는가?"를 보여주고 있다.

지성소안의 법궤 속에 들어있는 증거 판은 "사람은 어떻게 사는가?"를 말해준다. 증거 판이란 두 돌판에 새겨 모세에게 전달된 하나님의 십계명을 말한다.

십계명은 하나님의 법도를 증거하고 하나님의 뜻을 증언하며, 이것은 인간들이 하나님 앞에 살아가는 삶의 테두리를 설정해준다.

일곱 재앙을 가진 일곱 천사가 바로 이 성전으로부터 나오고 있는 것은 마지막 일곱 재앙이 언약궤에 새겨진 하나님의 뜻을 준수하지 못한 인간들에 대한 하나님의 철저한 심판이기 때문이다. 죄의 값은 사망으로 누군가 살기 위해서는 누군가 죽어야 하며, 어린 양의 피로 거듭나지 못한 자들은 어린 양의 진노를 겪어야 한다.

네 생물 중에 하나가 세세에 계신 하나님의 진노를 가득히 담은 금대접 일곱을 그 일곱 천사에게 건네주고 있다.

진노를 가득히 담은 금대접 일곱, "악을 행한 자는 숨을 만한 흑암이나 어두운 그늘이 없느니라."(욥34:22)

다이아몬드를 가득 담은 금대접 일곱을 받아도 욕심이 채워지지 않을 인간들에게 진노를 가득 담은 금대접 일곱이라니… 자비 없는 하나님의 진노만이 일곱 천사들의 대접을 통해 이 땅에 쏟아 부어질 뿐이다. 그러나 환란가운데 육체가 죽는 것 보다 더 두려운 것은 영혼이 영원히 영벌에 처해지는 것이다.

　자기 영혼을 사랑하는 자는 자기 육체를 쳐 굴복시켜야 하며, 영과 육을 동시에 만족시킬 수 없다. 둘 중 한 가지만 선택하는 것이지만 자기 영혼을 스스로가 사랑하고 구원하려고 애쓰지 않으면, 예수님도 그 사람의 영혼을 어찌할 수 없다.

　"몸은 죽여도 영혼은 능히 죽이지 못하는 자들을 두려워하지 말고 오직 몸과 영혼을 능히 지옥에 멸하시는 자를 두려워하라."(마10:28)

34_ 하나님의 지옥체험 프로그램

(계16:1-11)

> 하나님께서도 지옥의 존재를 믿지 않는 완악하고 패역하고 고약
> 한 인간들을 위해 지옥 체험 프로그램들을 준비하셨다. 하나님께
> 서는 이 프로그램을 계속 업그레이드 해 나가시며 지옥에 대한 체
> 험적 지식을 주입시켜 어떤 인지행동치료(cognitive behavioral
> therapy)를 유도하고 계시는지도 모른다.

요즈음 한국사회의 여러 분야와 계층에서는 사람
들을 유치하거나 물건을 팔기 위해 각종 체험 프로그램(experience
program)이 개설되어 큰 호응을 얻고 있고, 그 매뉴얼들이 소개되고
있다. 컴퓨터 사용자들도 소프트웨어를 시험적으로 사용해 볼 수 있
는 체험판 프로그램들을 쉽게 접하게 된다.

하나님께서도 지옥의 존재를 믿지 않는 완악하고 패역하고 고약한
인간들을 위해 지옥 체험 프로그램들을 준비하셨다.

하나님께서는 이 프로그램을 계속 업그레이드 해 나가시며 지

"또 내가 들으니 성전에서 큰 음성이 나서 일곱 천사에게 말하되 너희는 가서 하나님의 진노의 일곱 대접을 땅에 쏟으라 하더라.

첫째 천사가 가서 그 대접을 땅에 쏟으매 짐승의 표를 받은 사람들과 그 우상에게 경배하는 자들에게 악하고 독한 종기가 나더라.

둘째 천사가 그 대접을 바다에 쏟으매 바다가 곧 죽은 자의 피 같이 되니 바다 가운데 모든 생물이 죽더라.

셋째 천사가 그 대접을 강과 물 근원에 쏟으매 피가 되더라.

내가 들으니 물을 차지한 천사가 이르되 전에도 계셨고 지금도 계신 거룩하신 이여 이렇게 심판하시니 의로우시도다. 그들이 성도들과 선지자들의 피를 흘렸으므로 그들에게 피를 마시게 하신 것이 합당하니이다 하더라. 또 내가 들으니 제단이 말하기를 그러하다 주 하나님 곧 전능하신 이시여 심판하시는 것이 참되시고 의로우시도다 하더라.

넷째 천사가 그 대접을 해에 쏟으매 해가 권세를 받아 불로 사람들을 태우니 사람들이 크게 태움에 태워진지라 이 재앙들을 행하는 권세를 가지신 하나님의 이름을 비방하며 또 회개하지 아니하고 주께 영광을 돌리지 아니하더라.

또 다섯째 천사가 그 대접을 짐승의 왕좌에 쏟으니 그 나라가 곧 어두워지며 사람들이 아파서 자기 혀를 깨물고 아픈 것과 종기로 말미암아 하늘의 하나님을 비방하고 그들의 행위를 회개하지 아니하더라."

옥에 대한 체험적 지식을 주입시켜 어떤 인지행동치료(cognitive behavioral therapy)를 유도하고 계시는지도 모른다. 그럼에도 불구하고 다섯째 대접재앙에서 볼 수 있듯이 사람들은 그 고통의 와중에도 하늘의 하나님을 훼방하고 저희 행위를 회개치 아니한다고 기록한다. (11)

여섯째 나팔재앙 시에도 죽지 않고 남은 사람들은 그 손으로 행하는 일을 회개치 아니하고 오히려 여러 귀신과 또는 보거나 듣거나 다니거나 하지 못하는 금, 은, 동과 목석의 우상에게 절하고 있다. (계9:20)

여섯째 인을 떼었을 때에도 많은 사람들은 하나님을 찾으며 회개하는 것이 아니라, 산과 바위를 찾으며 보좌에 앉으신 이의 낯에서와 어린 양의 진노에서 자신들을 가려 달라고 우상에게 빌고 있다. (계6:16)

죽을 사람은 죽는 순간까지 죽을 짓만 하는 법이다. 부자는 죽는 순간까지 그의 죄의 날들이 매우 강한 탄력 – 날마다 호화로이 연락하는데 – 을 받고 있었다. (눅16:19)

만약 그가 자기 인생에서 하루만이라도 일상화된 죄악 틀을 파괴시킬 수 있었다면, 그는 결코 돌아올 수 없는 다리를 건너지 않았을 것이다.

하나님께서 끝까지 사람들의 회개에 미련을 보이고 계시다는 것은 하나님의 공의의 드라이브가 세차게 몰아붙이는 와중에도 하나님의 사랑의 속성이 태클을 걸고 있기 때문이다. 만약 사람들이 여기서 진정한 회개의 모습을 보인다면 하나님은 구원모드로 전환하실지 모른다. 하나님은 인간의 회개의 눈물 앞에 여리디 여리고 약하디 약한 마음의 소유자이시기 때문이다.

사람들은 하나님을 쉽게 포기하는 경향이 있지만, 하나님은 사람들을 쉽게 포기하지 않는 경향이 있다.

하나님은 까닭 없이 진노를 붓는 자가 아니고 이유 없이 재앙을 쏟는 자가 아니시다.

"내가 보응할 날에는 그들의 죄를 보응하리라."(출32:34). "여호와는 보복의 하나님이시니 반드시 보응하시리로다."(렘51:56)

구속사(救贖史, history of redemption)를 뒤집어 보면 인간의 죄에 대한 하나님의 보응사(報應史, history of punishment)이다.

둘째, 셋째 재앙은 바다가 피로 변해 모든 생물이 죽고, 모든 강과 물 근원이 피로 변하는 재앙이다. 물이란 물은 모두 피로 변해 피비린내가 온 세상에 진동한다.

물을 마시지 못하는 고통은 부자가 아브라함에게 나사로를 보내서 그 손가락 끝에 물을 찍어 자신의 혀를 좀 서늘하게 해달라는 지옥의 간청을 연상시킨다.

이러한 피 재앙의 원인은 무엇인가? 그것은 "저희가 성도들과 선지자들의 피를 흘렸으므로 저희로 피를 마시게 하신 것이 합당"하다는 보응의 논리에 기반을 둔다.(6)

마찬가지로 첫째 대접재앙에서 짐승의 표를 받은 사람들과 그 우상에게 경배하는 자들에게 악하고 독한 헌데가 피부에 발하는 이유도 그들의 오른 손과 이마에 생체 칩을 주입시켰기 때문으로 추정해 볼 수 있다.

이미 TV 뉴스에도 방영된 사실이지만 등록 칩을 몸에 주입한 애완견에게서 통증과 함께 종양이 유발되었다는 보도가 나와 있다. 미국 의사협의회는 생체칩 이식시 근육섬유부작용으로 악성종양이 발생할 수 있다고 경고한다.

독한 헌데는 역겨우면서 통증이 극심한 상처로서, 부자와 나사로 비유중에 나사로가 앓고 있던 병이었고 개가 와서 그 헌데를 핥고 있다.

짐승의 표를 받고 우상을 경배하는 자들은 두 번 보응의 심판을 받는다.

첫째는 육체가 살아 숨 쉬는 동안 그들의 몸에 독한 헌데가 나서 고통당하는 일이고, 둘째는 그 육신이 죽은 이후에 지옥으로 떨어져 불과 유황으로 고난을 받으며 밤낮 쉼을 얻지 못하는 일이다.(계14:9,10)

반면에 "짐승과 그의 우상에게 경배하지도 아니하고 이마와 손에 그의 표를 받지도 아니한 자들"이나 예수의 증거와 하나님의 말씀을 지키기 위해 "목 베임을 받은 자의 영혼들"은 살아서 그리스도로 더불어 천년 동안 왕 노릇을 하게 된다. (계20:4)

받지 않으려고 끝까지 버티고 숨는 자들이 있는가 하면, 받지 않으려고 버티다가 잡혀 죽는 자들이 발생한다는 것이다. 중요한 것은 짐승의 표를 받는다는 것은 우상경배와 직결되어 불과 유황으로 떨어진다는 점에서 매우 주의해야 할 경계대상 1호이다.

이 표가 과연 무엇이냐에 대해서 매우 첨예한 대립각을 세우고 있지만, 텍스트와 가장 부합해 맞아 떨어지는 현실성 있는 가설들에 우선순위를 부여할 수 있는 합리적인 사고가 필요하다.

"베리칩 가설"보다 더 설득력 있는 대안이 나오는 날 "베리칩 가설"은 즉시 휴지통으로 클릭된다. 그럼에도 불구하고 이 "베리칩 가설"을 이단으로 정죄하여 총회결의까지 행한 소위 장자교단이 있다.

"예언과 계시, 진리와 진실"의 문제를 다수결의 원리로 밀어 붙이는 발상 자체가 매우 해괴하고 망측한 일이지만, 그것을 실행에 옮긴 교단 총회대의원들의 수준도 매우 경탄급이다. 이러한 망령은 잘해야 본전이지만, 그렇지 않을 경우 불과 유황에 교단적인 행사로 참여할 수 있다.

소경이 소경을 인도하면 둘이 다 구덩이에 빠지게 되는데(마15:14) 여기서 첫째 소경과 둘째 소경은 전혀 다른 그룹의 사람들이다.

첫째 그룹에 속한 자들이 영적으로 소경이 되면 집단폐사의 원인이 됨을 잊지 말아야 한다.

짐승의 표(χάραγμα)를 사람의 몸인 이마나 손에 받게 한다는 것은 문신을 새겨 넣는 것이나 이물질을 삽입하는 정도로 볼 수 있다. 카라그마(χάραγμα; 표)는 압인, 도장, 표시등으로 정의된다.

전 세계인들의 우상경배를 효율적으로 처리하기 위해 부여하는 짐승의 표 666은 현실적으로 베리칩을 통한 컴퓨터 처리가 현재로서는 가장 현실적인 해석임을 인정할 필요가 있다.

하나님의 심판의 재앙은 계속되어 사람들이 태양열에 타 죽는 일이 발생한다.

"해가 권세를 받아 불로 사람들을 태우니 사람들이 크게 태워진지라."(8, 9)

이 말씀이 쉽게 수긍되는 이유는 하나님께서는 작년 한반도에 이러한 네 번째 대접재앙인 태양열 체험 프로그램을 실행하셨기 때문이다.

2018년 8월 1일은 대한민국에서 기상 관측을 시작한 이후 가장 더운 날로 기록되었다. 강원도 홍천이 섭씨 41도까지 올라가 우리나라 역대 최고 기온 기록을 갈아치웠고, 대한민국에 대프리카라는 새로운 지역이 탄생하였다.

오존층 파괴로 인한 지구 온난화 현상이 심화되고 있고, 태양흑점 폭발의 위험성이 가중되고 있는 현실은 태양으로부터 오는 재앙의 고통을 실감나게 만든다.

다섯째 대접재앙이 짐승의 보좌에 쏟아지자 짐승의 나라가 곧 어두워지며 사람들이 아파서 자기 혀를 깨물고 아픈 것과 종기로 인하여 하늘의 하나님을 훼방하고 저희 행위를 회개치 아니하는 현상이 나타난다. (11)

대접 재앙의 첫째와 다섯째는 적그리스도인 짐승과 관련된 재앙인 것이다. 만약 '저 불법의 사람 곧 멸망의 아들'인 적그리스도가 바울이 예언한대로 "하나님 성전에 앉아 자기를 보여 하나님이라"(살후 2:3,4) 한다면 짐승의 보좌인 예루살렘 성전에 참혹한 하나님의 재앙이 임할 수 있다.

'짐승의 나라가 곧 어두워' 진다는 것은 적그리스도의 명운(命運)이 끝나게 되자 그 나라(his kingdom)의 운세가 기울어 그 추종자들에게 무서운 고통이 임하게 됨을 의미한다.

사람들이 아파서 자기 혀를 깨문다는 것은 그 통증의 가공할 위력을 말해준다. 그들은 아픈 것과 종기(헌데)로 인하여 하늘의 하나님을 훼방(blasphemed)하게 되는데, 이 말은 하나님을 저주하고 모독했다는 것이다. 이들은 시방 지옥체험 프로그램에 참여하고 있는 중이지만, 실제로 상상할 수 없는 고통의 세계인 불과 유황의 지옥에 떨어진다면 그곳에서 하나님을 저주하지 않을 사람이 어디 있겠는가?

그럼에도 불구하고 저들은 자신의 행위를 회개치 아니한다. 회개할 정도의 온유한 심령의 소유자라면 여기까지 오지도 않았을 것이다. 강퍅(剛愎)한 마음과 교만한 심령이 갈 곳은 처음부터 정해져 있는 것이다.

요한은 제단에서 이렇게 말하는 소리를 듣는다.

"그러하다 주 하나님 곧 전능하신 이시여 심판하시는 것이 참되시고 의로우시도다 하더라."(7)

하나님은 참을 만큼 참으시고 기다릴 만큼 기다리시고 베풀 만큼 베풀시고 다시 제2의 기회를 주신 후에도, 또 다시 미련이 남아 뒤를 돌아 보신다.

하나님의 심판이 참되시고 의로우시다는 것은 인간의 행위가 끝까지 회개할 줄 모르고 거짓되고 더럽다는 반증이다.

사람은 하나님에게서 한 발자국씩 뒷걸음질 치다 결코 돌아 올 수 없는 다리를 건너게 되는 것이다. 그 다리는 너무나 절망적이다.

"이뿐 아니라 너희와 우리 사이에 큰 구렁이 끼어 있어 여기서 너희에게 건너가고자 하되 할 수 없고 거기서 우리에게 건너 올 수도 없게 하였느니라."(눅16:26)

당신의 발걸음은 어디쯤 와 있습니까?

35_세 더러운 영의 정치적 음모
(계16:12-21)

> 세 더러운 영들은 온 천하 임금들에게 전능하신 하나님을 대적할 전쟁을 유도하는 국제정치를 음모한다. 하나님도 대적하고 사람도 죽일 수 있는 일거양득의 기회이다.

계시록의 중요한 의미중의 하나는 드러나지 않은 세계를 드러내주고, 보이지 않는 세계를 보여주며, 들어보지 못한 세계를 들려주고 열리지 않은 세계를 열어 주는데 있다.

창세기의 천지창조는 성삼위의 걸작품이었지만 계시록에 와서는 죄로 오염되어 버린 피조 세계가 하나님의 생산적 파괴를 통해 새 하늘과 새 땅으로 재창조된다.

창세기 시대에 선악과를 따 먹은 인간들의 범죄와 타락이 하나님의

(요한계시록 16 : 12 - 21)

"또 여섯째 천사가 그 대접을 큰 강 유브라데에 쏟으매 강물이 말라서 동방에서 오는 왕들의 길이 예비되었더라.

또 내가 보매 개구리 같은 세 더러운 영이 용의 입과 짐승의 입과 거짓 선지자의 입에서 나오니 저희는 귀신의 영이라 이적을 행하여 온 천하 왕들에게 가서 하나님 곧 전능하신 이의 큰 날에 있을 전쟁을 위하여 그들을 모으더라.

보라 내가 도적 같이 오리니 누구든지 깨어 자기 옷을 지켜 벌거벗고 다니지 아니하며 자기의 부끄러움을 보이지 아니하는 자가 복이 있도다.

세 영이 히브리어로 아마겟돈이라 하는 곳으로 왕들을 모으더라.

일곱째 천사가 그 대접을 공중에 쏟으매 큰 음성이 성전에서 보좌로부터 나서 이르되 되었다 하시니 번개와 음성들과 우렛소리가 있고 또 큰 지진이 있어 얼마나 큰지 사람이 땅에 있어 온 이래로 이같이 큰 지진이 없었더라.

큰 성이 세 갈래로 갈라지고 만국의 성들도 무너지니 큰 성 바벨론이 하나님 앞에 기억하신 바 되어 그의 맹렬한 진노의 포도주 잔을 받으매 각 성도 없어지고 산악도 간 데 없더라.

또 무게가 한 달란트나 되는 큰 우박이 하늘로부터 사람들에게 내리매 사람들이 그 우박의 재앙 때문에 하나님을 비방하니 그 재앙이 심히 큼이어라."

창조질서를 깨뜨려 생명나무를 상실했지만 계시록 시대의 "이기는 자에게는 하나님의 낙원에 있는 생명나무의 과실을 주워 먹게"(계2:7) 함으로 회복의 기회가 주어진다.

그러나 타락한 천사들에게는 회복의 기회가 주어지지 않고 오직 인간들에게만 축복의 기회가 주어졌다. 똑같이 타락을 했어도 사람과 천사는 하나님의 궁극적 관심이 각기 다른 존재인 것이다.

타락한 영들을 예수님은 '더러운 귀신'으로 규명하셨고, 개구리 같은 세 영이 더러운 것도 타락한 성품을 가지고 있기 때문이다.

더러운 귀신은 '더러운 생각' 속에 터를 닦고 '더러운 말' 속에 기둥을 세워 마침내 '더러운 행위' 속에 집을 완성시킴으로 더러운 냄새를 풍긴다.

그런데 '더러운 귀신'만 존재하는 것이 아니라 '더러운 인간'도 존재한다. 예수 믿다가 타락한 자들이나 혹은 타락한 성품 그대로 가지고 예수 믿는 자가 바로 '더러운 인간'이다.

'더러운 인간'이 되지 않기 위해 깨끗한 영과 거룩한 신으로 날마다 채워져야 한다.

임금이 왼편에 있는 자들에게 했던 말씀에 귀 기울일 필요가 있다.

"또 왼편에 있는 자들에게 이르시되 저주를 받은 자들아 나를 떠나 마귀와 그 사자들을 위하여 예비된 영영한 불에 들어가라."(마25:41)

'마귀와 그 사자들'(the devil and his angels)은 개과천선하거나 거듭날 수 없고 오직 '영영한 불'(everlasting fire)에 들어가기로 운명 지어져 있다.

엔 타임은 마귀의 운명의 날이 매우 촉박하기 때문에 인간들에 대한 유혹과 시험(temptation)이 매우 끈질기고 집요하고 악착같다. 따라서 계시록 시대의 사람들은 신랄한 전쟁터에서 치열하게 살아갈 수밖에 없다. 끊임없이 마귀가 영적 전쟁을 일으켜 많은 사람들의 영혼을 사냥질 해 댈 것이며, 육적인 전쟁을 일으켜 육체의 생명을 무더기로 덤핑해 버린다.

요한이 볼 때에 개구리 같은 세 더러운 영이 용의 입과 짐승의 입과 거짓 선지자의 입에서 나오고 있는데 저희는 귀신의 영이다.

세 더러운 용이 왜 개구리 같은 것일까?

고대 이집트에는 개구리 모습으로 묘사되는 생명과 다산의 여신 헤케트(Heqet)가 있었다. 이집트에서는 나일 강이 범람한 후 수백 마리의 개구리가 태어나는데, 그 때문에 이집트인은 개구리를 다산의 상징으로 본다.

계시록의 재앙이 종종 출애굽의 열 재앙과 중복되는 이유는 세상 문화를 주관하는 악한 영들과 우상 신들에 대한 심판의 차원 때문이기도 하다. '용의 입과 짐승의 입과 거짓 선지자의 입'은 후삼 년 반의 환란기에 온갖 거짓으로 하나님과 그리스도인들을 능멸하고 유혹하고 핍박하던 입이다.

귀신들이 드나드는 사람의 출입구는 바로 그 사람의 입을 통해서이다. 유난히도 큰 입을 가지고 시끄럽게 주절거리는 개구리 같은 세 더러운 영들을 주의해야 한다. 입을 잘못 열어 모독과 비난과 저주와 거짓을 발할 때, 귀신의 영은 그 순간 그 입속으로 골인한다.

사람의 말속에는 생명 혹은 사망의 씨를 잉태하고 있기 때문에 말의 인격이 그 만큼 중요한 것이다.

"여호와의 말씀에 나의 삶을 가리켜 맹세하노라 너희 말이 내 귀에 들린 대로 내가 너희에게 행하리니."(민14:28)

세 더러운 영이 행하는 더러운 짓을 주목할 필요가 있다.

"이적을 행하여 온 천하 임금들에게 가서 하나님 곧 전능하신이의 큰 날에 전쟁을 위하여 그들을 모으더라."(14)

'누가, 언제, 어디에서, 무엇을, 어떻게, 왜'의 여섯 가지 육하원칙에 입각해 제공되는 이 구절은 하나의 사건으로서 완벽히 진행될 것이다.

세 더러운 영들은 온 천하 임금들에게 전능하신 하나님을 대적할 전쟁을 유도하는 국제정치를 음모한다. 하나님도 대적하고 사람도 죽일 수 있는 일거양득의 기회이다. 정치는 오직 두 가지 종류만이 존재할 뿐이다. 하나님을 대적하는 정치냐 아니면 하나님의 뜻을 이루는 정치냐, 사람을 죽이는 정치냐 아니면 사람을 살리는 정치냐이다.

요즘에는 교회 내부에서도 버젓이 자기영광을 위해 사람 죽이는 정치를 행한다. 참 정치를 하고 있는지 거짓 정치를 하고 있는지는 먼저 그 사람의 입이 개구리 입인지 아닌지를 관찰하면 알 수 있다.

'전능하신이의 큰 날'은 구약에서 '여호와의 크고 두려운 날'로 여호와의 심판의 날이다.

"너희는 애곡할지어다. 여호와의 날이 가까웠으니 전능자에게서 멸망이 임할 것임이로다."(사13:6)

구약의 선지자들이 그토록 외치던 여호와의 날이 바로 아마겟돈 전쟁 중에 성취된다.

세 영들은 히브리 음으로 아마겟돈이라 하는 곳으로 왕들을 모은다.(16)

'아마겟돈'(Armageddon)은 '므깃도의 산'을 의미하는 히브리어의 헬라어 음역으로, 므깃도의 산에서 바로 하나님과 사탄의 전쟁이 발생한다는 것이다. 여기서 '아마겟돈'이란 장소를 문자적으로 볼 것이냐 상징적으로 볼 것이냐 하는 문제가 대두된다.

성경지명사전에 의하면 므깃도는 이스르엘 평야 중에서 동서남북을 서로 연결하는 중요한 교통의 요지이고 전략적으로 중요한 곳이었다. 제국들의 군대는 이곳을 통과하여 지나갔고, 가나안 땅 중에서도 역사적으로 20여회 이상 국제적인 전투가 가장 많이 벌어졌던 곳이다.

여섯째 천사가 그 대접을 큰 강 유브라데에 쏟을 때에 강물이 말라서 동방에서 오는 왕들의 길을 예비시키고 있다.(12) 유브라데 강을 건너 므깃도로 집결하는 것이다.

제19장에 기록된 아마겟돈 전쟁의 결과를 참조하면 이 전쟁은 매우

영적인 전쟁임을 예고한다. 이 전쟁의 주범들인 그 짐승과 땅의 임금들과 그 군대들이 모여 그 말 탄 자와(예수 그리스도) 그의 군대로 더불어 전쟁을 일으키지만, 그 짐승과 거짓 선지자들이 잡혀 산채로 유황불 붙는 못에 던져진다.(계19:19,20) 따라서 아마겟돈 전쟁 자체가 궁극적으로는 영적인 전쟁의 성격을 띠고 있다고 볼 수 있다.

마지막 일곱째가 그 대접을 공기 가운데 쏟을 때 큰 음성이 보좌에서 성전을 통해 나온다 – '다 끝났다!'(17)

길고 긴 하나님의 종말을 향한 대장정의 시나리오가 이것으로 막을 내리고 있다.

마지막 대접 재앙의 하늘의 징조는 번개와 음성들과 뇌성이 있고 또 큰 지진이 발생하는데 그 지진의 강도가 어찌 큰지 사람이 땅에 있어 옴으로 이같이 큰 지진이 발생한 적이 없는 전무후무한 규모이다.(18)

하나님이 땅을 자주 뒤집어 놓으시는 것은 땅에 거하는 자들이 자주 하나님의 속을 뒤집어 놓았기 때문이다.

마지막 대접 재앙의 땅의 징조는 큰 성이 세 갈래로 갈라지고 만국의 성들도 무너지며 이때에 큰 성 바벨론이 하나님 앞에 기억하신바 되어 그의 맹렬한 진노의 포도주 잔을 받아 각 섬도 없어지고 산악도 온데간데없이 사라진다.(20)

만국의 성이 무너지고 큰 성 바벨론이 심판받는 것은 곧 하나님 없는 인생, 하나님 없는 세상 문화에 대한 심판이다.

바벨탑을 쌓는 심정으로 인생을 살아온 자들은 바벨론이 무너질 때 억장이 무너지는 심정을 갖게 될 것이다. 또 무게가 한 달란트나 되는 큰 우박이 하늘로부터 사람들에게 쏟아 붓고 사람들이 그 우박 재앙으로 인해 하나님을 훼방하고 있다.(21)

우박 한 덩어리의 무게가 약 45kg 되는 것들이 하늘에서 쏟아진다고 상상해 보라! 그럼에도 불구하고 우박 덩어리보다 도 더 놀라운 것은 그 우박 재앙으로 인해 회개할 생각보다는 하나님을 모독하고 저주하는 그 심장 덩어리이다. 이것은 인간의 마음이 귀신의 영에 지배를 받고 있을 때, 어느 정도까지 완악하게 하나님을 대적할 수 있는지를 보여 주는 것이다.

예수님은 여섯 번째 대접재앙에서 전후문맥상 전혀 연결되지 않고 어울리지 않는 생뚱맞은 말씀을 하신다.

"보라 내가 도적 같이 오리니 누구든지 깨어 자기 옷을 지켜 벌거벗고 다니지 아니하며 자기의 부끄러움을 보이지 아니하는 자가 복이 있도다." (15)

14절은 귀신의 영이 전쟁을 위하여 임금들을 모으는 내용이고, 16절은 세 영이 그 왕들을 아마겟돈으로 모은다는 내용이다. 따라서 15절에는 이와 관련된 내용이 나와야 함에도 불구하고, 예수님께서 이 말씀을 왜 이 순간 여기서 하고 계시는지를 물을 필요가 있다.

계시록에는 두 개의 현실이 존재한다. 하나는 계시록 속의 현실이고 또 하나는 계시록을 읽고 있는 독자의 현실이다.

15절 말씀은 계시록 속의 현실에 있는 자들에게 주는 말씀이 아닌 계시록을 읽고 있는 독자들의 현실에 주시는 말씀이다. 즉 레마(rhema)스러운 로고스(logos)이다. 만약 계시록 16장까지 살아남은 그리스도인이 있다면 그는 매우 위태한 지경에 처해 있는 자이다. 정상적인 그리스도인이라면 이미 두 짐승이 한창 핍박의 기세를 올리던 계13장 즈음에 단두대에서 목이 떨어져 나갔어야 한다.

계16장 이하까지 살아남은 그리스도인에게 이 말씀은 의미가 없다. 재앙과 화가 한참 진행되어 이제 마무리 단계의 시점에서 예수님은 복이 있는 자를 언급하신다. 이 복은 화를 면할 수 있기 때문에 복인 것이고, 도적같이 오시는 예수님께 선택받을 수 있기 때문에 복인 것이다. 따라서 이 말씀은 이러한 재앙과 화를 면할 수 있는 길을 모색할 수 있도록 독자들에게 권고하는 반상황적 의미의 독자적 허용이다.

한편 이 말씀은 예수님께서 이미 도적같이 임하셨다는 강한 파루시아(παρουσία;재림)의 암시 일 수 있다.

"보라 내가 도적 같이 오리니 누구든지 깨어 자기 옷을 지켜 벌거벗고 다니지 아니하며 자기의 부끄러움을 보이지 아니하는 자가 복이 있도다." (15)

이 말씀은 대환란의 종반보다는 대환란 이전에 적합한 내용이다. 왜냐하면 대환란을 통과하는 그리스도인들에게 주는 메시지는 "성도들의 인내가 여기 있나니 저희는 하나님의 계명과 예수 믿음을 지키는 자니라."(계14:12)라는 류의 말씀이 더욱 실제적이고 현실적인 것으로 보이기 때문이다.

그런데 이 말씀의 성취시점도 중요하지만 포인트는 자신이 과연 "자기 옷을 지켜 벌거벗고 다니지 아니하며 자기의 부끄러움을 보이지 아니하는 자"인가 하는 것이다.

태어날 때부터 죽을 때까지, 창세기부터 계시록까지 따라 붙는 것이 바로 '죄의 문제'이다. 아직도 죄의 노예로 질질 끌려 다니며 부끄러운 그 무엇이 있다면 이 말씀은 그 사람에게 약이 아니라 독이다. 그리스도인은 죄의 문제를 1차적으로 처리 할 수 있어야 한다.

귀신의 영들은 예수님의 재림이 지연됨으로 인해 믿음의 내적 일관성을 상실하게 만들고 인지 부조화(cognitive dissonance)를 경험하게 만든다. 그러나 재림에 대한 불식(不識)을 불식(拂拭)시키지 못하는 자는 불행(不幸)해진다.

"누구든지 깨어 자기 옷을 지켜 벌거벗고 다니지 아니하며 자기의 부끄러움을 보이지 아니하는 자가 복이 있도다."(15)

벌거벗고도 수치를 느끼지 못하는 세상이며, 부끄러운 짓을 하고도 부끄러워하지 않는 뻔뻔하고 패역한 세대이다. 이 말씀의 회초리로 자신을 휘갈리며 가슴을 쥐어뜯어 부끄러움을 가리지 않는다면, 꺼지지 않는 불구덩이 속에서야 가슴을 쥐어뜯게 될 것이다.

36_ 당신은 음녀와 무슨 관계입니까?

(계17:1-6)

예수를 믿으면서도 여전히 세상을 사랑하고 있다면 그 사람은 바벨론의 포로 생활을 하고 있는 자이다. 그러나 바벨론은 무너지기 위해 있는 도성임을 잊지 말아야 한다.

하나님의 심판의 여섯 번째 대접재앙이 아마겟돈 전쟁을 통한 악한 영의 심판이라면, 마지막 일곱 번째 재앙은 바벨론으로 상징되는 악한 세상과 인간들에 대한 심판이다.

마지막 대접 재앙은 14장에서 공중을 날아가는 세 천사중 둘 째 천사가 경고했던 바벨론에 대한 심판의 실현이기도 하다.

"무너졌도다 무너졌도다 큰 성 바벨론이여 모든 나라를 그 음행으로 인하여 진노의 포도주로 먹이던 자로다."(계14:8)

특히 바벨론에 대한 심판은 17장과 18장에서 더욱 상세히 부연하며 설명한다.

하나님 앞에 최종적으로 심판받는 이 세상의 모습이 바벨론으로 상징되고 있으며, 바벨론은 다시 음녀로 상징되고 있음을 관찰할 필요가 있다.

왜 바벨론의 죄악상을 음녀의 음행에 비유하고 있을까?

(요한계시록17:1-6)

"또 일곱 대접을 가진 일곱 천사 중 하나가 와서 내게 말하여 이르되 이리 오라 많은 물 위에 앉은 큰 음녀의 받을 심판을 네게 보이리라.

땅의 임금들도 그로 더불어 음행하였고 땅에 사는 자들도 그 음행의 포도주에 취하였다 하고 곧 성령으로 나를 데리고 광야로 가니라. 내가 보니 여자가 붉은 빛 짐승을 탔는데 그 짐승의 몸에 하나님을 모독하는 이름들이 가득하고 일곱 머리와 열 뿔이 있으며 그 여자는 자주 빛과 붉은 빛 옷을 입고 금과 보석과 진주로 꾸미고 손에 금 잔을 가졌는데 가증한 물건과 그의 음행의 더러운 것들이 가득하더라.

그의 이마에 이름이 기록되었으니 비밀이라, 큰 바벨론이라, 땅의 음녀들과 가증한 것들의 어미라 하였더라.

또 내가 보매 이 여자가 성도들의 피와 예수의 증인들의 피에 취한지라 내가 그 여자를 보고 놀랍게 여기고 크게 놀랍게 여기니."

음행은 육체를 점령하여 마음을 빼앗고 정신을 포획하여 영혼을 죽이는 최악의 죄악이기 때문이다. 마귀가 인간의 영혼을 사냥질 할 때, 예나 지금이나 음행의 무기를 사용하면 백발백중의 명사수가 된다. 많은 영혼들이 인터넷상의 www(world wide web ; 세계적인 거미줄 망)속에 숨어있는 포르노의 거미줄 망에 걸려들어 헤어 나오지 못하고 있을 뿐만 아니라, 그러한 포르노 모방 범죄 행위가 지구촌 구석구석을 강타하고 있다.

많은 영혼들을 죽이고 있는 '큰 음녀'를 원어 성경에서는 포르네스(πόρνης)라는 단어를 사용하고 있고, 이 용어는 포르노(porno) 라는 단어의 기원을 이룬다.

그리고 이 음녀가 행하는 '음행'은 포르네이아스(πορνείας) 라는 단어로 사용되어 '성적 부도덕(sexual immorality)'을 일컫는 의미를 지닌다. 이러한 악한 생각과 지혜는 위로부터 내려온 것이 아니고 처음부터 세상적이요, 정욕적이요, 마귀적인 것들이다.(약3:15)

이 음녀를 문자적으로 해석한다 할지라도 전혀 무리가 없을 정도로 현재 이 음풍의 폭풍은 전 지구촌을 휩쓸어 버리고 있다. 그러나 음녀가 상징하는 궁극적인 의미는 영적인 음행의 원심력을 통해 결정적으로 사람들을 하나님에게서 멀어지게 만드는 영적 원심분리 작용이며, 결국 사람들을 사단의 포승줄에 꽁꽁 묶어 놓는 악의 실체를 말한다.

음행은 '하나님을 생각'하지 않게 만들고 '하나님의 생각'을 생각하지 못하게 함으로써, 인간의 생각을 통한 하나님의 생각을 파괴시키는 사단의 생각이다. 또한 '음행'은 성경에서 관계신학을 구성하는 주요 개념들 중 하나이다.

구약에서는 종종 이 음행을 하나님과 성민들과의 부정적인 영적 관계를 묘사하는 개념으로 적용해왔다. 신약에서도 그리스도인과 그리스도와의 관계를 정결한 처녀와 한 남편의 관계로 설정하고 있는 바, 음행은 자고이래로 부부지간의 사랑에 최대 변수로 작용한다.(고후11: 2)

17장에서는 이 음녀가 누구이고 무슨 짓을 한 것이며 어떻게 하나님의 심판을 받을 것인지를 보여준다.

첫째, 이 음녀는 많은 물 위에 앉아 있다. (1) 이 "음녀의 앉은 물이 바로 백성과 무리와 열국과 방언들이니라."(15)고 천사가 일러준다.

음녀가 많은 물위에 앉았다는 것은 세상의 많은 사람들이 음녀의 음행을 추종하고 모방하고 있으며, 음녀에게는 수많은 지지자들이 확보되어 있다는 것이다.

즉 이 음녀의 음행에 대한 영향력은 백성(peoples)과 무리(multitutes)와 열국(nations)과 방언들(tongues)을 총 망라하는 'www.'의 무대를 그 배경으로 하며, 문자적인 의미의 현실은 포르노를 통해 전 세계인들을 휘잡아 놓고 있다.

세상에 있는 모든 도시들이 하나님이 거하시지 못하고, 성령님이 숨쉬지 못하는 황폐한 세속 도시, 쾌락 도시, 우상 도시일 뿐이다.

둘째, 이 음녀의 음행은 땅의 임금들 뿐만 아니라 땅에 거하는 자들

도 그 음행의 포도주에 취하게 만들어 놓았다. (2)

음행의 포도주에 취함으로 몸과 마음과 정신에 음행의 기운이 넘쳐 흐른다. 이것은 음행의 역병이 지위고하, 상하서열, 빈부귀천을 막론하고 각계각층의 사람들에게 번지고 있다는 말이다.

영적인 분별력을 상실한 사람들의 하나님을 거부하고 반역하는 행위들이 세계적인 추세가 되고 사회적인 트렌드가 되며 문화적인 유행이 되는 것이다.

셋째, 이 음녀는 붉은 빛 짐승을 타고 있는데 그 짐승의 몸에는 참람된 이름들이 가득하고 일곱 머리와 열 뿔이 있다. (3)

이 붉은 빛 짐승이 13장의 바다에서 올라 온 짐승과 동일하게 일곱 머리와 열 뿔을 가지고 있는 모습을 볼 때, 땅에서 올라 온 짐승과 더불어 용(龍)의 지시를 받는 동류의 짐승으로 보인다. 이 짐승이 붉은 빛을 띠고 있다는 것은 만민들을 악으로 선동하고 우상숭배를 책동하여 하나님에 대한 거역을 충동하게 만드는 색감을 연상시킨다.

그 짐승의 몸에 하나님을 모독하는 이름들이 가득하다는 것은 온 몸으로 하나님을 거역하는 악종이기 때문이다. 그의 몸뚱이는 죄악으로 인한 기형(monstrosity)의 형태를 띠고 있는데 바로 일곱 머리와 열 뿔이 달려 있다. 죄의 원흉인 이 짐승이 음녀를 태우고 온 세계를 미혹한다.

넷째, 이 음녀는 자주 빛과 붉은 빛 옷을 입고 금과 보석과 진주로 꾸

미고 손에 금잔을 가졌는데 가증한 물건과 그의 음행의 더러운 것들로 가득하다. (4)

붉은 빛 짐승을 타고 있는 음녀의 입은 옷이 자주 빛과 붉은 빛을 띠고 있는 것은 결코 우연의 일치가 아니다.

음녀의 입은 옷이 자주 빛과 붉은 빛을 띠고 있다는 것은 붉은 빛 짐승으로부터 그 녀의 머릿속과 가슴속이 온통 붉게 물들어 있는 투영된 내부적 모습의 외부적 반영이다. 게다가 속이 악하고 음란하고 추잡스럽다 보니 자연스레 겉을 금과 보석과 진주로 꾸미게 된다.

그녀가 마시고 취하는 금잔 속에는 간음(우상숭배)을 행하는데 소요되는 혐오스러운 것들과 불결한 것들로 그득 차 있다.

다섯째, 그 음녀의 이마에 몇 가지 이름들 – 비밀, 큰 바벨론, 땅의 음녀들 그리고 가증한 것들의 어미 – 이 기록되어 있다. (5)

이름이란 그 사람의 고유한 가치를 드러내주고, 그 사람이 지닌 인격과 명예가 타인들에게 인식되는 이미지이다. 음녀가 여러 개의 닉네임을 가지고 있다는 것은 그녀의 타락한 인격이 다중화 되어 있다는 것이며, 그 닉네임들은 사람이 지닌 범죄 심리를 다양한 방식으로 동기화(動機化)시켜 끊임없이 죄를 생산해내는 또 다른 존재방식이다.

음녀가 자신의 음란한 행위의 쾌감을 상대방에게 고조시키기 위해 사용하는 또 하나의 술수는 바로 '비밀'(mystery)이다.

'미스터리'는 땅의 임금들과 어깨를 나란히 하며 그들을 상대하기 위해 필요한 카리스마적 권위인 동시에, 음행의 나르시시즘(narcissism)에 끊임없이 빠져들게 만드는 중독효과를 촉진시킨다.

음녀가 조장하는 '음행의 사회적 현상'은 마침내 이 땅의 보편적 가치로 자리 잡게 되고 그것은 '거대한 바벨론'(Babylon the Great) 왕국의 실체를 이룬다.

음녀의 닉네임 중에 가장 거창하게 보이는 '거대한 바벨론'은 마음에 하나님 두기를 싫어하는 타락한 인간들이 살기에 가장 좋은 지상낙원이다. 그러나 이곳에 육신의 쾌락은 있어도 마음의 희락이 없고, 정신적 쾌감은 있어도 영적인 감흥이 없다.

음녀의 또 다른 닉네임인 '땅의 음녀들과 가증한 것들의 어미'는 그가 얼마나 정열적인 정욕을 가지고 씨를 뿌려 열매를 거두었는지를 보여준다.

예수님께서 일러주신 30배 60배 100배의 결실의 원리는 복음의 씨앗이 '옥토'에 떨어질 확률에다가 '밀알'처럼 썩어질 확률이 더해져야만 가능하다. 그런 이후에 이 생명의 씨앗이 발아한 후 성숙하여 가을을 기다리고 나서야 비로소 30배 60배 100배의 재생산의 열매를 맺는다. 그러나 사망의 과정은 생명의 결실처럼 단계가 없고 복잡하지 않다.

모든 생명체의 죽음은 일순간이고 영혼도 마찬가지이다. 아무리 여덟 가지 성령의 열매를 주렁주렁 맺는다 할지라도 '하나의 죄'와 '한 번의 죄'가 단번에 사망을 초래한다. '하늘의 백성' 한 명을 만드는 데에는 10년이 걸려도 '땅의 음녀들'을 만드는 데는 단 하루, 단 한 시간이면 족하고 그 열매는 300배 600배 1000배이다.

'어미'로서의 음녀가 만들어내는 혐오스럽고 가증스러운 현대적인 것들 중의 하나가 바로 동성결혼이다.

성경이 금하는 것들을 행하면 그것은 언제 어디서나 하나님 앞에 가증스럽고 사람들 앞에 흉물스러운 것이다.

"너는 여자와 교합함 같이 남자와 교합하지 말라 이는 가증한 일이니라."(레18:22)

음녀는 음란한 행위와 가증한 짓거리를 행할 때에 일종의 카타르시스(catharsis)를 느끼도록 유혹해서 결국 썩어지지 아니하는 하나님의 영광을 썩어질 사람과 금수와 버러지 형상의 우상으로 바꿔치기 해버린다.(롬1:23)

그러나 하나님은 '지금 여기서(now and here)' 거룩함을 요구하시는 분이시다.

"너희는 그 거하던 애굽 땅의 풍속을 좇지 말며 내가 너희를 인도할 가나안 땅의 풍속과 규례도 행하지 말고."(레18:3)

여섯째, 이 음녀는 성도들의 피와 예수의 증인들(순교자들)의 피에 취해있다.(6)

음녀의 음행의 목적은 음행의 덫으로 사로잡은 예수쟁이들의 육신의 피와 영혼의 피를 취하도록 마셔대는데 있다.

음녀가 도색(桃色)하고 있는 그 본색(本色)을 검색하니 이러한 결과가 나온다.

"음란한 계집은 귀한 생명을 사냥함이니라."(잠6:26)

예수쟁이들의 변절과 배도를 유도함으로 성도들과 예수 증인들을 사냥하려는 짐승의 계략은 짐승의 표를 통해서나 음녀의 음행을 통해서나 끊임없이 시도된다.

"근신하라 깨어라 너희 대적 마귀가 우는 사자 같이 두루 다니며 삼킬 자를 찾나니."(벧전5:8)

성도들의 피와 예수 증인들의 피비린내가 이 세상을 진동시킬 즈음에 이 세상은 저 세상으로 변할 것이다. 이 음녀가 얼마나 많은 예수쟁이들을 몰락시키고 있는가?

로마제국 시대에 많은 크리스천들이 서슬퍼런 박해를 무릅쓰고 지하에서 신앙의 정조를 지켜냈지만, 기독교가 지상으로 올라오고 부터는 음행의 포도주에 취하기 시작했다. 이 세상이나 세상에 있는 것들을 사랑하고 음행하기 시작한 것이다.

예수를 믿으면서도 여전히 세상을 사랑하고 있다면 그 사람은 바벨론의 포로생활을 하고 있는 자이다. 그러나 바벨론은 무너지기 위해 있는 도성임을 잊지 말아야 한다.

음녀는 음행의 포도주에 취하고, 성도들의 피와 예수의 증인들의 피에 취해있다.

당신은 무엇에 취해서 인생을 살아가고 있습니까?

37_열 뿔 가진 짐승의 비밀 (계17:7-18)

> 열 왕들은 짐승을 왕중 왕(king of kings)으로 모시면서 짐승이 큰 일을 하도록 힘을 실어준다. 열나라 열 대통령간의 강한 유대와 통합은 어떤 종교적 이념이나 강한 이데올로기로 획일화된 나라들일수록 일치단결하여 하나의 목적을 성취시키기에 용이할 것이다.

미래학자는 미래를 '가능미래'와 '선호미래'라는 두 가지 관점에서 예측한다. '가능미래'는 올 것 같은 미래이고, '선호미래'는 왔으면 하고 바라는 미래이다.

그러나 계시록에서 보이는 미래는 미래학의 미래를 어둡게 만든다. 올 것 같은 장미 빛 미래는 오지 않고, 왔으면 하고 바라는 무지갯빛 미래도 더더욱 오지 않고, 외려 잿빛 미래의 먹구름만이 몰려온다.

미래학에서는 인간의 미래가 단 한 가지 절대 미래(The Future)가 있는 것이 아니고, 인간이 어떻게 대응하느냐에 따라 여러 가지 미래

"천사가 이르되 왜 놀랍게 여기느냐 내가 여자와 그가 탄 일곱 머리와 열 뿔 가진 짐승의 비밀을 네게 이르리라.

네가 본 짐승은 전에 있었다가 지금은 없으나 장차 무저갱으로부터 올라와 멸망으로 들어갈 자니 땅에 사는 자들로서 창세 이후로 그 이름이 생명책에 기록되지 못한 자들이 이전에 있었다가 지금은 없으나 장차 나올 짐승을 보고 놀랍게 여기리라.

지혜 있는 뜻이 여기 있으니 그 일곱 머리는 여자가 앉은 일곱 산이요 또 일곱 왕이라 다섯은 망하였고 하나는 있고 다른 하나는 아직 이르지 아니하였으나 이르면 반드시 잠시 동안 머무르리라.

전에 있었다가 지금 없어진 짐승은 여덟째 왕이니 일곱 중에 속한 자라 그가 멸망으로 들어가리라.

네가 보던 열 뿔은 열 왕이니 아직 나라를 얻지 못하였으나 다만 짐승으로 더불어 임금처럼 한동안 권세를 받으리라.

그들이 한 뜻을 가지고 자기의 능력과 권세를 짐승에게 주더라.

그들이 어린 양과 더불어 싸우려니와 어린 양은 만주의 주시오 만왕의 왕이시므로 그들은 이기실터이요 또 그와 함께 있는 자들 곧 부르심을 받고 택하심을 받은 진실한 자들도 이기리로다.

또 천사가 내게 말하되 네가 본 바 음녀가 앉아 있는 물은 백성과 무리와 열국과 방언들이니라."

네가 본 바 이 열 뿔과 짐승은 음녀를 미워하여 망하게 하고 벌거벗게

하고 그 살을 먹고 불로 아주 사르리라.

이는 하나님이 자기 뜻대로 할 마음을 그들에게 주사 한 뜻을 이루게

하시고 그들의 나라를 그 짐승에게 주게 하시되 하나님 말씀이 응하기

까지 하심이라.

또 네가 본 그 여자는 땅의 왕들을 다스리는 큰 성이라 하더라."

가 나타난다고 본다. 그래서 미래학(Futures Studies)을 영어로 표기할 때 복수를 나타내는 s를 붙임으로서 인간의 능력에 희망을 걸어 본다.

그러나 계시록의 미래학은 인간의 미래가 단 한 가지 절대 미래(The Future)만 있기 때문에, 인간이 어떻게 대응하든 한 가지 미래만이 도래한다. 단 개인적인 구원의 미래에 있어서 만큼은 인간이 어떻게 대응하느냐에 따라 달라질 수 있기 때문에 '구원의 미래학'을 클로즈업 시킬 필요가 있다.

찬란한 미래가 이렇게 암담한 미래가 되는 이유 중의 하나는 계시록의 미래가 '역사적인 미래'로 진행되기 보다는 '영적인 미래'로 전개되기 때문이다.

"땅과 바다는 화 있을진저. 이는 마귀가 자기의 때가 얼마 못 된 줄을 알므로 크게 분 내어 너희에게 내려갔음이라 하더라." (계12:12)

성격 나쁜 마귀가 분까지 났으니, 그야말로 마귀가 마귀 짓 할 판국이고 최악의 상황으로 치닫는 일만 남는다.

대환란기에 등장하는 용이 천사 미가엘과의 싸움을 비롯해, 용이 짐승에게 능력을 부어주고, 짐승들이 용과 교합하여 각 나라의 지도자들과 국제정세를 음모하여 크리스천들에 대한 박해와 말살 정책을 주도해 나아간다.

용의 역사개입은 그리스도의 재림을 기점으로 영적 추수의 수확량을 극대화시키려는 어린 양 예수 그리스도의 뜻을 최대한 저지시키려는 방해공작이다. 보이는 역사의 종말이 보이지 않는 영들에 의해 교묘히 이용당하다가 인간의 역사는 종지부를 찍는 것이다.

종말의 키워드는 "타작"이다.

"손에 키를 들고 자기의 타작마당을 정하게 하사 알곡은 모아 곡간에 들이고 쭉정이는 꺼지지 않는 불에 태우시리라."(눅3:17)

알곡을 추려내기 위해 키를 들어 힘껏 쭉정이를 후려갈기는 일들이 벌어진다. 힘껏 휘갈기면 힘껏 휘갈길수록 알곡은 쉽게 빠져 나온다.

사도 요한은 음녀의 도발적인 행위를 보고 기이히 여기고 크게 기이히 여길 때에 천사가 여자와 짐승이 누구인지 그 비밀을 일러 준다.

첫째, 일곱 머리와 열 뿔 가진 짐승은 "전에 있었다가 시방 없으나 장차 무저갱으로부터 올라와 멸망으로 들어갈 자"이다.

이 '일곱 머리와 열 뿔 가진 짐승'의 출현은 그 꼬리로 하늘 별 삼분의 일을 끌어다가 땅에 던지고, 해산하려는 여자 앞에서 그 아이를 삼키고자 했던(계12:4) 하늘과 땅 양자에서 매우 위협적인 해코지로 출발했다.

계13장의 '바다에서 올라 온 짐승'이 열 뿔과 일곱 머리를 가지고 있다는 점에서 '땅에서 올라 온 짐승'과 '여자를 태운 붉은 빛 짐승'과 더불어 하나님의 삼위일체를 모방한다.

이 짐승을 보고 기이히 여기며 호감도 1순위를 보이는 자들이 있는데 바로 '땅에 거하는 자들' 즉 '생명책에 기록되지 못한 자들'이다. (8)

'땅에 거하는 자들'은 땅엣 것들인 육신의 정욕과 안목의 정욕과 이 생의 자랑만을 추구하다 보니 완전히 '땅의 사람들'이 되어 버렸고 '생명책'이란 존재 자체도 모르고 살아간다.

이 짐승이 '장차 무저갱으로부터 올라와 멸망으로 들어갈 자'이기 때문에 짐승이 지닌 자기 운명의 심술을 당해낼 재간이 없다. 그런데 '전에 있었다가 시방 없으나 장차 무저갱으로부터 올라와 멸망으로 들어갈 자'가 어떤 의미의 존재일까?

이것은 짐승으로 상징되는 마귀의 존재가 현재는 항상 존재하지 않는 것처럼 위장하지만, 뒤돌아 보면 마귀는 전에 그 사건의 자리에 항상 존재해왔고, 장차 미래에도 어김없이 내 삶의 주변에 서성거리면서 멸망으로 들어갈 자신의 운명의 심통을 부릴 자라는 것이다.

둘째, 일곱 머리는 여자가 앉은 일곱 산이자 일곱 왕인데, 그 중 다섯

은 망하였고 하나는 있고 다른 이는 아직 이르지 아니하였으나 이르
면 반드시 잠간 동안 계속할 것이다. (10)

일곱 머리를 과거 로마의 황제들이나 교황들 혹은 제국들로 해석을
하는 경우도 있지만, 이들이 누구인지는 대환란기를 경과해야 확연히
드러난다.

계시록에서 과거의 역사적 사실이나 인물에 대해 해석의 틀을 적용
하는 것은 무의미하다.

마태복음 13장의 씨 뿌리는 비유에서 예수님은 "가라지를 심은 원
수는 마귀요, 추수 때는 세상 끝이요, 추숫군은 천사들이니"(마13:39)
라고 말씀하신다. 역사의 추수기가 있는데 이때가 바로 '세상 끝(in
the end of this world)'이고, 계시록의 해석을 추수기 이전의 역사적
사실에서 찾는 것은 성급한 시도이다.

셋째, 전에 있었다가 시방 없어진 짐승은 여덟째 왕으로 일곱 중에
속한 자이며 저가 멸망으로 들어간다고 천사는 말한다. (11)

천사는 짐승이 여덟째 왕이고 일곱 중에 속한 자라는 매우 이해하기
어려운 말을 하고 있다. 이 짐승이 무저갱으로부터 올라온다고 하는
것은 바로 마귀의 정체성을 가지고 있다는 것이다.

동시에 여덟째 왕으로 일곱 중에 속한다는 것은 왕의 머리수는 여덟
이지만, 여덟째 왕인 마귀가 일곱 왕 중의 하나에게 들어 가 영적으로

덮어씌움으로서 수적으로는 도로 일곱 왕이라는 것이다.

마귀가 지닌 최대의 위협은 인간의 영혼에 들락날락 거릴 수 있다는 점이다.

넷째, 붉은 짐승에게 달려있는 '일곱 머리와 열 뿔'중의 열 뿔은 열 왕이며 아직 나라를 얻지 못했지만 짐승으로 더불어 임금처럼 권세를 일시 동안 받게 된다. (12)

짐승은 여덟 번째 왕이지만 일곱 왕에게 속해 있으며 동시에 열 뿔이 임금의 권세를 얻을 때에 짐승도 함께 권세를 받는다. 이때의 세계 정세는 사단이 매우 교묘하게 국제정세를 조정하면서 각 나라의 지도자들을 통제하는 매우 혼란스럽고도 계산적인 이합집산의 정략정치가 이루어질 것이다.

다섯째, 열 뿔 열 왕들은 한 뜻을 가지고 자기의 능력과 권세를 짐승에게 주고 있다. (13)

한 마디로 열 왕들은 짐승을 왕중 왕(king of kings)으로 모시면서 짐승이 큰일을 하도록 힘을 실어준다. 만약 한 나라 대통령이 일곱 나라의 대통령과 열 나라로부터 적극적인 지지를 받는다면 그는 국제사회에서 매우 강력한 영향력을 행사할 수 있을 것이다.

열나라 열 대통령간의 강한 유대와 통합은 어떤 종교적 이념이나 강한 이데올로기로 획일화된 나라들일 수록 일치단결하여 하나의 목적을 성취시키기에 용이할 것이다.

여섯째, 짐승과 열 왕들은 어린 양으로 더불어 싸우지만, 어린 양은 만주의 주시요 만왕의 왕이시므로 저희를 이기실터이고 또 그와 함께 있는 자들 곧 부르심을 입고 빼내심을 얻고 진실한 자들도 그들을 이긴다. (14)

지금까지 열 왕들이 한 뜻을 가지고 자기들의 능력과 권세를 짐승에게 부여한 이유와 목적은 바로 어린 양과의 일대결전을 위한 것이었다.

계시록(19:19,20)에 이렇게 기록한다.

"그 짐승과 땅의 임금들과 그 군대들이 모여 그 말 탄 자와 그의 군대로 더불어 전쟁을 일으키다가 짐승이 잡히고 그 앞에서 이적을 행하던 거짓 선지자도 함께 잡혔으니 이는 짐승의 표를 받고 그의 우상에게 경배하던 자들을 이적으로 미혹하던 자라 이 둘이 산채로 유황불 붙는 못에 던지우고."(계19:19,20)

이 전쟁 역시 아마겟돈 전쟁과 결부되어 '짐승과 열 왕들이 어린 양으로 더불어 싸우지만' 이 싸움이 어떤 형태와 규모로 전개될 것인지는 알 수 없다. 그러나 이 전쟁의 승자와 패자가 이미 결정되어 있고, 어린 양과 함께 있는 자들도 이기는 전쟁이다. 어린 양과 함께 있다는 것은 계14장에 나오는 구속받은 십사만 사천인의 특성과 동일하다.

세상의 그 어떤 것과도 음행하지 아니하고 오직 믿음의 정절을 지키며 어린 양이 어디로 인도하든지 따라가는 자들, 그 입에 거짓말이 없고 흠이 없는 자들 곧 부르심을 입고 빼내심을 얻고 진실한 자들이다.
(14)

일곱째, 천사는 요한이 목격한 여자가 바로 땅의 임금들을 다스리는
큰 성(great city)이라고 일러 준다. (18)

이미 여자의 닉네임 중 '큰 바벨론'(babylon the great)이라는 이름
을 통해 음녀가 바벨론을 상징함을 보여주었다.

마지막 대접재앙은 "큰 성이 세 갈래로 갈라지고 만국의 성들도 무
너지고 큰 성 바벨론이 하나님 앞에 기억하신바 되어 그의 맹렬한 진
노의 포도주 잔을 받는"(계16:19) 것으로 끝맺는다.

이 세상의 화려하고 찬란한 문명이었지만 그 곳에 하나님은 계시지
않고 영적으로 행음하여 단절되고 죽어버린 큰 성은 세 갈래로 완벽
히 분해되어 무너지고 폭망한다.

바벨론을 '특정 국가'로 해석하는 경우도 있지만, 새 하늘과 새 땅이
이루어지기 직전의 심판이라는 점에서 '세속세계'에 대한 총체적인
하나님의 심판으로 보는 것이 무난하다. '땅의 임금들을 다스리는 큰
성(great city)'은 결국 세상의 많은 나라들의 세속적 가치체계와 무신
론적 세계관에 영향을 미치고 있는 악의 실체요 죄의 본체인 악한 영
들의 본거지이다.

여덟째, 천사는 음녀의 운명에 대해 이렇게 말한다.

"네가 본바 이 열 뿔과 짐승이 음녀를 미워하여 망하게 하고 벌거벗게 하고 그 살을 먹고 불로 아주 사르리라. 하나님이 자기 뜻대로 할 마음을 저희에게 주사 한 뜻을 이루게 하시고 저희 나라를 그 짐승에게 주게 하시되 하나님 말씀이 응하기까지 하심이니라." (17)

열 뿔과 짐승이 음녀를 미워하여 벌거벗게 하고 그 살을 먹고 불로 아주 사르리라는 것은, 사람들로 하여금 죄의 소원대로 살게 유혹한 마귀가 끝내는 세상 사람들을 이용해서 자신의 목적을 성취한 후에 수치와 치욕을 느끼게 하고 망하게 하는 것이다.

저희 나라를 짐승에게 주게 한다는 것은 결국 마귀의 지배하에 이 세상 문명은 비참한 최후의 막을 내리게 되는 것이다. 악한 뜻을 품은 자는 결국 마귀 뜻대로 되는 것이고, 선한 뜻을 품은 자는 하나님의 선한 목적으로 사용된다.

마귀는 하늘에서 태어나서 하늘의 뜻을 거부하고 이 땅으로 쫓겨났지만, 인생은 이 땅에서 태어나 하늘의 뜻을 찾아 순례하는 하늘가는 나그네이다.

하늘가는 밝은 길이 어두컴컴하다면 그는 실패한 인생을 살고 있는 자이다

38_바벨론 장송곡 (계18:1-24)

바벨론 장송곡은 더 이상 음행하고 사치하지 못해서 우는 분하고 원통한 울음인 것이고, 더 이상 물건을 팔아먹지 못해서 우는 억울한 울음인 것이며, 더 이상 치부할 수 없어 분통해하고 애통해하는 울음인 것이다.

이 세상에 핑계 없는 무덤 없고, 원인 없는 결과 없으며, 뿌림 없는 거둠 없다.

바벨론이 하나님의 심판으로 망하게 된 것은 전적인 죄의 결과이고 이것은 세상이 망하는 원리이자 인생이 죽는 이치이다.

주검이 있는 곳에 독수리들이 모여 들고, 시체 썩는 냄새에 까마귀 달려들듯이, 죽을 짓 하는 사람도 사망의 냄새를 풍기는 것이고 이때에 어김없이 귀신들과 각종 더러운 영들이 몰려든다. 이것은 죄로 인해 죽어가는 사람을 살려내기가 수십 배, 수백 배 어려운 이유이기도 하다.

"이 일 후에 다른 천사가 하늘에서 내려오는 것을 보니 큰 권세를 가졌는데 그의 영광으로 땅이 환하여지더라.

힘찬 음성으로 외쳐 이르되 무너졌도다 무너졌도다 큰 성 바벨론이여 귀신의 처소와 각종 더러운 영의 모이는 곳과 각종 더럽고 가증한 새들이 모이는 곳이 되었도다.

그 음행의 진노의 포도주로 말미암아 만국이 무너졌으며 또 땅의 왕들이 그와 더불어 음행하였으며 땅의 상인들도 그 사치의 세력을 인하여 치부하였도다 하더라.

또 내가 들으니 하늘로서 다른 음성이 나서 이르되 내 백성아, 거기서 나와 그의 죄에 참여하지 말고 그가 받을 재앙들을 받지 말라.

그의 죄는 하늘에 사무쳤으며 하나님은 그의 불의한 일을 기억하신지라. 그가 준 그대로 그에게 주고 그의 행위대로 갑절을 갚아 주고 그가 섞은 잔에도 갑절이나 섞어 그에게 주라.

그가 얼마나 자기를 영화롭게 하였으며 사치하였든지 그만큼 고통과 애통함으로 갚아 주라. 그가 마음에 말하기를 나는 여왕으로 앉은 자요 과부가 아니라 결단코 애통을 당하지 아니하리라 하니 그러므로 하루 동안에 그 재앙들이 이르리니 곧 사망과 애통함과 흉년이라 그가 또한 불에 살라지리니 그를 심판하시는 주 하나님은 강하신 자이심이라.

그와 함께 음행하고 사치하던 땅의 왕들이 그가 불타는 연기를 보고 위하여 울고 가슴을 치며 그 고통을 무서워하여 멀리 서서 이르되 화 있도다 화 있도다 큰 성, 견고한 성 바벨론이여 한 시간에 네 심판이 이르렀다 하리로다.

땅의 상인들이 그를 위하여 울고 애통하는 것은 다시 그 상품을 사는 자가 없음이라.

그 상품은 금과 은과 보석과 진주와 세마포와 자주 옷감과 비단과 붉은 옷감이요 각종 향목과 각종 상아 그릇이요 값진 나무와 구리와 철과 대리석으로 만든 각종 그릇이요 계피와 향료와 향과 향유와 유향과 포도주와 감람유와 고운 밀가루와 밀이요 소와 양과 말과 수레와 종들과 사람의 영혼들이라.

바벨론아 네 영혼의 탐하던 과실이 네게서 떠났으며 맛있는 것들과 빛난 것들이 다 없어졌으니 사람들이 결코 이것들을 다시 보지 못하리로다.

바벨론으로 말미암아 치부한 이 상품의 상인들이 그의 고통을 무서워하여 멀리 서서 울고 애통하여 이르되 화 있도다 화 있도다 큰 성이여 세마포 옷과 자주 옷과 붉은 옷을 입고 금과 보석과 진주로 꾸민 것인데 그러한 부가 한 시간에 망하였도다 모든 선장과 각처를 다니는 선객들과 선원들과 바다에서 일하는 자들이 멀리 서서 그가 불타는 연기를 보고 외쳐 이르되 이 큰 성과 같은 성이 어디 있느냐 하며 티끌을 자기 머리에 뿌리고 울며 애통하여 외쳐 이르되 화 있도다 화 있도다 이 큰 성이여 바다에서 배 부리는 모든 자들이 너의 보배로운 상품으로 치부하였더니 한 시간에 망하였도다.

하늘과 성도들과 사도들과 선지자들아, 그를 말미암아 즐거워하라 하나님이 너희를 위하며 그에게 심판을 행하셨음이라 하더라.

이에 한 힘센 천사가 큰 맷돌 같은 돌을 들어 바다에 던져 이르되 큰 성 바벨론이 이같이 비참하게 던져져 결코 다시 보이지 아니하리로다.

또 거문고 타는 자와 풍류하는 자와 퉁소 부는 자와 나팔 부는 자들의 소리가 결코 다시 네 가운데서 들리지 아니하고 물론 어떠한 세공업자든지 결코 다시 네 안에서 보이지 아니하고 또 맷돌 소리가 결코 다시 네 가운데서 들리지 아니하고 등불 빛이 결코 다시 네 가운데서 비취지 아니하고 신랑과 신부의 음성이 결코 다시 네 가운데서 들리지 아니하리로다. 너의 상인들은 땅의 왕족들이라 네 복술을 말미암아 만국이 미혹되었도다.

선지자들과 성도들과 및 땅 위에서 죽임을 당한 모든 자의 피가 그 성 중에서 발견되었느니라 하더라."

상여꾼은 사람이 죽었을 때 인생무상(人生無常)을 노래하지만, 바벨론 장송곡은 인생유벌(人生有罰)을 노래하여 인생에는 반드시 죄에 대한 책망과 책벌이 있음을 읊조린다.

한국에는 고려조부터 사람이 죽으면 장례(葬禮) 때에 곡성(哭聲)이 끊어지지 않도록 상주를 대신하여 곡(哭)을 전담하는 비자(婢子)나 곡비(哭婢)가 있었다.

그러나 바벨론 장송곡은 직업적인 곡비(哭婢)가 곡을 하는 것이 아니라, 바벨론과 함께 음행하고 사치하던 땅의 왕들이 그 불붙는 연기를 보고 위하여 울고 가슴을 치고 있고(9), 땅의 상고들(metchants)이 바벨론을 위하여 울고 애통하며(11), 바다에서 일하는 자들인 선장과 선객들과 선인들이 티끌을 자기 머리에 뿌리고 울고 애통한다.(19) 이들은 더 이상 음행하고 사치하지 못해서 우는 분하고 원통한 울음인 것이고, 더 이상 물건을 팔아먹지 못해서 우는 억울한 울음인 것이며, 더 이상 치부할 수 없어 분통해하고 애통해하는 것이다.

우리는 사람들이 무엇 때문에 울고 슬퍼하는가를 보면 그 사람의 인생관, 세계관, 가치관을 알 수 있다.

바벨론의 사람들의 육체는 물질주의적 가치관에, 그들의 정신은 쾌락주의적 인생관에, 그들의 영혼은 우상주의 세계관에 물들어 있다. 바로 이러한 퇴폐적인 사회구조 속에서는 이른바 자본주의가 천민적으로 발달된다.

바벨론의 사회학적 현상은 천민자본주의의 병폐로 나타나지만 그 본질적 원인은 인간의 '욕심'에 있다.

"욕심이 잉태한즉 죄를 낳고 죄가 장성한즉 사망을 낳느니라."(약1: 15)

위 말씀은 죄가 어떻게 만들어지고, 사망이 어떻게 오는가를 가장 짧고 정확히 진술한 '인생의 사망공식'이다. 이 공식에 아무개의 욕심을 대입하면 그 사람의 죄가 밝혀지고 사망의 원인이 검증된다.

바벨론의 '명예욕'을 대입하니 마침내 자기를 영화롭게 하려는 (glorified hetself) 죄로 나타나고(7), 바벨론의 '물욕'을 대입하니 사치에 올인하는 죄로 드러나 이윽고 사망의 원인이 되고 있다.(9)

바벨론의 으뜸 죄는 음행의 포도주에 취한 것이고, 그 음행의 진노의 포도주가 결국 만국을 무너뜨려 버렸다.(3)

영적인 음행이 우상숭배라면 바벨론의 우상은 구체적으로 무엇일까?

바벨론의 우상은 자본주의의 병폐인 황금만능주의에서 비롯되는 '사치'이다.

'사치'라는 용어가 NAS 성경에서는 '감각적으로 사는 것(lived sensuously)'으로, KJV 성경에서는 '재미나게 혹은 미식가로 사는 것(lived deliciously)'으로, INT 성경에서는 '호화스럽게 사는 것(having lived luxuriously)'으로 번역되었다.

바벨론의 세속도시에서는 세상 사람들이 감각적인 유희와 미식가로 호화스럽게 한세상 살아가는 육의 삶이었기에 그들은 썩어진 육체만을 남겼을 뿐이다.

"자기의 육체를 위하여 심는 자는 육체로부터 썩어진 것을 거두고 성령을 위하여 심는 자는 성령으로부터 영생을 거두리라."(갈6:8)

바벨론은 경제발전과 경기호조의 덕분에 상권이 왕성하게 발달되었지만 일종의 문화지체현상을 겪게 된다. 문화지체현상이란 물질문화의 변화속도에 비하여 비물질 문화의 변화속도가 느려, 그 간격이 점점 커지는 현상이다. 물질은 앞서가는데 사람의 내면의 정신과 의식과 문화가 그것을 따라잡지 못하는 것이다.

바벨론의 이러한 문화 지체로 인해 사회 혼란과 사회 문제가 발생하고 많은 자들이 사치스런 생활을 탐닉하고 있었다.

물질의 주인이신 하나님께서 풍요를 허락하실 때에, 사람들이 감사의 마음과 더불어 그 물질을 선용하고 그것을 함께 나누지 못한다면 바로 그 때에 '종교문화지체현상'이 나타나는 것이다. 따라서 바벨론에는 '사치집단'이 있었고 이 '사치집단'에 물건을 공급해 줌으로서 부를 축적할 수 있었던 '치부집단'이 존재하고 있었다.

이들이 거래하던 상품 내역을 들여다보면 "그 상품은 금과 은과 보석과 진주와 세마포와 자주 옷감과 비단과 붉은 옷감이요, 각종 향목과 각종 상아 기명이요, 값진 나무와 진유와 철과 옥석으로 만든 각종 기명이요, 계피와 향료와 향과 향유와 유향과 포도주와 감람유와 고운 밀가루와 밀과 소와 양과 말과 수레와 종들과 사람의 영혼들이라." (계18:12,13)

이 거래품목들은 수천 년이 지난 오늘날에도 고가의 상품들이다. 이러한 귀중품들의 사치스런 소유욕이 마침내 이들의 영혼을 죽이는 품목이 되어버린 것이다.

그런데 이들 품목 중 가장 마지막에는 '종들과 사람의 영혼들(slaves, and souls of men)'이 등장한다.

사람의 육체를 물건 취급하여 사고파는 노예시장의 형성은 사람의 노동력을 필요로 하거나 혹은 성적인 상품으로 취급하기 때문이다. 사람을 물건 취급하는 시대는 사회적 불평등이 만연한 '무슨 무슨 우월주의 시대'이고 그 사회계층의 상위에 VIP 그룹이 존재한다.

여전히 현대사회도 상위 1%의 특혜를 위한 사회구조가 지속되고 있다.

노예들을 사고파는 행위는 자신의 의지를 벗어난 강압적인 사회제도라 치더라도 과연 '사람의 영혼들'을 누가 사는 것이며, 누가 자신의 영혼을 팔아치울 수 있단 말인가?

이 말은 다양한 의미의 해석의 여지를 남긴다.

'종(slave)'을 사는 것이 그의 육체를 사는 것이라면 '사람의 영혼(soul of man)'을 사는 것은 그의 육체는 물론이고 그의 내면의 정신세계와 종교의 믿음까지도 사들이는 것이다. 치부에 미쳐 버린 상인들이 돈 되는 것이라면 무엇이든 상품목록에 올리기 위해 '사람의 영혼들'까지도 사들이는 경우이다. 이때에 자신의 영혼을 판 사람 역시 돈이 되는 일이라면 자신의 영혼까지 팔아 치울 수 있다는 것이다.

사람의 영혼을 사고파는 행위의 배경에는 사람의 영혼을 사냥질해대는 악한 영들과 귀신의 역사가 지배한다. 또한 '사람의 영혼들'이 상품목록에 기록된 것은 크리스천들의 생명을 노리는 자들의 수요와 공급의 법칙에 의한 시장이 형성되어 있다는 것이고, 이것은 기독교 박해의 일환 일 수 있다.

24절에 이렇게 말한다.

"선지자들과 성도들과 및 땅 위에서 죽임을 당한 모든 자의 피가 이 성중에서 보였느니라 하더라."(24)

바벨론 멸망의 주요인은 바로 기독교인들을 증오하는 자들이 선지자들과 성도들의 피를 사들이고, 많은 생명을 억울하게 살해한 것이라고 밝히고 있다.

바벨론은 물화(物化 : Reification)된 사회를 상징한다. 대량의 상품 생산이 중요한 사회에 있어서 모든 것들은 매매의 대상이 된다. 따라서 인간의 노동력이나 다른 능력도 상품화되어 물적인 상품으로서의 성격을 띠게 되며, 인간과 인간의 관계조차도 물(物)과 물(物)의 관계로 나타난다. 이러한 물화(物化)된 사회에서는 영혼도 하나의 상품가치로 취급되는 것이고 수요와 공급의 상거래가 범상하게 이루어진다.

바벨론의 이러한 상황은 엔 타임의 시대풍조를 보여주는 것으로서, 천하보다 귀한 '한 영혼의 가치'가 악한 영들에 의해 여지없이 무너져 내리고 있음을 말해주고 있다.

엔 타임의 덫은 물질의 주인이신 하나님을 사랑하지 못하고 물질만을 사랑함으로써 황금만능주의, 배금주의, 맘모니즘 등의 우상에 빠져 살아가는데 있다. 문제는 하나님과의 관계도 결국 물질로 귀착되는 경우인데, 이때에 그는 하나님을 숭배하는 것이 아니라 물신숭배(物神崇拜)를 하고 있는 것이다.

'돈이 제일'이라는 화폐의 마력에 사로잡히게 되는 사회에서는 종교가 돈을 해석해 주는 것이 아니라, 돈이 종교를 해석해준다. 종교가 사람에게 위안을 주지 못하고 돈이 사람에게 위안을 준다. 하나님이 하나님 노릇을 하는 것이 아니라 돈이 하나님 노릇을 한다. 이러한 향락과 사치의 바벨론주의(Babylonism)의 죄는 어김없이 하늘에 사무치게 되었으며 하나님은 그의 불의한 일을 기억하시게 된 것이다.(5)

하늘이 무너져도 솟아날 구멍은 있다.

"또 내가 들으니 하늘로서 다른 음성이 나서 가로되 내 백성아, 거기서 나와 그의 죄에 참예하지 말고 그의 받을 재앙들을 받지 말라."(4)

사는 길은 거기서 나오는 길이다. 들어가는 길보다 나오는 길이 더 어렵지만, 살려면 나와야 된다.

살고자 하는 자에게는 죽는 길속에도 사는 길이 있지만, 사는데 관심 없는 자는 사는 길을 열어줘도 죽는다. 사는 길을 걷다가 죽는 롯의 처가 있는가 하면, 죽는 길을 걷다가 살아난 요나도 있다.

롯의 처는 알면서 죽었고, 요나는 알면서 살아났다.

"내 백성아, 거기서 나와 그의 죄에 참예하지 말고 그의 받을 재앙들을 받지 말라."(4)

이 말세의 복음에 순종하면 운명도 순종하지만, 이 복음을 거부하면 구원이 거부된다. 나오면서 머뭇머뭇 거리거나 결코 뒤를 돌아봐서는 안 된다. 물론 이것은 물리적 이동과 육체적 분리 이상으로 정신적, 심정적, 영적인 분리를 의미한다.

엔 타임에는 구원의 하나님과 심판의 하나님이 격렬하게 충돌한다. "그가 준 그대로 그에게 주고 그의 행위대로 갑절을 갚아주고 그의 섞은 잔에도 갑절이나 섞어 그에게 주라 ……. 그만큼 고통과 애통함으로 갚아 주라."(6-7)

하나님의 심판은 하루 동안에 그 재앙들이 이르고(8) 일 시간에 심판이 이른다.(10) 하나님의 심판의 속결성은 바벨론의 영화가 다시 보이지 않는 것으로(21), 바벨론의 사치와 향락의 소리가 다시 들리지 않는 것으로(23) 나타난다.

엔 타임은 인간의 오장육부의 말초신경을 쑤셔대어 온갖 쾌감을 자극하는 시대이고, 따라서 자신과의 싸움에서 이겨야 하는 시대이며 나의 가장 무서운 적은 다름 아닌 바로 나 자신이다. "그러므로 땅에 있는 지체를 죽이라 곧 음란과 부정과 사욕과 악한 정욕과 탐심이니 탐심은 우상 숭배니라." (골3:5)

내가 죄인중의 괴수라는 자신의 '실존적 고백'은 생활 속의 '실험적 고백'을 거쳐 하나님 앞의 '실증적 고백'이 되어야 한다.

39_할렐루야 사창(四唱) (계19:1-10)

> 19장에는 네 번의 할렐루야가 외쳐짐으로 인해 네 번의 벅찬 감격
> 의 일들이 벌어진다. 만성화되고 고질화되고 관습화된 인간사회
> 를 심판하시는 하나님의 공의로움에 대해 하늘에서 할렐루야 찬
> 양이 울려 퍼진다.

우리가 살고 있는 21세기를 지질시대로 구분할 때 현재를 충적세(沖積世) 또는 현세(現世) 대신에 '인류세(人類世·Anthropecene)'라고 부르기도 한다.

인류가 지구 기후와 생태계를 변화시켜 만든 지질시대라는 것이다. 즉 홀로세(현세) 중 인류가 지구 환경에 큰 영향을 미친 시점부터를 별개의 세(世)로 분리한 비공식적인 지질시대 개념이다. 그렇다면 인류세(人類世) 다음에는 어떤 세(世)가 찾아올까?

성경은 인류세(人類世)중 하나님의 심판이 지구환경에 큰 영향을

(요한계시록19:1-10)

"이 일 후에 내가 들으니 하늘에 허다한 무리의 큰 음성 같은 것이 있어 이르되 할렐루야 구원과 영광과 능력이 우리 하나님께 있도다. 그의 심판은 참되고 의로운지라 음행으로 땅을 더럽게 한 큰 음녀를 심판하사 자기 종들의 피를 그의 손에 갚으셨도다 하고 두 번째로 할렐루야 하니 그 연기가 세세토록 올라가더라.

또 이십사 장로와 네 생물이 엎드려 보좌에 앉으신 하나님께 경배하여 이르되 아멘 할렐루야 하니 보좌에서 음성이 나서 이르시되 하나님의 종들 곧 그를 경외하는 너희들아 작은 자나 큰 자나 다 우리 하나님께 찬송하라 하더라. 또 내가 들으니 허다한 무리의 음성과도 같고 많은 물소리와도 같고 큰 우렛소리와도 같은 소리로 이르되 할렐루야 주 우리 하나님 곧 전능하신 이가 통치하시도다. 우리가 즐거워하고 크게 기뻐하며 그에게 영광을 돌리세 어린 양의 혼인 기약이 이르렀고 그의 아내가 자신을 준비하였으므로 그에게 빛나고 깨끗한 세마포 옷을 입도록 허락하셨으니 이 세마포 옷은 성도들의 옳은 행실이로다 하더라.

천사가 내게 말하기를 기록하라 어린 양의 혼인 잔치에 청함을 받은 자들은 복이 있도다 하고 또 내게 말하되 이것은 하나님의 참되신 말씀이라 하기로 내가 그 발 앞에 엎드려 경배하려 하니 그가 나에게 말하기를 나는 너와 및 예수의 증언을 받은 네 형제들과 같이 된 종이니 삼가 그리하지 말고 오직 하나님께 경배하라 예수의 증언은 예언의 영이라 하더라."

미치는 시점부터를 '말세(末世; the time of the end)'라고 한다. 따라서 '말세(末世)'에는 급격한 지각변동, 천체변동, 사회변동이 일어나는 때이다.

그런데 하나님의 심판이 발생하기 전 인간세계에 나타나는 주현상이 있다. 그것은 하나님의 은혜의 바닷물이 썰물처럼 빠져 나가면서 흉물스런 인간의 죄악의 흔적들이 남는데 그것은 '죄의 대중화 현상'이다.

'죄의 대중화 현상'이란 성경에서 규정하는 죄(sin)가 어떤 사회집단이 공유하고 있는 태도, 규범, 도덕, 가치 등에 내면화되는 현상을 말한다. 단적인 예로 '죄의 대중화 현상'은 급기야 2015년 6월 26일 미 연방 대법원에서 동성결혼이 헌법에서 보장받는 권리라고 판결을 내림으로서, 미 50개주 전역에서 합법적으로 시행되고 있는 경우이다.

그늘 속에 숨어있던 죄가 부끄러운 줄 모르고 대낮에 고개를 들고 뻔뻔하게 길거리를 활보한다. 노아시대의 '죄의 대중화 현상'은 "때에 온 땅이 하나님 앞에 패괴하여 강포가 땅에 충만한지라."(창6:11)고 말한다.

하나님의 은혜가 빠져 나간 소돔성의 '죄의 대중화 현상'은 "소돔 사람은 악하여 여호와 앞에 큰 죄인이었더라."(창13:13)고 기록한다.

바벨론의 '죄의 대중화 현상'은 물신주의(物神主義)로 나타났고 그 죄는 하늘에 사무쳤으며 하나님은 그의 불의한 일을 기억하신지라'(계18:5)고 말한다.

만성화되고 고질화되고 관습화된 인간사회를 심판하시는 하나님의 공의로움에 대해 하늘에서 할렐루야 찬양이 울려 퍼진다.

성경에는 '주여 삼창(三唱)'과 '할렐루야 사창(四唱)'이 나온다. 주여 삼창은 다니엘의 "주여 들으소서, 주여 용서하소서, 주여 들으시고 행하소서 지체치 마옵소서."(단9:19) 라고 외친데서 찾을 수 있다.

19장에는 네 번의 할렐루야가 외쳐짐으로 인해 네 번의 벅찬 감격의 일들이 벌어진다.

할렐루야 사창(四唱)중 첫 번째 할렐루야는 바로 구원과 영광과 능력의 하나님을 찬양하고 있다. 하나님의 능하신 손으로 구원의 영광을 베푸시는 전능자를 찬양하지 않을 수 없다.

다윗은 구원의 하나님을 이렇게 찬양한다.

"나의 힘이 되신 여호와여 내가 주를 사랑하나이다. 여호와는 나의 반석이시요 나의 요새시요 나를 건지시는 자시오 나의 하나님이시오 나의 피할 바위시요 나의 방패시요 나의 구원의 뿔이시오 나의 산성이시로다." (시18:1-2)

이때의 찬양은 '가슴속으로 파고드는 힘'(In-going Power)이 있고, 구원받은 자의 전유물로서의 찬양이며 거듭난 인생의 새노래이다.

두 번째 할렐루야는 큰 음녀 바벨론의 심판에 대한 하나님의 의로우심과 참되심을 찬양하고 있다.(2)

특히 하나님은 자기 종들의 피를 그의 손에 갚으시는 것으로 나타난다. 이것은 이 땅에서 벌어지는 믿는 자들에 대한 하나님의 지극한 관심을 반영한다. 하나님의 영광을 위해서 또는 그리스도의 복음을 위해서 드려지는 고귀한 희생과 죽음을 하나님께서는 결코 잊지 않으시고 기억하고 계시다는 사실이다.

하나님의 나라를 위해 바치는 죽음은 나약한 것도, 억울한 것도, 무가치한 것도, 허망한 것도 아니다. 육신의 죽음은 단지 육신의 장막을 벗어 던지는 것 일 뿐, 그 영혼은 하나님의 구원과 영광과 능력의 세계에 안착하기 때문이다.

세 번째 할렐루야는 이십 사 장로와 네 생물이 엎드려 보좌에 앉으신 하나님께 경배하며 아멘 할렐루야를 외친다.(4)

'아멘 할렐루야' 는 하나님을 존경하는 자가 자신의 진실한 신앙적 속심을 표현할 때 외치는 영혼의 떨림이다. 활화산에서 용암이 끓어 올라 끊임없이 분출되어 흐르듯, 뜨거운 신앙의 에너지가 입술을 통해 자연스럽게 흘러나오는 '밖으로 뻗어 가는 힘'(Out-going Power)으로서의 찬양이다.

이때에 하나님의 대변자인 천사가 이르기를, "하나님의 종들 곧 그를 경외하는 너희들아 무론대소하고 다 우리 하나님께 찬송하라"고 외친다.(5)

'위로 올라가는 힘'(Up-going Power)으로서의 찬송은 최고의 완성된 신앙적 단계에서 하나님께 드리는 가장 아름다운 경외심이다.

하루 종일 기도하는 사람은 간혹 있어도, 하루 종일 찬송하는 사람은 더욱 드물다. 그것은 찬송이 가지고 있는 '구원과 영광과 능력'의 파워를 과소평가하기 때문이다.

천국에서는 '더 이상'의 기도가 필요하지 않지만 '그 이상'의 찬양이 이루어지고 있다.

시편 저자는 하나님께 올려 드리는 찬송의 가치를 물질적인 가치로 환산해서 알려 준다.

"내가 노래로 하나님의 이름을 찬송하며 감사함으로 하나님을 광대하시다 하리니 이것이 소 곧 뿔과 굽이 있는 황소를 드림보다 여호와를 더욱 기쁘시게 함이 될 것이라."(시69:30,31)

찬양이 황소 한 마리 값보다 더 나간다는 것이다.

네 번째 할렐루야는 전능하신 하나님의 통치에 대한 찬양으로 절정을 이룬다. 특히 어린 양의 혼인잔치에 대해 하늘의 백성들이 즐거워하고 크게 기뻐하고 있다.(7)

그런데 여기서 말하는 어린 양의 혼인 잔치가 대환란전 휴거를 통한 예수님의 공중재림을 의미하는 것인지 아니면 지상재림을 의미하는 것인지 큰 논란이 일고 있다.

이 문제를 해결하기 위해서 계시록 19장의 '어린 양의 혼인잔치'와 평행구절인 마태복음 25장의 예수님의 열 처녀 비유와 어떻게 조화되는지 살펴 볼 필요가 있다.

마태복음(25장)의 열 처녀 비유는 말세장인 24장과 연결된 예수님의 재림에 대한 비유이다. 예수님은 이 비유를 통해 자신의 재림이 언제 어떻게 이루어지는지를 설명해 주신다.

예수님의 재림의 비밀은 '그 날과 그 때'의 비밀(마24:36)이고, 예수님은 이 열 처녀 비유의 마지막에서 다시 한 번 강조하신다.

"그런즉 깨어 있으라. 너희는 그 날과 그 시를 알지 못하느니라."(마25:13)

'알지 못하기 때문에 깨어 있으라'는 것이 예수님의 재림의 특성을 알 수 있는 매우 결정적인 제보이다. 따라서 예수님의 재림은 반드시 전혀 예측하기 어려운 상황에서 돌발적으로 이루어져야만 한다.

그런데 계시록 19장의 어린양의 혼인잔치가 사건으로서의 예수님의 재림을 묘사하고 있는 것이라기보다는 빛나고 깨끗한 세마포를 입은 신부들이 준비되어 있다는 것이고, 이 어린 양의 혼인잔치에 청함을 받은 자가 복이 있다고 하는 혼인잔치의 정황과 분위기만을 전달해 주고 있다. 따라서 19장의 어린 양의 혼인잔치는 환란 전 휴거시에 공중재림하시는 신랑을 맞이하기 위한 신부의 자격요건인 '빛나고 깨끗 한 세마포'의 중요성을 일깨워주는 계시라고 볼 수 있다.

요한이 어린양의 혼인잔치의 환상을 목격한 후 11절은 다음과 같은 기사로 시작된다.

"또 내가 하늘이 열린 것을 보니 보라 백마와 탄 자가 있으니 그 이

름은 충신과 진실이라 그가 공의로 심판하며 싸우더라."(11)

요한이 또 하늘이 열린 것을 보았다는 것은 새로운 장의 단편적인 환상을 본다는 것이고, 그 내용은 어린 양의 혼인잔치와 동떨어진, 백마를 타신 예수님께서 전쟁을 일으키고 싸우시는 장면이다. 만약 이 환상을 어린양의 혼인잔치 사건의 연속으로 본다면, 방금 혼인예식을 마친 예수님이 새신랑의 결혼예복을 벗고 피 뿌린 옷으로 갈아입으신 후 전쟁터로 나가시는 것이다.

따라서 요한이 보고 있는 환상들은 큰 맥락에서 볼 때에는 시간의 흐름 속에서 이루어질 사건의 연속이지만, 때때로 어떤 필요성에 의해 보충적인 환상들이 순서에 무관하게 첨부되기도 한다.

그러나 어린 양의 혼인잔치의 환상에서 가장 중요한 것은 하드웨어보다는 소프트웨어이다.

"그에게 허락하사 빛나고 깨끗한 세마포를 입게 하였은즉 이 세마포는 성도들의 옳은 행실이로다 하더라."(8)

정작 중요한 사실은 자신의 영적 상태와 가장 관련되어 있는 이 빛나고 깨끗한 세마포를 과연 입고 있느냐 하는 문제이다.

그리스도인에게 있어 예수님의 재림은 유일회이고, 이 재림의 특성을 바울은 이렇게 말한다.

"주께서 호령과 천사장의 소리와 하나님의 나팔로 친히 하늘로 좇아 강림하시리니 그리스도 안에서 죽은 자들이 먼저 일어나고, 그 후에 우리 살아남은 자도 저희와 함께 구름 속으로 끌어 올려 공중에서 주를 영접하게 하시리니 그리하여 우리가 항상 주와 함께 있으리라.”(살전4:17)

살아있는 그리스도인에게 있어 예수님의 재림은 공중재림이고, 이미 잠들어 있는 그리스도인은 부활 후 공중에서 주님을 영접한다.

“보라 내가 너희에게 비밀을 말하노니 우리가 다 잠잘 것이 아니요 마지막 나팔에 순식간에 홀연히 다 변화하리니 나팔 소리가 나매 죽은 자들이 썩지 아니할 것으로 다시 살고 우리도 변화하리라.” (고전15:52)

또한 예수님의 공중 재림의 시점은 환란전이다.

“주의 날이 밤에 도적 같이 이를 줄을 너희 자신이 자세히 앎이라. 저희가 평안하다, 안전하다 할 그 때에 잉태된 여자에게 해산 고통이 이름과 같이 멸망이 홀연히 저희에게 이르리니 결단코 피하지 못하리라.” (살전5:3)

대환란기간중이나 그 이후를 ‘평안하다, 안전하다 할 그 때’로 볼 수는 없다.

“그런즉 깨어 있으라 너희는 그 날과 그 시를 알지 못하느니라.”(마25:13)

“보라 내가 도적 같이 오리니 누구든지 깨어 자기 옷을 지켜 벌거벗고 다니지 아니하며 자기의 부끄러움을 보이지 아니하는 자가 복이

있도다.”(계16:15)

“주의 날이 밤에 도적 같이 이를 줄을 너희 자신이 자세히 앎이라.”(살전5:3)

“그러나 주의 날이 도적 같이 오리니 그 날에는 하늘이 큰 소리로 떠나가고 체질이 뜨거운 불에 풀어지고 땅과 그 중에 있는 모든 일이 드러나리로다.” (벧후3:10)

도적같이 오리라는 재림의 ‘비공개성’, ‘돌발성’, ‘비예측성’은 환란전 휴거를 강하게 지지해 주는 합리적 추론의 논거가 된다. 그리고 이 발언이 예수 그리스도의 입에서 나왔다는 점에서 그리고 그것을 바울과 베드로에게서 다시 반복 확인되고 있다는 점에서 퍼펙트한 타당도(validity)와 신뢰도(reliability)를 얻는다. 따라서 ‘예수님의 공중재림을 통한 환란전 휴거’가 가장 설득력 있는 재림론이라 볼 수 있다. 역으로 ‘예수님의 공중재림을 통한 환란전 휴거’를 믿는 자라면 당연히 깨어있어야 한다.

계시록 논쟁의 명쾌한 해결보다는 계시록 교훈의 흔쾌한 자기변신이 중요한 것이다.

천사는 요한에게 ‘예수의 증거는 대언의 영이라’고 일러 준다.(10) 계시록을 통한 엔 타임의 모든 사건들의 증언과 증거는 오늘날도 ‘대언의 영’ ‘예언의 영’을 통해 지속된다고 하는 사실이다.

오늘날 많은 예언자들의 종말 예언이 쏟아져 나오고 있는 것은 이것과 무관하지 않다. 그러나 어떤 예언자 한 사람의 발언에 의존하기 보다는 다수의 대언의 영들이 쏟아서 형성하고 있는 커다란 물줄기의 흐름을 주시하는 것이 중요하다.

오늘날 이렇게 많은 예수 증거의 대언의 영의 말씀이 쏟아지고 있는 이유도 결국 '빛나고 깨끗한 세마포'를 입고 있는 그리스도 예수의 정결한 신부인지를 당신에게 확인하려는 것뿐이다.

40_백마 탄 자가 오고 있다 (계19:11-21)

여기 백마를 몰고 오는 자는 이상형의 캐릭터가 아닌 현실형의 실물이며, 하나님의 나라가 완성되는 과정에서 모든 악의 실세들을 심판하신다.

백마 탄 왕자!

그는 오랜 기간 많은 여성들로 하여금 신데렐라 콤플렉스를 느끼게 만든 이상형의 캐릭터로 존재해왔다. 설렘으로 누군가를 기다린다는 것은 현실 속에서는 아름다운 일이지만, 그것이 이상이 될 때에는 궁상스럽고 처량해 보이기까지 한다. 그럼에도 불구하고 사람들은 이상을 현실에 끌어들이는 이유는 무엇일까? 그것은 아마도 누구나 자신의 처지와 운명을 바꾸고 싶은 본능적인 욕구가 잠재해 있기 때문일 것이다.

(요한계시록계19:11-21)

"또 내가 하늘이 열린 것을 보니 보라 백마와 탄 자가 있으니 그 이름은 충신과 진실이라 그가 공의로 심판하며 싸우더라.

그 눈이 불꽃 같고 그 머리에는 많은 관들이 있고 또 이름 쓴 것 하나가 있으니 자기 밖에 아는 자가 없고 또 그가 피 뿌린 옷을 입었는데 그 이름은 하나님의 말씀이라 칭하더라. 하늘에 있는 군대들이 희고 깨끗한 세마포를 입고 백마를 타고 그를 따르더라.

그의 입에서 예리한 검이 나오니 그것으로 만국을 치겠고 친히 그들을 철장으로 다스리며 또 친히 하나님 곧 전능하신 이의 맹렬한 진노의 포도주 틀을 밟겠고 그 옷과 그 다리에 이름 쓴 것이 있으니 만왕의 왕이요 만주의 주라 하였더라. 또 내가 보니 한 천사가 태양 안에 서서 공중에 나는 모든 새를 향하여 큰 음성으로 외쳐 이로되 와서 하나님의 큰 잔치에 모여 왕들의 살과 장군들의 살과 장사들의 살과 그것을 탄 자들의 살과 자유인들이나 종들이나 작은 자나 큰 자나 모든 자의 살을 먹으라 하더라. 또 내가 보매 그 짐승과 땅의 임금들과 그들의 군대들이 모여 그 말 탄 자와 그의 군대로 더불어 전쟁을 일으키다가 짐승이 잡히고 그 앞에서 표적을 행하던 거짓 선지자도 함께 잡혔으니 이는 짐승의 표를 받고 그의 우상에게 경배하던 자들을 표적으로 미혹하던 자라 이 둘이 산 채로 유황불 붙는 못에 던져지고 그 나머지는 말 탄 자의 입으로부터 나오는 검에 죽으매 모든 새가 그 들의 살로 배불리더라."

사람들은 항시 현실과 이상을 수시로 넘나들면서 이상화된 현실, 현실화된 이상을 정상적인 삶의 궤도로 인식하는데 주저하지 않는다. 더군다나 요즘에는 컴퓨터 안에 구축된 가상현실을 넘나들고 있을 뿐만 아니라, 현실 세계를 보완한 증강현실을 즐기며 이상의 세계를 탐닉한다. 현실은 항상 불만족하고 부족하고 부정하며 부분적이기 때문이다. 그렇다면 기독교인들의 현실과 이상은 어떻게 조화되고 있을까?

현실 속에 하나님의 나라가 이루어져야 하지만 기독교 현실주의자인 라인홀드 니이버는 사회의 내재된 부패성향 때문에 하나님의 나라가 이 세상에서 실현될 수 없다고 주장한다. 그러나 기독교가 여기서 멈추어 서고 그것이 전부라면 역동적인 종교로서의 기독교, 이상적인 공동체로서의 교회, 형이상학적인 존재로서의 개인의 영혼은 생명력을 상실하고 만다.

계시록은 죄의 현실이 드러나고 의의 이상이 실현되는 과정을 그리며, 현세를 무너뜨리고 내세를 확립하는 하나님의 설계도를 공개한다. 여기 백마를 몰고 오는 자는 이상형의 캐릭터가 아닌 현실형의 실물이며, 하나님의 나라가 완성되는 과정에서 모든 악의 실세들을 심판하신다.

그의 이름이 '충신(Faithful)과 진실(True)'로 소개되고 있는 것은 그의 존재와 말(words)이 '신실하고 참'되기 때문이다.

"보좌에 앉으신 이가 가라사대 보라 내가 만물을 새롭게 하노라 하시고 또 가라사대 이 말은 신실하고 참되니 기록하라 하시고." (계21:5)

‘충신(Faithful)과 진실(True)’인 분의 출처는 보좌에 앉으신 이의 ‘신실하고 참(true and faithful)’된 말씀에 기인한다. 또한 ‘충신(Faithful)과 진실(True)’인 그는 이 계시록의 말씀이 ‘결코 속히 될 일’이라는데 자신의 명백한 의지를 피력하신다.

“또 그가 내게 말하기를 이 말은 신실하고 참된지라 주 곧 선지자들의 영의 하나님이 그의 종들에게 결코 속히 될 일을 보이시려고 그의 천사를 보내셨도다.”(계22:6)

공의로 심판하며 싸우시는 충신과 진실! 그 분의 고유명사이자 사랑의 대명사인 ‘예수 그리스도’라는 호칭이 이 싸움에서는 적합하지 않다. 성전에서 채찍을 들어 장사꾼들을 호되게 내치신 이후 처음이자 마지막으로 볼 수 있는 그 분의 공의로 심판하며 싸우시는 모습이다. 악에 대한 강렬한 분노로 인해 그 눈에서는 불꽃이 튀고 있다.

그 머리에 많은 면류관이 쓰여 있다는 것은 만물을 심판할 자격과 권세가 있음을 상징한다. 또 이름 쓴 것이 하나가 있고 자기 밖에 아는 자가 없다고 하는데 그 이름은 과연 무엇일까? (12)

자기 밖에 아는 자가 없다는 것은 자기만이 가지고 있는 특성일테고, 이 이름은 아마도 왕중왕(King of kings)일 테다.

또 그가 피 뿌린 옷을 입었는데 그 이름은 하나님의 말씀이라 칭하고 있다.(13)

이름이 ‘하나님의 말씀’이며 ‘피 뿌린 옷’을 입고 있다는 것은 그가 공의로 심판하며 싸울 수 밖에 없는 인과적 당위성을 부여해 준다. 그의 '공의의 심판' 이전에 '사랑의 피 흘림'이 있었던 것이고, '공의의 싸움' 이전에 십자가의 '화목제물'이 되기 위해 말씀이 육신이 된 지극한 순종이 선재한다. 그럼에도 불구하고 '그리스도 예수'의 사랑의 복음에 순종하지 않는 모든 죄와 악의 실체들은 여기 '충신과 진실'의 이름으로 심판받아 마땅한 것이다.

"하늘에 있는 군대들이 희고 깨끗한 세마포를 입고 백마를 타고 그를 따르더라."(14)는 표현이 매우 색다르다. 군대(armies)라면 무장한 군인을 연상시키지만 이들의 복장은 '희고 깨끗한 세마포'를 입었다. 군대는 군대로되 이 싸움에 반드시 참전해야 할 증인으로서의 참전병이고 참전병으로서의 증인이다. 왜냐하면 계시록에서는 이렇게 말하고 있기 때문이다.

"하늘과 성도들과 사도들과 선지자들아 그를 인하여 즐거워하라 하나님이 너희를 신원하시는 심판을 그에게 하셨음이라 하더라."(계 18:20)

바벨론에 대한 심판은 지금까지 예수 그리스도와 그의 나라를 위해 핍박 받고 순교한 자들의 그 억울함과 피 흘림에 대한 충신과 진실의 공의의 심판인 것이다. 그가 입고 있는 피 뿌린 옷은 순교자들이 죽음의 현장에서 흘린 피가 예수 그리스도가 입은 옷에 튀긴 것이고 충신과 진실이 바로 그 현장의 증인이다.

그의 입에서 예리한 검이 나온다는 것은 그의 입으로 쏟아 낸 말들에 대한 자기책임인 것이요, 그의 입에서 나오는 말씀에 순종하면 생명의 떡을 먹는 것이지만 불순종하면 사망의 검에 찔리게 된다.

만국은 그의 입에서 나오는 검에 의해 심판을 받으며 거스리는 자는 친히 그의 철장(rod of iron)의 혹한 맛을 보게 된다. 포도주 생산업자들이 포도주 틀의 포도를 발로 밟아 으깨듯이, 그 옷과 그 다리에 만왕의 왕이요 만주의 주라는 이름이 쓰여 있는데 이 이름은 본디 자기 밖에 모르는 이름이었다.(16)

자기 밖에 모른다는 것은 자기만의 능력으로 만왕의 왕, 만주의 주가 될 수 있다는 의미이다. 이 세상에 만약 자기 밖에 모르는 비밀을 간직할 수 있는 자가 있다면 그는 절대자이다.

요한은 또 하나의 충격적인 장면을 목격하고 있다.

"한 천사가 해에 서서 공중에 나는 모든 새를 향하여 큰 음성으로 외쳐 이르되 와서 하나님의 큰 잔치에 모여 왕들의 살과 장군들의 살과 장사들의 살과 말들과 그 탄자들의 살과 자유인들이나 종들이나 작은 자나 큰 자나 모든 자의 살을 먹으라 하더라."(18)

왕들과 장군들의 살은 음행하던 육체이고, 장사들의 살은 치부하고 복술을 행하던 육체이며, 말들과 그 탄자들의 살은 전쟁하고 그리스도인들을 살해하던 육체이고, 자유로운 자들이나 종들의 살은 자기의 배만 섬기던 육체들이다. 그토록 아끼고 위해 바치던 몸뚱이는 푸줏간에 썰어 놓은 돼지고기와 같고, 인생의 목적을 음란과 쾌락과 향락을 위해 살고 하나님을 거역하며 살아가는 자들의 육체는 푸줏간에 매달아 놓은 백 사오십 근 정도 나가는 시뻘건 인육 덩어리에 불과하다.

하나님의 영광을 가로채고 하나님을 거역하는 육체의 용도는 그저 새들이 그 고깃살을 한 점 한 점 뜯어 먹어 배를 불리는 날짐승의 포식용 생고기로 밖에는 써먹을 일이 없다.

요한이 또 한 장면을 목격하는데, 드디어 백마 탄 자와 그를 따르던 세마포 군대가 일전을 준비하고 있었다. 이들의 싸움 대상은 짐승의 표를 만들어 우상숭배를 조장하고 많은 그리스도인들을 죽이던 악랄하고 교활한 짐승과 땅의 임금들과 그 군대들이다.(19)

결국에 그 짐승이 잡히고 그 앞에서 이적을 행하던 거짓 선지자도 함께 잡히는데, 이는 짐승의 표를 받고 그의 우상에게 경배하던 자들을 이적으로 미혹하던 자들이다. 이 둘이 산채로 유황불 붙는 못에 던지우고 그 나머지는 말 탄 자의 입으로 나오는 검에 죽게 되어 모든 새가 그 고기로 배를 불리게 된다.(20, 21)

백마 탄 자는 이들을 산채로 유황불 붙는 못에 던지며 끔찍한 지옥의 존재를 환기시키고 있다. 이 피비린내 현장을 천사는 '하나님의 큰 잔치'로 명명하고 공중에 나는 모든 새를 불러 모은다.

하나님의 큰 잔치 상에 오르는 고기가 되지 않기 위해 자신의 고깃덩어리를 불의의 병기로 죄에게 드리지 말고 의의 병기로 하나님께 드려야 한다. 그리스도인이라면 썩어질 육체를 위해 잘 먹고 잘 살겠다고 하는 썩어 문드러진 생각일랑 접어두고, 하나님의 영광을 위해 못 먹고 못 살겠다고 하는 가난한 생각은 할 줄 알면서 살아야 한다.

하나님을 반역하는 자들의 말로가 해피엔딩이 될 수 없는 이유는 현실과 이상을 혼동하기 때문이다.

그리스도인들이 삶의 뿌리를 내려야 할 "현실"은 무엇인가?

"태초에 하나님이 천지를 창조하시니라"(창1:1)는 신앙적 기반과 지적 토대 위에서 삶을 영위하는 것이 중요하다. 현실이해, 자기이해, 신이해, 인간이해, 시간이해, 영원 이해, 생명이해, 죽음이해, 인생이해, 생태이해, 창조이해가 이 창조론 속에 다 들어 있기 때문이다.

그리스도인들이 추구해야 할 '이상'은 무엇인가?

"이것들을 증언하신 이가 가라사대 내가 진실로 속히 오리라 하시거늘 아멘 주 예수여 오시옵소서. 주 예수의 은혜가 모든 자들에게 있을지어다. 아멘."(계22:20,21)이다.

예수 그리스도를 위해 좁은 길, 십자가의 길, 희생의 길을 걸으며 이 땅에서 보상받지 못한 많은 눈물과 희생은 속히 오시는 그 분의 재림의 날에 살아있는 자들은 휴거를 통해서, 잠들어 있는 자들은 생명의 부활을 통해 보상받게 된다.

어느 날 갑자기 집에 도둑이 도둑처럼 찾아 들듯, 예기치 못한 재림과 휴거가 발생하면 순식간에 천당과 지옥의 문이 열릴 것이다.

그리고 지옥에 던지우는 자는 지독한 현실이 될 테고, 천당에 오르는 자는 천혜(天惠)의 이상(理想)이 될 테다.

41_거기 너 있을 건가 그 때에…….

(계20:1-15)

> 모든 물이 흘러 바다로 들어가듯, 모든 인생은 흘러 심판대 앞에
> 서게 되고 몸으로 행한 것을 정산하게 된다. 그리스도 예수에게 붙
> 잡히지 않는 인생은 심판대 앞에서 벌거벗는 일만 남는다. 거기 너
> 있을 건가 그 때에…….

계시록 20장을 펼치면 갑자기 20장이 풍랑을 만난 듯 거세게 요동친다. 죽은 역사적 전천년주의자들, 세대주의 전천년주의자들, 후천년주의자들, 무천년주의자들이 부활하여 살아있는 자신의 파당들과 합세하여 여전히 논쟁과 투쟁과 전쟁을 계속하고 있기 때문이다.

성경해석사가 종파(교파)분열사가 되는 것은 논쟁 자체의 범주를 벗어나 투쟁으로 확장되기 때문이다. 유리 창틀에 자신이 좋아하는 디자인과 색상의 유리 창문을 달듯이 사람들은 해석학적, 신학적 틀

(요한계시록20:1-15)

"또 내가 보매 천사가 무저갱 열쇠와 큰 쇠사슬을 그 손에 가지고 하늘로서 내려와서 용을 잡으니 곧 옛 뱀이요 마귀요 사단이라 잡아 일천 년 동안 결박하여 무저갱에 던져 잠그고 그 위에 인봉하여 천 년이 차도록 다시는 만국을 미혹하지 못하게 하였다가 그 후에는 반드시 잠간 놓이리라. 또 내가 보좌들을 보니 거기 앉은 자들이 있어 심판하는 권세를 받았더라. 또 내가 보니 예수의 증거와 하나님의 말씀을 인하여 목 베임을 받은 자의 영혼들과 또 짐승과 그의 우상에게 경배하지도 아니하고 이마와 손에 그의 표를 받지도 아니한 자들이 살아서 그리스도로 더불어 천 년 동안 왕 노릇 하니(그 나머지 죽은 자들은 그 천 년이 차기까지 살지 못하더라 이는 첫째 부활이라. 이 첫째 부활에 참예하는 자들은 복이 있고 거룩하도다. 둘째 사망이 그들을 다스리는 권세가 없고 도리어 그들이 하나님과 그리스도의 제사장이 되어 천년 동안 그리스도로 더불어 왕 노릇 하리라. 천 년이 차매 사탄이 그 옥에서 놓여나와서 땅의 사방 백성 곧 곡과 마곡을 미혹하고 모아 싸움을 붙이리니 그 수가 바다 모래 같으리라. 그들이 지면에 널리 퍼져 성도들의 진과 사랑하시는 성을 두르매 하늘에서 불이 내려와 그들을 태워버리고 또 저희를 미혹하는 마귀가 불과 유황 못에 던져지니 거기는 그 짐승과 거짓 선지자도 있어 세세토록 밤낮 괴로움을 받으리라.

또 내가 크고 흰 보좌와 그 위에 앉으신 이를 보니 땅과 하늘이 그 앞에서 피하여 간 데 없더라.

또 내가 보니 죽은 자들이 큰 자나 작은 자나 그 보좌 앞에 서 있는데 책들이 펴 있고 또 다른 책이 펴졌으니 곧 생명책이라. 죽은 자들이 자기 행위를 따라 책들에 기록된 대로 심판을 받으니 바다가 그 가운데서 죽은 자들을 내주고 또 사망과 음부도 그 가운데서 죽은 자들을 내주매 각 사람이 자기의 행위대로 심판을 받고 사망과 음부도 불 못에 던져지니 이것은 둘째 사망 곧 불 못이라.

누구든지 생명책에 기록되지 못한 자는 불 못에 던져지더라.”

에 자신만의 생각의 창을 달고 성경을 읽거나 해석하는 주관적 경향을 보인다. 따라서 논쟁을 하는 자는 그대로 논쟁을 하고 투쟁을 하는 자는 그대로 투쟁을 하고 전쟁을 하는 자는 그대로 전쟁을 하겠지만, 깨달을 자는 계속 깨달아야 하고, 믿어야 할 자는 여전히 믿어야 하며, 지켜야 할 자는 여전히 지켜 나아가야 한다.

계시록은 보지 못하는 자를 보게 하고, 듣지 못하는 자를 듣게 하고, 알지 못하는 자를 알게 함으로써 믿지 못하는 자를 믿게 하려는 책이기 때문이다.

‘무저갱’의 존재가 보이지 않는 자에게 무저갱의 심연과 암흑을 보게 하고, ‘불 못’을 미심쩍어 하는 자에게 고약한 유황냄새와 시궁창 악취를 코앞에 들이 대 준다.

용과 옛 뱀과 마귀와 사단의 시험을 인정하지 않는 자에게 큰 쇠사슬로 결박하여 그 형체와 실체를 목전에 조아린다.

부활을 믿지 못하는 자에게 둘째 부활을 통해 둘째 사망의 불 못에 들어가는 그림을 그려 준다. 최후의 심판을 믿지 못하는 자에게 생명책과 행위록을 통해 일생동안 저지른 모든 죄과들이 낱낱이 공개된다.

천년왕국을 믿지 못하는 자에게 천년왕국에서 왕 노릇하는 순교자들의 부활과 그들의 정체를 밝히고 있다. 특히 천년왕국 기간에 벌어지는 놀라운 일은 하나님의 뜻에 따른 순천자(順天者)는 흥하고, 하나님의 뜻을 거역한 역천자(逆天者)는 망한다는 사실이다.

천사가 무저갱 열쇠와 큰 쇠사슬로 옛 뱀, 마귀, 사단이라 일컫는 용을 잡아 일천년 동안 결박하여 무저갱에 던져 잠그고 인봉하여 천년이 차도록 다시는 만국을 미혹하지 못하게 한다.(1-3) 동시에 "예수의 증거와 하나님의 말씀을 인하여 목 베임을 받은 자의 영혼들"과 "짐승과 그의 우상에게 경배하지도 아니하고 이마와 손에 그의 표를 받지도 아니한 자들"이 살아서 그리스도로 더불어 천년 동안 왕 노릇한다.(4) 따라서 희비가 교차하고 상벌이 엇갈리는 천년왕국은 예수 그리스도와 순교자들이 이 땅위에서 왕 노릇하는 충분한 기간이다.

천년왕국을 무천년주의자들이 주장하는 교회시대로 보기 보다는 사실적으로 존재하는 하나님의 충분한 은총의 기간으로 해석해 볼 수도 있다.

신명기(1:11)에 "너희 조상의 하나님 여호와께서 너희를 현재보다 천배나 많게 하시며 너희에게 허락하신 것과 같이 너희에게 복 주시기를 원하노라”는 말씀이 나온다. 이 구절에 등장하는 천배가 문자적인 천배라기보다는 하나님의 충분한 축복의 숫자로 작용하듯이, 천년왕국도 하나님의 충분한 축복의 시기로 볼 수 있을 것이다.

그런데 이 기간에 부활하여 왕 노릇하는 자들인 “예수의 증거와 하나님의 말씀을 인하여 목 베임을 받은 자의 영혼들”과 “짐승과 그의 우상에게 경배하지도 아니하고 이마와 손에 그의 표를 받지도 아니한 자들”은 누구인가?

특히 ‘예수의 증거와 하나님의 말씀’이라는 표현은 계시록에만 등장하는 표현으로 이들은 모두 대환란 기간에 믿음의 정절을 지킨 자들이다. 따라서 이 첫째 부활에 참여하는 자들은 대환란기에 믿음의 정절을 지킨 자들에게 국한된다. 그렇다면 그 이전의 교회시대에 순교한 자들과 예수 믿고 죽은 자들은 언제 부활하는가 하는 문제가 제기된다.

이 문제를 해결하기 위해서는 예수님의 두 단계의 재림론이 대두 될 수밖에 없다.

첫 번째 공중강림은 대환란 이전에 예수님께서 ‘하늘로 좇아 강림하시며 이 때 그리스도 안에서 죽은 자들이 먼저 일어나고 그 후에 살아남은 자도 저희와 함께 구름 속으로 끌어 올려 공중에서 주를 영접’한다.(살전4:17)

두 번째 예수님의 지상 재림은 백마를 타시고 충신과 진실의 이름으로 이 땅에 재림하셔서서 공의로 심판하며 싸우시는 모습으로 오신다.(계19:11) 이때에 예수님과 동행하고 있는 군대들이 있는데 그들은 희고 깨끗한 세마포를 입고 백마를 타고 예수님을 따르고 있다.(계19:14)

그들이 입은 세마포를 볼 때에 이는 예수님의 공중재림시 부활하고 휴거된 백성들로 볼 수 있다. 왜냐하면 이 세마포는 바로 어린양의 혼인 기약 중 그 아내가 예비한 옷이며, 이 세마포를 입는다는 것은 '성도들의 옳은 행실'의 임자임을 인정받는 것이기 때문이다.(계19:8) 따라서 천년왕국은 목 베임을 받은 자들과 순교자들이 부활하여 이전에 휴거된 백성들과 함께 그리스도와 더불어 천년동안 왕 노릇하는 기간이다.

이 첫째 부활에 참예한 자들이 둘째 사망에 처하지 아니한다는 것은 누구든 반드시 두 가지 부활 중 한 가지에 속할 수 밖에 없기 때문이다.

첫째 부활은 천년왕국 전에, 둘째 부활은 천년왕국 후에 일어나며, 이 첫째 부활에 참예하지 못하는 자들은 심판의 부활인 둘째 부활을 통해 둘째 사망에 들어간다.

첫째 부활에 참예하는 자가 복이 있는 것은 둘째 사망의 지배를 받지 않을 뿐만 아니라, 하나님과 그리스도의 제사장이 되어 천년 동안 그리스도로 더불어 왕 노릇 하기 때문이다.(6)

언제 죽느냐가 중요한 것이 아니라 언제 살아나느냐가 중요하다.

둘째 사망인 불 못에 들어가는 선고는 백보좌 앞에서 최후 심판을 받고 나서이다.

백보좌 심판대 앞에 서는 개인마다 두 권의 책이 펼쳐지는데 한 권은 '행위록'이고 또 한권은 '생명책'(the book of life)이다.

생명책은 하나님 앞에서 살아 온 일생의 모습을 한마디로 평가한 책이다.

"여호와께서 모세에게 이르시되 누구든지 내게 범죄하면 내가·내 책에서 그를 지워버리리라."(출32:33)

죄와 싸우지 않는 자는 명목상 그리스도인이기 때문이고, 죄와 싸워서 이기지 못하는 자는 실질상 그리스도인이 아니기 때문이다. 이때에 죽은 자들이 무론 대소하고 그 보좌 앞에 서게 되며, 자기 행위를 따라 책들에 기록된 대로 심판을 받는다. 마치 CCTV에 녹화된 자신의 행위들을 숨길 수 없듯이 모든 은밀한 치부들이 드러나는 순간이다.

미켈란젤로의 최후의 심판 그림에는 사람들을 벌거벗은 모습으로 그려 놓았다. 최후의 심판은 벌거벗는 날이기 때문이다.

바다에 수장되어 죽었던 자도 바다가 그 가운데서 죽은 자들을 내어주고, 죽어 사망과 음부에 처해졌던 자도 사망과 음부가 그 가운데서 죽은 자들을 내어준다. 따라서 한 사람의 예외도 없이 심판의 부활을 통해 백보좌 앞에 서게 되며, 각 사람이 자기의 행위대로 심판을 받는 것이다. (13)

이 땅위에서의 짧다란 삶이 얼마나 중요한 것인지, 죽은 뒤 큰 죄가 드러난 사람에게 극형을 추시(追施)하던 부관참시(剖棺斬屍)는 유도 아니다. 그러나 아무리 악하게 살았다 할지라도 예수 믿어 어린 양의 피로 거듭난 자는 행위록에서 악한 행위가 사라짐과 동시에 생명책에 이름 석 자가 등재된다.

"허물의 사함을 받고 자신의 죄가 가려진 자는 복이 있도다."(시32:1)

아무리 선하게 살았다 할지라도 예수 믿지 않고 어린 양의 피로 거듭나지 못한 사람은 자기 행위대로 심판을 받게 되고, 그 이름 석 자를 생명책에서 찾아 볼 수 없다.

"누구든지 생명책에 기록되지 못한 자는 불 못에 던지더라."(계20:15)

생명책과 행위록에 의해 심판받는다는 것은 최후의 심판대 앞에서 사람들은 두 가지 질문에 답해야 하는 것을 의미한다.

첫째는, 어떤 생명의 원리대로 살았는가?

둘째는 어떤 행위의 원리대로 살았는가?

"000아, 너는 "생명의 원리"인 예수 그리스도의 진리의 말씀대로 살았는가?" "000야, 너는 모든 행위 속에 깃들어 있는 예수 그리스도의 길로 걸었느냐?"

죽은 자들이 무론대소하고 백보좌 앞에서 심판을 받지만 어린양의 피로 구속을 받은 그리스도인은 심판대 앞에 서지 않는 것으로 이해된다.

"내가 진실로 진실로 너희에게 이르노니 내 말을 듣고 또 나 보내신 이를 믿는 자는 영생을 얻었고 심판에 이르지 아니하나니 사망에서 생명으로 옮겼느니라."(요5:24)

그러나 심판대 앞에 서도라도 생명책을 통해 즉석에서 열외 되는 것은 생명책은 생(生)을 명(命)하는 책이기 때문이다.

"이는 우리가 다 반드시 그리스도의 심판대 앞에 드러나 각각 선악간에 그 몸으로 행한 것을 따라 받으려 함이라."(고후5:10)

미켈란젤로의 최후의 심판 그림에는 예수 그리스도의 발치에 회색 수염의 한 인물이 넝마 가죽 같은 물건을 들고 있는 모습이 있다.

이 사람은 예수님의 12제자중 하나인 바돌로메로서 전승에 의하면 이 제자는 산채로 피부가죽이 벗겨져 순교했다고 한다. 자신의 인피를 들고 있는 이 제자의 모습은 그가 '몸으로 행한 것'을 최후의 심판대 앞에서 보상받는다는 것을 그려 넣은 것이다.

모든 물이 흘러 바다로 들어가듯, 모든 인생은 흘러 심판대 앞에 서게 되고 '몸으로 행한 것'을 정산하게 된다.

하나님의 심판 시나리오는 예수님의 탄생, 수난, 죽음, 부활, 그리고 재림과 하나의 테마를 이루기 때문에, 귀 있는 자는 종말을 향해 역사가 외치는 파멸의 서곡을 듣는다.

그리스도를 더욱 붙잡는 것 외에는 이 어둠속에서 유일한 희망은 없다.

"아담 안에서 모든 사람이 죽은 것 같이 그리스도 안에서 모든 사람이 삶을 얻으리라."(고전15:22)

그리스도 예수에게 붙잡히지 않는 인생은 심판대 앞에서 벌거벗는 일만 남는다.

거기 너 있을 건가 그 때에…….

42_하나님의 '새' 빅 이벤트 (계21:1-8)

> 계21장에는 자기 백성들을 위해 그 새 맛을 영원히 간직 할 수 있는 하나님의 빅 이벤트가 세워져 있다. 하나님께서 새 하늘과 새 땅, 새 예루살렘을 준비하시면서 "보라 내가 만물을 새롭게 하노라"고 선언하신다.(5) 이 말씀을 하시는 하나님께서는 "니들이 새 맛을 알아?" 하시는 것 같다.

사람들은 어떤 새 것을 소유한 후 시간이 경과하면 곧 싫증을 느끼고 진부함을 토로한다. 새 맛을 오래 즐기고 간직하고 싶어하는 사람들의 마음은 늘 새 것이지만, 새 것은 머지않아 옛 것이 되어 버린다는데 문제가 있다.

그러나 계21장에는 자기 백성들을 위해 그 새 맛을 영원히 간직 할 수 있는 하나님의 빅 이벤트가 세워져 있다.

하나님께서 새 하늘과 새 땅, 새 예루살렘을 준비하시면서 "보라 내가 만물을 새롭게 하노라"고 선언하신다.(5) 이 말씀을 하시는 하나

"또 내가 새 하늘과 새 땅을 보니 처음 하늘과 처음 땅이 없어졌고 바다도 다시 있지 않더라.

또 내가 보매 거룩한 성 새 예루살렘이 하나님께로부터 하늘에서 내려오니 그 예비한 것이 신부가 남편을 위하여 단장한 것 같더라

내가 들으니 보좌에서 큰 음성이 나서 이르되 보라 하나님의 장막이 사람들과 함께 있으매 하나님이 저희와 함께 계시리니 그들은 하나님의 백성이 되고 하나님은 친히 저희와 함께 계셔서 모든 눈물을 그 눈에서 닦아 주시니 다시는 사망이 없고 애통하는 것이나 곡하는 것이나 아픈 것이 다시 있지 아니하리니 처음 것들이 다 지나갔음 이러라.

보좌에 앉으신 이가 이르시되 보라 내가 만물을 새롭게 하노라 하시고 또 이르시되 이 말은 신실하고 참되니 기록하라 하시고 또 내게 말씀하시되 이루었도다. 나는 알파와 오메가요 처음과 나중이라. 내가 생명수 샘물로 목마른 자에게 값없이 주리니 이기는 자는 이것들을 상속으로 받으리라. 나는 그의 하나님이 되고 그는 내 아들이 되리라.

그러나 두려워하는 자들과 믿지 아니하는 자들과 흉악한 자들과 살인자들과 음행하는 자들과 점술가들과 우상 숭배자들과 거짓말 하는 모든 자들은 불과 유황으로 타는 못에 던져지리니 이것이 둘째 사망이라."

님께서는 "니들이 새 맛을 알아?" 하시는 것 같다.

하나님만 빼고 모든 것들이 새 것이다.

'새' 것을 의미하는 카이논(καινὸν)은 질적으로 새로워지는 것을 의미한다.

하나님이 준비하신 첫 번째 '새' 이벤트는 '새 하늘과 새 땅'이다.

'새 하늘과 새 땅'에서 사는 것은 어떤 맛일까?

동서고금을 막론하고 사람들은 이 '새 하늘과 새 땅'에 대한 관심이 끊이지 않아 이상향, 유토피아, 무릉도원을 그려 왔다. 만약 이 땅에 이러한 지상의 파라다이스(paradise)가 존재한다면 사람들은 구름떼와 같이 몰려들 것이다.

토마스 모어는 1516년 '어디에도 없는 장소'라는 뜻의 유토피아(utopia)라는 용어를 만들어 냈고, 이 말은 결국 '현실에는 결코 존재하지 않는 이상적인 사회'를 일컫는 이상향(理想鄕)의 의미로 통용되고 있다.

동양에도 이상향(理想鄕)이 존재한다.

도연명은 '도화원기'에서 복숭아골 안쪽의 동굴을 지나 복숭아꽃들이 만발한 지역의 별천지의 삶을 그린다. 그러나 이상향(理想鄕)은 현실향이 되지 못하고, 유토피아(utopia)는 어둡고 부정적인 디스토피아(dystopia)가 될 뿐이다. 그럼에도 불구하고 그림자가 있다는 것은 실체가 있다는 것으로, 성경은 수천 년 동안 실제적인 이상향인 새 하늘과 새 땅의 존재를 말해 왔고 또 기다려왔다.

하나님께서는 일찍이 이사야 선지자를 통해 새 하늘과 새 땅을 예언하셨다.

"보라 내가 새 하늘과 새 땅을 창조하나니 이전 것은 기억되거나 마음에 생각나지 아니할 것이라."(사65:17)

"나 여호와가 말하노라 나의 지을 새 하늘과 새 땅이 내 앞에 항상 있을 것 같이 너희 자손과 너희 이름이 항상 있으리라."(사66:22)

신약시대에 와서도 이 '새 하늘과 새 땅'에 대한 소망은 지속된다.

"우리는 그의 약속대로 의의 거하는 바 새 하늘과 새 땅을 바라보도다."(벧후3:13)

전도서 기자는 "해 아래 새 것이 없나니"(전1:9)라고 외치지만, 요한은 해 자체가 새 것이 되었다고 감탄한다.

"또 내가 새 하늘과 새 땅을 보니 처음 하늘과 처음 땅이 없어졌고 바다도 다시 있지 않더라."(1)

새 하늘과 새 땅에서는 숨 쉬는 것 자체가 다를 것이고, 생각하는 의식 자체가 다를 것이며, 이것들을 통해 가슴에 와 닿는 감정과 느낌이 달라, 나는 나되 옛날의 내가 아닌 것이다.

요한은 이러한 새 하늘과 새 땅에 하나님의 두 번째 빅 이벤트인 '새 예루살렘'이 내려오는 것을 보는데 그 모습은 마치 신부가 남편을 위하여 단장한 것 같았다.(2)

이것은 마치 뉴하드웨어 뉴소프트웨어를 까는 듯한 느낌일 것이고,

드디어 하나님의 백성이 되어 비로소 하나님의 존재감을 느끼게 되는 가장 황홀하고 신비한 지경으로의 변화된 상태일 것이다.

하나님의 자기 백성을 향하신 사랑을 신랑을 위한 신부의 단장에 비유하고 있다. 신부인 성도들이 신랑 되신 예수 그리스도를 위해 얼마나 정성껏 준비하고 사랑하고 있는지 부끄러운 마음이 드는 순간이다.

하나님이 거하시는 거룩한 성 새 예루살렘의 장막이 사람들과 함께 있다는 것은 하나님의 나라가 이 땅에 온전히 임하는 순간이다. 이제부터는 하나님이 저희와 함께 거하심으로서 저희는 하나님의 백성이 되고 하나님은 친히 저희와 함께 계셔서 하나님과 함께 하는 행복한 삶이 이루어진다.(3)

하나님께서 자기 백성들을 위해 친히 준비하신 세 번째 빅 이벤트는 '선물 보따리'이다.

이 선물 보따리를 한번 풀어 보자.

"모든 눈물을 그 눈에서 씻기시매 다시 사망이 없고 애통하는 것이나 곡하는 것이나 아픈 것이 다시 있지 아니하리니 처음 것들이 다 지나갔음 이러라."(4)

푸짐하다 못해 황송하다. 눈물 흘릴 일이 없으니 늘 기쁨이 충만할 테고, 아픈 것이 없다니 살 맛 날 테다.

많은 사람들이 쇼크사 할 수 있는 극적인 소식이 더 있다.

'다시 사망이 없고…(There shall be no more death)' 하나님이야말

로 죽음의 종결자이시다.

"천국은 마치 밭에 감추인 보화와 같으니 사람이 이를 발견한 후 숨겨 두고 기뻐하며 돌아가서 자기의 소유를 다 팔아 그 밭을 사느니라."(마13:44)

자기의 소유를 하나하나 팔다 보면 마지막 한 개 남은 자기 목숨까지도 팔아야 비로소 자기의 소유를 다 파는 것이 된다.

자기의 소유를 다 팔아 그 밭을 사는 자에게 하나님은 이 보화들을 선물로 주시는데, 계시록에서는 이러한 행위를 이렇게 표현한다.

"이기는 자는 이것들을 유업으로 얻으리라. 나는 저의 하나님이 되고 그는 내 아들이 되리라."(7)

사람마다 가지고 있는 장애와 고난과 유혹과 시련은 다 다르지만 중요한 것은 '당신의 믿음은 현재 그 모든 것을 이기고 있느냐? 이다.

소아시아 일곱 교회들에 주신 메시지의 결론도 이기는 자가 되라는 것이다.

예수님께서 빌라델비아 교회 교우들에게 "이기는 자는 ... 하늘에서 내 하나님께로부터 내려오는 새 예루살렘의 이름과 나의 새 이름을 그이 위에 기록하리라."(계3:12)고 하신다.

하나님은 '이기는 자'에게 최고의 가치를 부여하신다. 하나님의 빅 이벤트의 클라이맥스는 "나는 저의 하나님이 되고 그는 내 아들이 되리라"(7)는 최고의 신분상승에 있다.

그 모든 은택들도 결국 하나님의 아들이 됨으로 말미암아 따라 붙는 부수적인 것들이다.

'신의 아들'이 되는 길을 찾아 모든 것을 떨쳐 버리고 그 길을 향해 거보를 내딛는 자의 발걸음은 웅장하고 위대하다. '신의 아들'이 되지 못하면 그냥 중간상태에 머무는 것이 아니라 둘째사망이 그를 기다린다.

하나님께서 '새' 빅 이벤트에 참여할 수 있는 자들과는 반대로 '둘째 사망'에 처해지는 자들을 극명하게 대조시킨다.

계시록은 끊임없이 우리 앞에 두 개의 세계가 기다리고 있음을 환기시킨다. 여기 사망자 명단에 자기 이름이 있는지 눈 씻고 찾아 봐야 한다.

"두려워하는 자들과 믿지 아니하는 자들과 흉악한 자들과 살인자들과 행음자들과 술객들과 우상 숭배자들과 모든 거짓말 하는 자들은 불과 유황으로 타는 못에 참예하리니 이것이 둘째 사망이라."(8)

한 번 움켜 쥔 것들은 하나님을 위해 포기하고 내려놓기를 두려워하는 자들… , 하나님의 약속의 말씀을 믿지 못하고 반신반의하고 회의하고 의심하는 자들… , 하나님께 등을 돌려 심령이 타락하고 부패하여 흉악한 자들… , 영적으로 우상을 숭배하고 육적으로 간음하여 영과 육이 황폐한 행음 자들… .

점, 관상, 사주팔자, 손금, 궁합, 굿, 마술 등을 의지하거나 이러한 것들을 통해 예수 신앙을 파괴시키는 술객들… , 우상과 형상을 만들어 거기 절하고 섬기며, 마음의 우상을 만들어 하나님보다 그것을 더 사랑하고 섬기는 우상숭배자들… .

진실을 왜곡하고 진리를 외면하며 사실을 곡해하여 악하고 불의한 일을 도모하는 거짓말 하는 사람들 또는 권모술수의 정치꾼들... 이들은 불과 유황이 타고 있는 불 못에서 자신들의 죄 값을 치러야 한다.

에스겔 선지자는 죽어 가는 자들을 향해 사는 길을 외친다.

"너희는 범한 모든 죄악을 버리고 마음과 영을 새롭게 할지어다. 이스라엘 족속아 너희가 어찌하여 죽고자 하느냐."(겔18:31)

하나님의 빅 이벤트에 대해 미치도록 환희를 느끼던가 아니면, 둘째 사망에 대해 미치도록 환멸을 느끼던가…. 둘 중의 한 가지는 자기 삶의 자극제가 되어야 사는 길이 열린다.

"귀 있는 자는 성령이 교회들에게 하시는 말씀을 들을지어다. 이기는 자는 둘째 사망의 해를 받지 아니하리라."(계2:11)

43_ '다이돌핀'이냐 '코르티솔'이냐
(계21:9-27)

> 만약 이 대목에서 감동 호르몬인 '다이돌핀'이 생성되지 않고 스
> 트레스 호르몬인 '코르티솔'이 생성되어 혈압이 오르고 숨이 가빠
> 지는 자는 … 살길을 찾아 지금 당장 길을 나서는 것이 좋다.

　　계시록에는 인간의 이성과 경험, 의식과 감각으로 이
해할 수 없는 부분들이 종종 등장한다. 그러나 이러한 면들이 오히려
사람의 초감각적 상상력을 자극시키는 계시록의 신비적인 매력이다.
게다가 제각기 지니고 있는 감흥적 사색이라든가 신앙적 영성 등에
따라 그 이해도의 깊이가 각각 달라진다.

　새 하늘과 새 땅, 새예루살렘성의 찬란한 영광에 감동을 느껴, 엔돌
핀의 4,000배에 해당되는 감동 호르몬인 다이돌핀(didorphin)이 생
성되는 사람이 있을 것이고, 무감각하거나 거부반응을 일으키는 사람

(요한계시록 21:9-27)

"일곱 대접을 가지고 마지막 일곱 재앙을 담은 일곱 천사 중 하나가 나아와서 내게 말하여 이르되 이리 오라 내가 신부 곧 어린 양의 아내를 네게 보이리라 하고 성령으로 나를 데리고 크고 높은 산으로 올라가 하나님께로부터 하늘에서 내려오는 거룩한 성 예루살렘을 보이니 하나님의 영광이 있어 그 성의 빛이 지극히 귀한 보석 같고 벽옥과 수정 같이 맑더라.

크고 높은 성곽이 있고 열두 문이 있는데 문에 열두 천사가 있고 그 문들 위에 이름을 썼으니 이스라엘 자손 열두 지파의 이름들이라.

동쪽에 세 문, 북쪽에 세 문, 남쪽에 세 문, 서쪽에 세 문이니 그 성의 성곽에는 열두 기초석이 있고 그 위에 어린 양의 열두 사도의 열두 이름이 있더라.

내게 말하는 자가 그 성과 그 문들과 성곽을 측량하려고 금 갈대 자를 가졌더라.

그 성은 네모가 반듯하여 길이와 너비가 같은지라 그 갈대 자로 그 성을 측량하니 만 이천 스다디온이요 길이와 너비와 높이가 같더라. 그 성곽을 측량하매 백사십사 규빗이니 사람의 측량 곧 천사의 측량이라. 그 성곽은 벽옥으로 쌓였고 그 성은 정금인데 맑은 유리 같더라.

그 성의 성곽의 기초석은 각색 보석으로 꾸몄는데 첫째 기초석은 벽옥이요 둘째는 남보석이요 셋째는 옥수요 넷째는 녹보석이요 다섯째는 홍마노요 여섯째는 홍보석이요 일곱째는 황옥이요 여덟째는 녹옥이요 아홉째는 담황옥이요 열째는 비취옥이요 열한째는 청옥이요 열두째는 자수정이라.

그 열두 문은 열두 진주니 각 문마다 한 개의 진주로 되어 있고 성의 길은 맑은 유리 같은 정금이더라.

성 안에서 내가 성전을 보지 못하였으니 이는 주 하나님 곧 전능하신 이와 및 어린 양이 그 성전이심이라.

그 성은 해나 달의 비침이 쓸 데 없으니 이는 하나님의 영광이 비치고 어린 양이 그 등불이 되심이라.

만국이 그 빛 가운데로 다니고 땅의 왕들이 자기 영광을 가지고 그리로 들어가리라.

낮에 성문들을 도무지 닫지 아니하리니 거기에는 밤이 없음이라.

사람들이 만국의 영광과 존귀를 가지고 그리로 들어가겠고 무엇이든지 속된 것이나 가증한 일 또는 거짓말하는 자는 결코 그리로 들어가지 못하되 오직 어린 양의 생명책에 기록된 자들만 들어가리라.”

도 있을 것이다. 따라서 ‘거룩한 성 새예루살렘’의 문자적인 그림을 통한 감동의 폭은 전적으로 독자 스스로가 결정 내는 것이다.

계시록의 저자인 사도 요한은 복음서에서 예수 그리스도를 “참 빛 곧 세상에 와서 각 사람에게 비취는 빛”으로 묘사한다.

이 ‘참 빛’은 어두움을 몰아내는 상징적인 의미 외에도 실제적인 예

수님의 존재양식으로서의 '빛'이기도 하다. (요1:9)

하나님께로부터 하늘에서 내려오는 거룩한 성 예루살렘은 한마디로 '빛의 나라'이고 '빛의 향연'이며 '빛의 페스티벌'로서 아름다운 밤 하늘의 폭죽처럼 예루살렘 자체가 아름다운 빛을 발한다. 더군다나 "하나님의 영광이 있으매 그 성의 빛이 지극히 귀한 보석 같고 벽옥과 수정 같이 맑더라."(11)고 하는 것은 그 빛의 근원인 하나님의 영광의 황홀함을 묘사한다.

새예루살렘 성전의 아름다움은 보석에 있는 것이 아니라 그 보석을 빛나게 만드는 '참 빛'에 있는 것이다. 빛의 반사와 투과, 직진, 굴절, 간섭, 회전등 빛이 만들어 내는 갖가지 빛의 영롱하고 찬란한 시각의 아름다움은 하나님에게서 비롯되는 황홀한 향기의 후각과 더불어 백성들과 천사들의 감동적인 찬양의 청각에서 절정을 이룰 것이다.

특히 새예루살렘 성전이 상징적인 개념이 아닌 실제적인 물리적 형상을 지닌 성이라는 것을 보여주기 위해 매우 구체적인 장면들을 묘사한다.

요한이 목격한 '거룩한 성 새 예루살렘이 하나님께로부터 하늘에서 내려'(2) 온다는 것은 장차 새예루살렘성이 성도들을 싣고 하늘의 하나님께로 다시 올라 갈 수 있음을 상상해 볼 수 있다.

새예루살렘 성전에는 크고 높은 벽으로 둘러싸여 있고 벽에는 열 두 문이 나 있는데, 문에는 열 두 천사가 지키고 있고, 그 문들 위에 이름

이 쓰여 있으며, 그 이름들은 이스라엘 자손 열 두 지파의 이름들이다. (12)

예루살렘으로 통하는 문은 사방 팔방을 넘어 십이방의 통로가 있는데, 동편에 세 문, 북편에 세 문, 남편에 세 문, 서편에 세문이 나있다.

'12'는 신성하고 완전한 하늘의 숫자 '3'과 물질적이고 유기체적인 것을 상징하는 땅의 숫자 '4'로 이루어져 있다(3×4=12). 따라서 '12'는 '하나님의 통치', '하나님의 권위'를 의미하는 '하나님의 완전한 통치'를 상징한다.

하늘의 숫자 '3'이 부활과 회복을 상징한다면, 땅의 숫자 '4'는 육의 것, 피조물, 자연인, 육신에 속한 사람, 구원받지 못한 사람을 상징한다. 따라서 구원받지 못했던 사람이 예수 그리스도의 은혜로 구원받고 부활해야만 들어 갈 수 있는 문임을 의미하고 있다.

새예루살렘 성전은 악의 그림자조차 더 이상 존재하지 않는 곳이며, 하나님의 백성들이 늘 꿈꾸어 오던 새 하늘과 새 땅으로 하나님의 전적인 통치 속에서만 사는 곳이다.

이스라엘 자손 열두지파의 이름이 쓰여 있다는 것은 새예루살렘 성전의 주인이 누구인가 하는 명패와 같다. 즉 하나님의 백성들이 성의 주인이 되어 이곳에서 만복을 누릴 수 있는 것이다.

또한 그 성의 벽은 열 두 기초석으로 쌓여있고 그 위에 어린 양의 십이 사도의 열 두 이름이 기록되어 있다.

열두 기초석은 새예루살렘성이 완벽한 하나님의 권능이 압도하는

곳을 상징하며, 십이 사도의 열 두 이름이 기록되어 있다는 것은 하나
님의 백성들만이 하나님의 통치가 구현되는 이곳에 입장할 수 있음을
의미한다.

이스라엘 자손 열두 지파의 이름과 십이 사도의 열두 이름이 중복되
는 것은 '하나님의 택하신 백성들'이라는 절대적 기준을 제시하기 위
한 것이다.

천사가 금갈대를 가지고 그 성과 그 문들과 성곽을 척량한 결과 그
성은 네모가 반듯하여 길이와 넓이와 높이가 같고 길이는 일만 이천
스다디온이 나온다. (16)

그런데 성곽을 굳이 척량해서 여기에 공개하는 이유는 무엇일까?
그것은 하나님께서는 모든 일에 '표준과 규격'을 가지고 계신 분이시
라는 것을 상기시키기 위한 것이다.

하나님께서는 노아의 방주를 지을 때에도, 성막을 지을 때에도 '표
준과 규격'을 제시하셨다.

하나님께서는 에스겔 선지자로 하여금 성전을 측량하게 하셨을 뿐
만 아니라 에스겔에게도 이렇게 말씀하신다.

"인자야 너는 이 전을 이스라엘 족속에게 보여서 그들로 자기의 죄
악을 부끄러워하고 그 형상을 측량하게 하라."(겔43:10)

성전 측량의 목적은 하나님의 표준과 규격을 측량케 함으로써 궁극
적으로 자신의 죄를 발견하고 부끄러워하며 하나님의 원대하신 계획

을 발견하는데 있다. 따라서 하나님이 가지고 계신 '표준과 규격'을 사람이 반드시 알아야 할 필요성이 여기서 제기되는 것이다.

하나님께서 자기 백성에게 요구하시는 삶의 '표준과 규격'이 무엇인지 늘 주지해야 할 뿐만 아니라, 그것을 우리 삶의 절대적 준거로 삼아야 한다. 건물도 하나님의 '표준과 규격'에 맞아야 하듯이, 사람의 모든 언어와 행위, 생각과 결단도 하나님의 '표준과 규격'에 부합해야 한다는 사실이다.

하나님께서는 벨사살 왕의 행위를 달아(weigh) 보시고 (단5:27), 하나님의 성전과 제단과 그 안에서 경배하는 자들을 척량(measure)하신다.(계11:1)

신앙은 자기 표준을 던져 버리고 하나님의 표준과 규격의 잣대(canon)를 자기 삶에 끌어들이는 행위이다. 넘치거나 모자라서도 안 되며, 과장되거나 무시되어서도 안 되고, 더하거나 빼서도 안 된다.

그 성의 길이와 넓이와 높이가 같다는 것은 그 성을 가로로 보나 세로로 보나 높이로 보나 동일하다는 것이고, 이는 하나님의 삼차원적인 불변성과 영원성을 상징한다.

하나님은 어제나 오늘이나 동일하시고, 하나님은 동양이나 서양에서도 동일하시며, 하나님은 영원 속에서나 시간 속에서 동일하신 분이시다.

"그 성벽을 척량하니 일백 사십 사 큐빗이며 이는 사람의 척량 곧 천

사의 척량이라."(17)

사람이 척량하나 천사가 척량하나 그 값은 동일한 것이며, 성벽의 두께는 144 큐빗(cubit)이 나온다.

큐빗은 고대에 사용되던 길이 단위의 하나로서, 손가락 끝에서 팔꿈치까지의 길이를 말하며 1큐빗은 약 45cm이다. 144 큐빗은 12(이스라엘 자손 열두 지파) × 12(십이 사도의 열두 이름)로 하나님의 백성들의 영생의 울타리이다.

한편 길이와 넓이와 높이가 동일한 성의 길이는 일만 이천 스다디온으로 측정되었다.

1 스다디온은 600 피트(feet)이고, 1피트는 182.88 미터이니 일만 이천 스다디온은 2,194,560m로 약 2,200km 이고, 가로 세로 높이가 같으니까 484만 평방 km이다.

12,000 스다디온은 12(하나님 통치의 충족수) × 1000(하나님 통치의 충만수) 으로, 새예루살렘성의 공간은 자기 백성들에 대한 하나님의 다스림의 "충만" 함이 있는 곳인 동시에, 백성들은 하나님의 다스림에 "충족" 되어지는 곳임을 상징한다.

한편 예루살렘 성벽은 벽옥(jasper)으로 쌓였고 그 성은 정금인데 맑은 유리 같더라고 말한다.(18) 가까이서 성을 보면 정금이지만 떨어져서 성을 보면 맑은 유리같이 빛나며, 벽이 재스퍼로 둘러 쌓여있기에 빛과 색의 상호작용으로 인해 아름다운 무지개를 빚어내어 그 황홀함은 극치를 이룰 것이다.

실제 요한이 '이리로 올라오라'는 음성을 듣고 하늘에 올라 보좌를 바라볼 때 그 보좌에 앉으신 이의 모양이 벽옥과 홍보석 같고 또 무지개가 있어 보좌에 둘렸다고 묘사한다.(계4:3) 따라서 새예루살렘 성전에는 무엇보다 하나님이 임재로 충만한 곳이기에, 마음이 순결하고 믿음이 정금 같은 사람들만 머물 수 있는 곳이다.

예루살렘 성벽의 기초석은 각색 보석으로 꾸며져 있다. 대제사장이 입었던 에봇의 흉패에는 이스라엘 열 두 지파의 이름을 새긴 열두 보석이 박혀 있었다.

영원한 대제사장이신 예수 그리스도께서는 자기 백성들의 소중한 이름을 보석에 새겨 넣어 흉패(가슴)에 새겨 넣는 것이다.

예루살렘 성벽의 기초석이 열두 가지 각색 보석으로 꾸며져 있다는 것은 보석 같은 '어린양의 십 이 사도의 열두 이름' 즉 '어린 양의 생명책에 창세 이후로 녹명'된 자들이 새예루살렘성의 기초를 이루고 있음을 상징한다.

열 두 기초석의 보석들이 저마다의 보화로운 아름다움과 특성을 지니고 있듯이, 새예루살렘성의 주인공들 역시 각기 저마다 하나님 앞에 존귀한 보물들인 것이다.

바울은 고린도 교회를 향해 "하나님이 자기를 사랑하는 자들을 위하여 예비하신 모든 것은 눈으로 보지 못하고 귀로도 듣지 못하고 사람의 마음으로도 생각지 못하였다 함과 같으니라."(고전2:9)고 했다. 하나님이 예비하신 새예루살렘성에 대한 기대감을 한껏 고무시키는 말씀이다.

요한은 자신이 느낀 하나님과 어린 양의 존재감을 이렇게 표현한다. "성안에 성전을 내가 보지 못하였으니 이는 주 하나님 곧 전능하신 이와 및 어린 양이 그 성전이심이라."(22)

이 땅에서 행하던 모든 믿음의 행위는 하나님을 보지 못하는 중에 행하던 일이었고, 그것은 죄의 꺼풀을 온전히 벗어낼 수 없기 때문이었다. 그러나 새 예루살렘성에서는 바울의 고백과 같이 "우리가 다 수건을 벗은 얼굴로 거울을 보는 것 같이 주의 영광을 보매 저와 같은 형상으로 화하여 영광으로 영광에 이르니 곧 주의 영으로 말미암음이니라."(고후3:18)고 고백할 수 있는 것이다.

하나님과 어린 양과 함께 사는 삶은 또 다른 상태의 변화를 동반한다. "그 성은 해나 달의 비췸이 쓸 데 없으니 이는 하나님의 영광이 비취고 어린 양이 그 등이 되심이라."(23)

하나님의 영광의 빛과 어린 양의 빛을 흡수 할 수 있을 만큼 만국의 백성과 땅의 왕들까지 영광스런 존재로 변화되어 있을 테이고, 세상에 들어 오셨던 "참 빛"과 이제는 밤이 없는 그 곳에서 함께 동거하는 영광을 누린다. 이 영광스러운 새예루살렘성에 들어 올 수 없는 자들이 언급되는 것은, 새예루살렘성에 대해 무관심하고 부정적이고 회의적이고 소극적인 자들의 심령을 자극하여 위대한 결단을 촉구하는 메시지이기 때문이다. 다른 것은 몰라도 되지만 이 메시지를 놓치면 낭패이고 처참해질 수 있다.

계시록 21장 마지막 절은 하나님의 살생부(殺生簿)를 공개하며 그 막을 내리고 있다.

"무엇이든지 속된 것이나 가증한 일 또는 거짓말 하는 자는 결코 그리로 들어오지 못하되 오직 어린 양의 생명책에 기록된 자들뿐이라."(27)

'속된 것'의 헬라어 코이논(κοινòν)은 부정하고 불경스러운 상태를 말한다.

바리새인들과 서기관들이 예수님의 제자 중 몇 사람이 씻지 아니한 부정한 손으로 떡 먹는 것을 보고 예수님께 일러 바쳤다.(막7:2) 이때에 예수님께서 "무엇이든지 밖에서 사람에게로 들어가는 것은 능히 사람을 더럽게 하지 못하되 사람 안에서 나오는 것이 사람을 더럽게 하는 것이니라."(막7:15,16)고 하시며 고정관념을 깨뜨리신다.

예수님께서는 진정한 의미의 '속된 것' 의 상태는 물질적인 것이 아

닌 사람 내부에서 비롯되는 마음과 정신, 심령과 영혼의 부정함을 일
갈하셨던 것이다.

'들어가는 것'에 실패하면 육체의 건강을 상실하지만 '나오는 것'에
실패하면 영혼의 건강을 잃는다.

'가증한 일'의 브델리그마(βδέλυγμα)는 혐오스러운 일을 의미한
다. 계시록(17장)에 등장하는 음녀의 손에 바로 가증스러운 물건이
들려 있었고, 그 이마에는 가증한 것들의 어미라고 쓰여 있다. 이 '가
증한 일'은 우상숭배를 통해 하나님 앞에 짓는 가증한 죄를 말한다.

이 용어를 예수님께서는 "너희 마음을 하나님께서 아시나니 사람
중에 높임을 받는 그것은 하나님 앞에 미움을 받는 것이니라."(눅16:
15)고 말씀 하실 때에 사용하신다.

이처럼 우리 모두는 사람 중에 높임을 받는 그것이 바로 하나님 앞
에 '가증한 일'이 된다고 말씀하고 계심에 유의해야 한다. 더구나 이
말씀은 오늘날 교회의 지도자들이 빠지기 쉬운 함정이기 때문에 예수
님의 직설적인 말씀으로 귀담아 들어야 한다.

'너희 마음을 하나님께서 아시나니 사람 중에 높임을 받는 그것은
하나님 앞에 미움을 받는 것이니라.'

'거짓말 하는 자' 인 프세우도스(ψεῦδος)는 계시록 22장에 가서 새
예루살렘성에 들어오지 못하고 '성 밖에 있는 자'의 명단에도 중복되
어 나타날 뿐만 아니라, 계14장의 땅에서 구속함을 받은 14만 4천인

의 특징이 바로 어린 양이 어디로 인도하던지 따라가는 자들로서 '그 입에 거짓말이 없고 흠이 없는 자'이다.

예수님은 이 프세우도스(ψεῦδος)를 사용하시며 거짓말의 정체성을 이렇게 드러내신다.

"진리가 그 속에 없으므로 진리에 서지 못하고 거짓을 말할 때마다 제 것으로 말하나니 이는 저가 거짓말쟁이요, 거짓의 아비가 되었음이니라." (요8:44)

진리가 그 속에 없으면 진리에 서지 못하고 거짓말쟁이가 되는 것이고, 길이 그 속에 없으면 정도(正道)를 걷지 못하고 사악한 인간이 되는 것이며, 생명이 그 속에 없으면 사망의 법을 따르다 불 못에 잠기게 되는 것이다.

새예루살렘성에 들어 올 수 있는 자는 "오직 어린 양의 생명책에 기록된 자들뿐이라"는 대목에서 착잡해진다. 왜냐하면 자신의 이름이 과연 생명책에 등재되어 있는지 하나님께서 넌지시 자신의 이름을 확인해 볼 수 있도록 하셨기 때문이다.

'속된 것이나 가증한 일 또는 거짓말 하는 자...' 이 세 가지 중 한 가지라도 관련이 있는 자는 생명책을 펴 볼 이유가 없어진다.

만약 이 대목에서 감동 호르몬인 다이돌핀이 생성되지 않고 스트레스 호르몬인 '코르티솔'이 생성되어 혈압이 오르고 숨이 가빠지는 자는 살길을 찾아 지금 당장 길을 나서는 것이 좋다.

44_ 우주에서 가장 아름다운 실물화!

(계22:1-5)

> 하나님과 어린 양의 보좌로부터 수정같이 맑은 생명수 강이 흐르
> 고, 강 좌우에 생명나무가 있어 열두 가지 열매가 달마다 맺히는
> 곳! 우주에서 가장 아름다운 실물화!

하나님과 어린 양의 보좌로부터 수정같이 맑은 생명수 강이 흐르고, 강 좌우에 생명나무가 있어 열두 가지 열매가 달마다 맺히는 곳! 우주에서 가장 아름다운 실물화!

만약 마음이 어두운 자가 믿음의 눈을 가지고 이 한 폭의 그림을 그린다면 미술치료의 탁월한 효과를 거둘 것이다.

계시록은 이 한 폭의 그림 속에 들어가고 싶은 자들을 위한 초청장이다. 그러나 천국에 대하여 갖는 근본적 태도나 관점, 결단은 사람마다 다르다.

"천국(kingdom of heaven)은 마치 밭에 감춰진 보화와 같으니 사람이 이를 발견한 후 숨겨 두고 기뻐하여 돌아가서 자기의 소유를 다 팔아 그 밭을 샀느니라."(계13:44)

자기의 소유를 팔지 않고 밭을 손에 넣으려는 현대 크리스천들에게 이 말씀은 어림 반 푼 어치도 없다. 아니 보화를 발견하려고 하지도 않고 관심도 없다. 아니 보화를 발견해도 숨겨 두지도 않고 기뻐하지도 않는다. 현대인들에게는 천국이 더 이상 보화가 아니기 때문이다.

계시록의 마지막 장은 예수님께서 공생애 기간 중에 그토록 강조하셨던 천국(kingdom of heaven)의 실체를 드러낸다. 그리고 "믿음의

(요한계시록22:1-5)

"또 저가 수정 같이 맑은 생명수의 강을 내게 보이니 하나님과 및 어린 양의 보좌로부터 나서 길 가운데로 흐르더라. 강 좌우에 생명나무가 있어 열두 가지 열매를 맺되 달마다 그 열매를 맺고 그 나무 잎사귀들은 만국을 치료하기 위하여 있더라.

다시 저주가 없으며 하나님과 그 어린 양의 보좌가 그 가운데 있으리니 그의 종들이 그를 섬기며 그의 얼굴을 볼 터이요 그의 이름도 그들의 이마에 있으리라.

다시 밤이 없겠고 등불과 햇빛이 쓸 데 없으니 이는 주 하나님이 그들에게 비치심이라. 저희가 세세토록 왕 노릇 하리로다."

결국 곧 영혼의 구원을 받음이라."(벧전1:9)고 했던 그 최종단계의 구원이 어떻게 구체적으로 완성되고 있는지를 공개한다.

하나님께서 예비하신 천국으로의 초대에 응하기 위해서는 이 땅에 사는 동안 '천국 예비훈련'이 필요하다. 그것은 날마다 내 속에 '하나님의 나라'(Kingdom of God)를 건설하는 일이다. 쉬우면서 어려운 일이고, 어려우면서 쉬운 일이다. 그것은 두 손으로 꼭 붙잡고 있는 내 인생의 운전대를 날마다 그리스도에게 기꺼이 내 드릴 때에 가능한 일이다. 쉽 다면 쉽고 어렵다면 어렵다.

내 마음속에 하나님의 나라를 이루는 것은 날마다 조수석에 앉아 예수님의 드라이빙을 함께 즐기는 일이다. 믿음이란 철저히 이 '운전석 양도의 법칙'을 따라야 비로소 하나님의 나라를 출발할 수 있다.

"나더러 주여, 주여 하는 자마다 천국에 다 들어갈 것이 아니요 다만 하늘에 계신 내 아버지의 뜻대로 행하는 자라야 들어가리라." (마7:21)

한편 생명수 강과 생명나무의 위치가 새 예루살렘 성 내부에서도 오직 하나님과 어린 양의 보좌로부터 비롯되고 있다는 것은 하나님과 어린 양 가까이에서만 그리고 가까이 갈수록 생명이 발원됨을 의미한다. 하나님을 멀리하는 자가 생명의 은혜를 거둘 수는 없는 것이다.

하나님은 에스겔 선지자를 통해서도 이 보좌의 전경이 주는 의미를 이 땅의 교회들이 깨닫도록 하셨다. 에스겔은 성전 문지방 밑에서 물이 나와 동으로 흐르다가 전 우편 제단 남편으로 흘러내리는 것을 보게 된다. (겔47:1)

하나님께서는 에스겔로 하여금 이 물을 건너게 하시는데 처음에는 물이 발목에 오르더니 그 다음 물이 허리에 오르고, 마침내 그 물이 넘쳐 사람이 능히 건너지 못할 강을 이루어 결국 헤엄을 쳐야 건널 수 있는 강이 된다.

이 강물의 생명력에 대해 이렇게 묘사한다.

"이 강물이 이르는 곳마다 번성하는 모든 생물이 살고 또 고기가 심히 많으리니 이 물이 흘러 들어가므로 바닷물이 소성함을 얻겠고 이 강이 이르는 각처에 모든 것이 살 것이며."(겔47:9) 에스겔이 그 강 길을 따라 돌아가니 강 좌우편에 심히 많은 나무를 보게 된다.(겔47:7)

에스겔의 환상은 이 땅의 교회들을 통한 하나님의 생명의 사역을 역설한다. 교회의 강대상에서 근원이 된 생명의 물줄기가 교회의 문지방을 넘어, 세상으로 흘러 들어가 이 땅이 온통 생명수강으로 범람해야 한다는 것이다.

그런데 오늘날의 현실은 어떤가? 질질 끌려 다니고 있는 교회 지도자들의 추한 명예욕, 물욕이 악취 나는 오염수를 만들어 세상으로 흘려보내고, 신자들의 자기중심적 이기주의가 생수를 하수로 변질시켜 버린다. 이것에 극도의 자제력을 보이지 못하는 지도자는 자기 과시욕으로 가득 찬 교만한 자 일 뿐이다. 더럽고 불의한 오염수의 흐름이 매우 급해져 그 물줄기를 돌리기가 결코 쉽지 않은 지경까지 왔고, 이제는 각자가 자신의 길을 열심히 갈 뿐이다.

"불의를 하는 자는 그대로 불의를 하고 더러운 자는 그대로 더럽고 의로운 자는 그대로 의를 행하고 거룩한 자는 그대로 거룩되게 하라."
(계22:11)

새예루살렘의 백성들은 다시는 저주가 없고, 하나님과 그 어린 양의 얼굴을 보며 그를 섬기며, 주 하나님이 저희에게 비춰심으로 다시 밤이 없고 햇빛이 쓸 데 없는 곳에서 세세토록 왕 노릇한다.

극복해야 할 것(overcome)은 극복하고, 넘어서야 할 것은 넘어서, 드디어 가쁜 숨을 몰아내고 다다른 가파른 언덕 너머의 세계가 바로 찬란한 새 예루살렘 성이다.

계시록의 요한은 자신의 영혼을 모두 던져, 봐야 할 것은 다 보여주고 들어야 할 것은 다 들려주고 있다.

이제 당신이 반응을 보일 차례이다.

45_예수님의 재림에
실족하지 않기 위해서는 ······.

(계22:6-21)

> 만약 재림의 주님을 향해 당신의 내면에 강한 의구심이 솟구치고
> 있다면 당신은 주님으로부터 이러한 음성을 듣게 될 것이다.
> "누구든지 ······ 나를 인하여 실족하지 아니하는 자는 ······. 복 이
> 있도다."

2019년 5월!

만약 남중국해에서 중국과 미국의 무력충돌이 발생한다 할지라도 전혀 이상하지 않은 시대에 살고 있다.

만약 북한이 탄도미사일에 핵탄두를 장착하여 서울이나 하와이를 향해 발사함으로써 제3차 세계대전이 발발했다는 뉴스를 접해도 전혀 낯설지 않은 시대에 살고 있다.

만약 미국이 이란을 습격하기 위해 중동에 12만 병력을 파병하거나, 이스라엘이 이란을 향해 핵을 발사했다는 소식을 접해도 전혀 생

"또 그가 내게 말하기를 이 말은 신실하고 참된지라. 주 곧 선지자들의 영의 하나님이 그의 종들에게 반드시 속히 되어질 일을 보이시려고 그의 천사를 보내셨도다.

보라 내가 속히 오리니 이 두루마리의 예언의 말씀을 지키는 자는 복이 있으리라 하더라.

이것들을 보고 들은 자는 나 요한이니 내가 듣고 볼 때에 이 일을 내게 보이던 천사의 발 앞에 경배하려고 엎드렸더니 그가 내게 말하기를 나는 너와 네 형제 선지자들과 또 이 두루마리의 말을 지키는 자들과 함께 된 종이니 그리하지 말고 오직 하나님께 경배하라 하더라.

또 내게 말하되 이 두루마리의 예언의 말씀을 인봉하지 말라 때가 가까우니라.

불의를 행하는 자는 그대로 불의를 행하고 더러운 자는 그대로 더럽고 의로운 자는 그대로 의를 행하고 거룩한 자는 그대로 거룩하게 하라.

보라 내가 속히 오리니 내가 줄 상이 내게 있어 각 사람에게 그가 행한 대로 갚아 주리라.

나는 알파와 오메가요 처음과 나중이요 시작과 마침이라.

자기 두루마기를 빠는 자들은 복이 있으니 이는 그들이 생명나무에 나아가며 문들을 통하여 성에 들어갈 권세를 얻으려 함이로다.

개들과 점술가들과 음행음자들과 살인자들과 우상 숭배자들과 및 거짓말을 좋아하며 지어내는 자는 다 성 밖에 있으리라."

나 예수는 교회들을 위하여 내 사자를 보내어 이것들을 너희에게 증언하게 하였노라. 나는 다윗의 뿌리요 자손이니 곧 광명한 새벽별이라 하시더라.

성령과 신부가 말씀하시기를 오라 하시는 도다. 듣는 자도 오라 할 것이요 목마른 자도 올 것이요 또 원하는 자는 값없이 생명수를 받으라 하시더라.

내가 이 두루마리의 예언의 말씀을 듣는 모든 사람에게 증언하노니 만일 누구든지 이것들 외에 더하면 하나님이 이 두루마리에 기록된 재앙들을 그에게 더하실 것이요, 만일 누구든지 이 두루마리의 예언의 말씀에서 제하여 버리면 하나님이 이 두루마리에 기록된 생명나무와 및 거룩한 성에 참여함을 제하여 버리시리라.

이것들을 증언하신 이가 이르시되 내가 진실로 속히 오리라 하시거늘 아멘 주 예수여 오시옵소서.

주 예수의 은혜가 모든 자들에게 있을지어다. 아멘."

소하지 않은 시대에 살고 있다. 만약 캘리포니아에서 규모 9.0 이상의 지진이 발생했다는 뉴스를 접해도 전혀 놀라운 일이 아닌 시대에 살고 있다. 만약 백두산 화산이나 미국의 옐로스톤 화산이 폭발해도 충분히 예견된 시대에 살고 있다.

그러나 그리스도의 재림이 임박한 시대에 살고 있다고 하면 달가워하지 않을 뿐 아니라 거부반응을 일으키기까지 한다.

현대 교회들은 재림에 대해서 인색하고 무관심하며, 그리스도인들이 예수 그리스도를 목말라 하지도 애타게 기다리지도 않는다.

감옥 속에 갇혀있던 세례요한은 어느 날 자기 제자들을 예수님께 보내서 "오실 그이가 당신이오니이까 우리가 다른 이를 기다리오리이까?"(마11:3) 라고 묻는다.

요한이 나사렛 예수에 대해 확고한 메시아 관을 갖고 있을 때 "그는 흥하여야 하겠고 나는 쇠하여야 하리라."(요3:30)고 까지 언명했던 그였다.

죽을 수도 있다는 불길한 직감 때문인가? 혹시라도 처해진 운명에 어떤 변수를 기대했을까? 세례요한은 이 순간 요한답지 않게 매우 흔들리고 있다.

그때 예수님께서는 "누구든지 나를 인하여 실족하지 아니하는 자는 복이 있도다."(마11:6) 라고 말씀하신다. '예수! 그는 누구인가?'를 명확히 해석하고 신뢰하는 자가 복되다는 것이다.

'예수! 그는 누구인가?'는 초림에 있어서 그리고 재림에 있어서 동일하게 중요한 문제이고 이에 대한 명철한 해답을 얻고 살아야 한다.

"오실 그이가 당신이오니이까, 우리가 다른 이를 기다리오리이까?"

이 질문이 세례요한의 입에서 나왔다는 것은 오늘날 크리스천들의 입에서도 "주님, 당신이 다시 오신다고 했던 약속이 여전히 유효한 것

입니까? 요한계시록의 내용을 사실과 현실로 받아들여야 합니까?”라
는 매우 기초적인 질문을 충분히 쏟아 낼 수 있다.

예나 지금이나 ‘예수! 그는 누구인가?’를 명확히 정립하고 있지 않은
자는 예수님을 오해하고 예수님을 착각하고 예수님으로 인해 실족하
게 된다. 예수님에게 실족하고 있는 한, 그 사람에게서 구원의 역사는
일어나지 않는다.

예수님에게는 열 두 명의 제자들이 있었건만 예수님은 왜 요한을 택
하셔서 계시록을 기록하게 하셨을까?

요한은 복음서를 기록하면서 그 목적을 이렇게 서술한다.

“오직 이것을 기록함은 너희로 예수께서 하나님의 아들 그리스도이
심을 믿게 하려 함이요 또 너희로 믿고 그 이름을 힘입어 생명을 얻게
하려 함이니라.”(요20:31)

예수님께서 베드로의 신앙고백위에 초기 교회를 세우셨듯이, 예수
님은 요한의 성경관속에 담긴 명확한 구원론 위에 엔 타임의 교회를
세우고 계신다.

예수님은 자신의 정체성(identity)이 제자들의 신앙고백을 통해 확
인(identify) 될 때 비로소 안도의 숨을 쉬신다.

예수님의 정체성에 대한 신자의 정체성이 중요한 것은, 많은 사람들
이 예수님으로 인해 걸려 넘어지고 실족하는 불행한 일과 직결되는
가장 현실적인 문제이기 때문이다.

예수님은 그리스도인들이 당신의 재림에 걸려 넘어지지 않기를 바

라는 심정으로 마지막 계시를 마무리하고 계신다.

첫째, 예수 그리스도의 재림에 실족하지 않기 위해서는 계시록의 모든 내용들을 '신실하고 참된(faithful and true)' 것으로 받아 들여야 한다.

"또 그가 내게 말하기를 이 말은 신실하고 참된지라." (6)

의심이 많고 회의론적인 사람들에게 진실을 알리기란 결코 쉬운 일이 아니다. 그저 솔직하게 '이 말은 신실하고 참된지라'로 밖에 표현할 길이 없고, 믿고 안 믿고는 고스란히 청취자의 몫으로 남는다.

예수님의 부활 후 베드로가 요한을 보고 '주여 이 사람은 어떻게 되겠삽나이까?' 물었을 때에 예수님의 답변에서 요한의 계시사역이 암시된다.

"내가 올 때까지 그를 머물게 하고자 할지라도 네게 무슨 상관이냐 너는 나를 따르라."(요21:21,22)

이미 예수님께서 요한을 통해서 이 일을 이루시고자 하는 뜻을 가지고 계셨다는 것은 요한 계시록의 진정성을 보증한다. 신실하고 참된 기준은 '내용'에도 있지만 그 '출처'가 더 큰 비중을 차지한다.

둘째, 재림 예수님께 실족하지 않기 위해서는 요한에게 주신 계시가 속히 될 일임을 믿어야 한다.

"주 곧 선지자들의 영의 하나님이 그의 종들에게 결코 속히 될 일을 보이시려고 그의 천사를 보내셨도다."(6)

계시록의 '신실하고 참된'여부는 그 계시의 실현성에 있고, 요한의 계시가 '결코 속히 될 일'이라는 사실이 이를 뒷받침한다.

'속히 될 일'은 계시록의 내용들이 첫 단추를 풀기 시작하면 스피드하게 진행될 것을 시사한다. 동시에 '속히'의 개념은 속도와 더불어 '반드시(틀림없이 꼭)'의 의미가 내포되어 있다.

"속히 갔다 와"라고 말할 때, 속히만 갔다 오는 것이 목적이 아니라, 목적을 잘 성취시키고 오라는 급한 마음을 반영하고 있다. 따라서 '결코 속히 될 일'은 '결단코 이루어질 일'을 의미한다. 뿐만 아니라 10절에는 "또 내게 말하되 이 책의 예언의 말씀을 인봉하지 말라 때가 가까우니라."(10) 고 말한다. 무려 2천 년 전에 주어진 계시임에도 불구하고 계시록을 '때가 가까우니라.'고 표현한다.

이말 역시 요한 계시록이 쓰인 2천 년 전을 기점으로 때가 가깝다는 것이 아니라, 예수 그리스도의 재림을 기점으로 때가 가깝다는 말이다. 여기서의 '때'는 크로노스가 아닌 카이로스의 용어로 쓰임으로써, 영원이 시간 속에서 역사하는 시각임을 의미하며, 따라서 시작에서 때가 가까운 것이 아니라 끝에서 때가 가깝다는 말이다.

13절의 "나는 알파와 오메가요 처음과 나중이요 시작과 끝이라"는 말씀이 창세기에는 기록되지 않고 계시록에서 반복되는 것 역시 나중과 끝의 중요성이 강조되기 위한 것이다.

셋째, 예수 그리스도의 재림에 실족하지 않기 위해서는 '이 책의 예

언의 말씀을 지키는 자'가 되어야 한다. (7)

"보라 내가 속히 오리니 이 책의 예언의 말씀을 지키는 자가 복이 있으리라 하더라." (7)

엔 타임의 성도들은 사복음서만으로 부족하다. 계시록의 교훈과 권면, 훈계와 경고등에 유의하여 환란의 시대를 대비하는 지혜와 믿음이 필요하다.

"내 백성아, 거기서 나와 그의 죄에 참예하지 말고 그의 받을 재앙들을 받지 말라."(계18:4)

특히 대환란에 남겨진 성도들은 무엇보다 이마에나 손에 짐승의 표를 받지 말아야 한다. 만약 이 책의 예언의 말씀을 지키지 않고 짐승의 표를 받으면 불과 유황에 고난 받게 될 것임을 경고한다. (계14:9,10)

"이 책의 예언의 말씀을 인봉하지 말라 때가 가까우니라."(10)

때가 가까울수록 이 예언의 말씀들을 다독하고 정독하고 가르치고 배우고 묵상하고 실천해야 한다.

넷째, 예수님의 재림에 실족하지 않기 위해 교회는 계시록의 증거에 전심으로 귀를 기울여야 한다.

"나 예수는 교회들을 위하여 내 사자를 보내어 이것들을 너희에게 증거하게 하였노라 나는 다윗의 뿌리요 자손이니 곧 광명한 새벽별이라 하시더라."(16)

계시록은 '교회들을 위하여… 증거하게 하였노라'고 말한다.

계시록은 교회들을 위해 기록된 책으로 엔 타임의 교회들의 나아갈 방향이 제시되어 있고, 엔 타임 성도들의 삶의 신앙지침이 기록되어 있다. 소아시아 일곱 교회들로 대표되는 지상의 모든 교회들은 반드시 이 계시록의 메시지와 내용들을 숙지하고 있어야 한다.

다섯째, 그리스도의 재림에 실족하지 않기 위해서는 계시록의 내용 중에 없는 사실을 보태지 말고 있는 사실을 빼지 말아야 한다.

예수님은 요한계시록에 절대적 가치를 부여하신다.

"만일 누구든지 이것들 외에 더하면 하나님이 이 책에 기록된 재앙들을 그에게 더하실 터이요, 만일 누구든지 이 책의 예언의 말씀에서 제하여 버리면 하나님이 이 책에 기록된 생명나무와 및 거룩한 성에 참예함을 제하여 버리시리라."(18, 19)

계시록의 내용들에 대한 신앙적 편향, 신학적 주장, 학문적 통찰, 감정적 이입, 이성적 판단, 논리적 몰입, 경험적 입증, 사상적 논리 등의 임의적 가감과 수정을 일절 금한다. 그리고 계시록을 읽을 때에 이 모든 선입관들을 내려놓아야 한다.

종말 시나리오에 대한 하나님의 예언과 계시는 반드시 그 내용대로 성취되어진다는 하나님의 절대적 섭리를 그 어느 누구도 거스를 수 없기 때문이다.

'주님, 당신의 재림의 약속을 어디까지 받아 들여야 합니까?' '주님,

계시록의 황당한 내용을 어디가지 믿어야 합니까?'

만약 재림의 주님을 향해 당신의 내면에 이러한 강한 의구심이 솟구치고 있다면 당신은 주님으로부터 이러한 음성을 듣게 될 것이다.

"누구든지 …… 나를 인하여 실족하지 아니하는 자는 ……. 복이 있도다."

46_그대로 하라고 그대로 하면……

(계22:11)

> '그대로'하라는 말을 그대로 받아 들이면 이 말 처럼 무서운 말씀
> 은 없다. 이 말씀은 어떻게 살 것인지 나에게 건네시는 예수님의
> 최종적이 질문이기 때문이다.

하나님의 말씀은 자신이 현재 어떤 본연의 모습으로 살고 있는지를 보여 주는 마음의 거울, 영혼의 거울이다. 이 거울에 비췬 자신을 들여다보면 이 네 가지 중 적어도 한 가지 나의 현재 진행형의 모습을 적나라하게 보여 준다. 불의한 자인지 의로운 자인지, 더러운 자인지 거룩한 자인지… 불의하지 않으면 의롭고 더럽지 않으면 거룩하다.

인생은 천태만상의 삶을 살지만 성서가 말하는 가장 중요한 삶의 준거는 크게 보아 이러한 두 가지 양태로만 드러난다.

사람은 살아생전 신적(神的)인 척도로 개인의 삶이 측정되는 것이고, 죽어서도 이러한 삶의 족적을 가지고 그리스도의 심판대 앞에 서게 된다. 알고 보면 이것 때문에 통곡하고, 이것 때문에 복을 누린다. 이것을 지키기 위해 버리기도 하고, 이렇게 살아가기 위해 포기하기도 한다.

주님께서 우리에게 요구하시는 삶의 표준은 안팎으로 의롭고, 속과 겉이 거룩한 모습이다. 이것이 성경이 말하는 성공적인 삶이다.

우리가 아무렇게 말할 수 없고, 아무것이나 생각할 수 없고, 아무렇지 않게 행동할 수 없는 이유가 바로 여기에 있다. 이러한 삶의 분류가 우리를 영구히 분류시키는 하나님의 기준이라면, 자신의 삶을 그대로 방관하거나 방치해서는 안 되며 자신의 삶을 반드시 성공시켜야 한다.

의로움과 거룩함의 삶을 살기 위해서는 먼저 불의하고 더러운 것이 무엇인지 그 반대 개념부터 의식의 중심에 끌어다 놓아야 한다.

이 세상에서 가장 불의한 사람은 불의한 상태의 사람이고, 가장 더러운 사람은 더러운 상태의 사람이다. 불의가 일상화되고 더러움이 내재화된 상태에 갇혀 있는 사람은 사망의 쳇바퀴 틀에서 목숨을 걸

(요한계시록계22:11)
"불의를 행하는 자는 그대로 불의를 행하고 더러운 자는 그대로 더럽고 의로운 자는 그대로 의를 행하고 거룩한 자는 그대로 거룩하게 하라."

고 탈출할 필요가 있다. 거룩함의 영역에서 벗어나면 더러운 시궁창이지만, 불의의 세계를 탈출하면 의로움의 나라이다. 불의한 자가 불의를 떨쳐 버리기 위해서는 손이나 발이라도 찍어 내야 하고, 더러운 자가 거룩함을 얻기 위해서는 눈이라도 뽑아내야 한다.

'그대로'하라는 말을 그대로 받아들이면 이 말처럼 무서운 말씀은 없다. 이 말씀은 어떻게 살 것인지 나에게 건네시는 예수님의 최종적인 질문이다.

예수님이 우리에게 요구하시는 포인트는 교회생활에 대한 업적이나 선교 비즈니스가 아니다. 주님은 현재 신부로서의 나의 가장 아름다운 삶의 모습을 보고 싶으신 것이다. 그리스도의 정결한 신부가 아니라면, 나는 시방 이 남자 저 남자에게 마음 주고 몸 주고 사는 부정한 여인일 뿐이다.

'그대로'하라는 말을 그대로 따라하면 그대로 망한다. 때문에 그대로 해서는 안 된다는 역설적인 의미를 놓쳐서는 않된다.

계시록은 심판의 책이다. 더럽고 불의한 삶을 산 자는 펄펄 끓는 지옥에 가차 없이 던져 버린다는 마지막 경고장이자 최후의 선언문이다. 빙빙 돌려 말할 것도 없이, 모든 신앙의 결국, 인생의 결론, 역사의 결말, 심판의 결과는 천당행이냐 지옥행이냐이다. 가기 싫건 좋건, 둘 중의 한 곳으로는 가야 되는 것이고 여기에 더 보탤 것도 뺄 것도 없다.

더럽고 불의한 자에게 그대로 하라는 말의 뉘앙스는 말 안 듣는 자

식을 어르고 뺨치고 달래다 체념 끝에 던져진 말과 같다. 그러나 불의
를 저지르던지 더러운 일을 하던지, 의롭게 살던지 거룩하게 살던지
그것은 처음부터 각자에게 주어진 선택의 자유이다.

'선택의 자유'를 '자유의 선택'으로 바꾼 자는 그 자유가 부자유로 가
는 길목이었음을 가슴을 뜯으며 후회하게 된다.

하나님께서는 창세기 이래 인간들을 위해 줄 수 있는 모든 것들은
아낌없이 다 주셨고, 할 수 있는 모든 일들은 주저 없이 다 하셨다.

하나님은 천지창조 이래 지금까지 인류를 위해 하지 않은 것이 아무
것도 없고, 남겨 둔 것이 아무 것도 없다. 그렇기 때문에 그리스도인의
책임을 묻는 최후의 심문은 장렬한 심판의 장이 될 것이다. 알곡과 쭉
정이를 가르고 양과 염소를 갈라, 오로지 그 죄 값 때문에 그토록 좋아
해서 벗어나지 못하던 쳇바퀴 속에 영구히 가둬버릴 것이다.

성경은 죄가 무엇이고, 그것을 어떻게 해결하며, 죄의 결과가 무엇
인지 각 권마다 다른 목소리와 다른 시각과 다른 색깔로 예순 여섯 번
반복해 준다. 알아듣지 못하는 미련한 인생을 위한 극심한 배려이다.

성경이 누누이 강조하는 것이 있다면 우리도 그것을 우리네 삶에서
누누이 강조해야 한다.

성경이 우리의 삶에서 반드시 끄집어내는 사실이 있다면, 우리도 그
것을 우리네 삶에서 반드시 끄집어내야 한다.

성경이 예민하게 반응하는 사실이 있다면 우리도 그것에 예민하게
반응해야 한다.

성경이 우리의 양심을 콕콕 찌르면 후끈후끈 아파야 한다.

성경이 우리의 인격을 후려 패면 십자가 밑에 꿇어 앉아 대성통곡해야 한다.

성경의 저울에 우리의 믿음을 달아 보고 자신의 부족함을 느낀다면 경천동지하며 회개의 자리로 나아가야 한다.

"하나님은 허망한 사람을 아시나니 악한 일은 상관치 않으시는 듯하나 다 보시느니라."(욥11:11)

공격적인 종말의 시대에는 사람들의 삶의 스타일이 둘 중 어느 한 쪽으로 두드러지게 편향되어진다. 의와 거룩함으로 자신을 방어하려는 사람과, 불의와 더러움으로 방만한 삶을 사는 사람이다.

"불의를 하는 자는 그대로 불의를 하고 더러운 자는 그대로 더럽고 의로운 자는 그대로 의를 행하고 거룩한 자는 그대로 거룩되게 하라."

우리는 이 말씀 속에 숨겨진 주님의 표정을 읽을 수 있다. 더 나아가 주님의 심정도 이해할 수 있다.

주님의 얼굴에는 수심이 가득하고, 주님의 심정은 착잡하기 그지없다. 불의한 자와 더러운 자들이 과연 불의와 더러움의 탄력을 저지하고 속히 멈춰 설 수 있을지…. 의로운 자와 거룩한 자가 그 의와 거룩함을 엄수하기 위해 날마다 장렬한 싸움을 싸우며 끝까지 승리의 깃발을 움켜잡을 수 있을지….

의와 거룩함으로 사는 방식은 피곤하고 힘든 일이다. 그러나 신랑을 기다리는 신부는 그것이 고역이 아닌 삶의 진정한 기쁨이고 의미이다.

47_ 행위견적서에 의한 희비교차의 날

(계22:12)

> 이 날은 그리스도 예수의 재림을 없수이 여기고 정욕대로, 기분대로, 욕심대로 예수 믿던 모든 자들, 그리고 불신자들의 행위 견적서에 의한 알뜰한 되갚음의 날이다.

　　　　　예수 그리스도의 재림의 날, 인류에게는 과연 어떤 일이 벌어지는 것일까?

한마디로 이 날은 행위견적서에 의한 희비교차의 날이다. 각 사람에게 그가 행한 대로 갚아 주시는 이 날은 어떤 자에게는 잔칫집 분위기이고, 어떤 자에게는 초상집 분위기가 될 것이다. 잔칫집은 불행 끝 행복 시작이요, 초상집은 행복 끝 불행 시작이다.

계시록에서는 예수님의 재림을 이렇게 묘사한다.

"볼찌어다 구름을 타고 오시리라 각인의 눈이 그를 보겠고 그를 찌

른 자들도 볼터이요 땅에 있는 모든 족속이 그를 인하여 애곡하리니 그러하리라 아멘."(계1:7)

예수 그리스도는 실로 만왕의 왕, 만주의 주이시다. 땅에 있는 족속이 그를 인하여 기뻐하기 보다는 그를 인하여 애곡한다는 것은 대다수의 사람들이 초상집 분위기를 맞게 된다는 것이다.

그리스도 예수의 재림을 없수이 여기고 정욕대로, 기분대로, 욕심대로 예수 믿던 모든 자들, 그리고 불신자들의 행위 견적서에 의한 알뜰한 되갚음의 날이다.

예수님께서는 추수의 과정을 이렇게 말씀하신 적이 있다.

"땅이 스스로 열매를 맺되 처음에는 싹이요 다음에는 이삭이요 그 다음에는 이삭에 충실한 곡식이라, 열매가 익으면 곧 낫을 대나니 이는 추수 때가 이르렀음이니라."(막4:28,29)

믿음의 씨앗이 사람의 마음에 심어지고 나면 그 이후로는 땅속의 생명이 움트고 성장하여 열매 맺는 것과 같은 동일한 과정을 밟게 된다.

초기에는 순이 돋고 싹이 트지만 마침내 이삭을 맺어 충실한 곡식을

(요한계시록계22:12)

"보라 내가 속히 오리니 내가 줄 상이 내게 있어 각 사람에게 그가 행한 대로 갚아 주리라."

열게 되듯이, 마음속의 믿음도 이처럼 발아하여 성장한 후 궁극적으로는 행위의 열매로 드러나는 것이다. 따라서 예수님은 그가 맺고 있는 행위의 열매가 바로 그 사람의 믿음을 평가하는 잣대가 된다고 하신다.

"이러므로 그의 열매로 그들을 알리라." (마7:20)

예수님은 계시록에 와서 끊임없이 그리스도인들의 행위의 열매를 추적하고 계신다. 뿐만 아니라 예수님은 이 세상에 속히 오실 때에 사람들에게 줄 상이 있다고 하시면서 행한 대로 갚아 주신다는 것이다.

예수님이 행한 대로 갚아 주신다는 약속은 사람들에게 주시는 최고의 공의로운 선물이다.

주님을 위해 시간 속에서 받은 고난과 아픔의 보상을 영원 속에서 받는다는 것이 기독교가 역동적인 미래의 종교가 되는 원천이다.

동시에 행한 대로 갚아 주신다는 그 이면에는 자신의 행위에 대해 냉혹히 그 죄 값을 물으신다는 것이다.

"아름다운 열매를 맺지 아니하는 나무마다 찍혀 불에 던지우느니라." (마7:19)

자신의 비뚤어진 행위를 뜯어 고치지 않고 반복하면서 계속 십자가에 매달려 용서만을 빌 수는 없는 노릇이다. 회개의 합당한 열매를 맺지 못하면 죄에 대한 용서는 꿈도 꿀 수 없다.

여기서 '행한 대로 갚아 주리라'고 할 때의 '행위'는 헬라어에서 '에르곤(ἔργον)'으로 쓰였다. 이 용어는 계시록에서 20여회 줄기차게 등장하는 단어로 예수님께서 신자들의 행위를 얼마나 중요하게 여기시는지를 가늠케 한다.

예수님께서는 에베소 교회 교인들의 '행위와 수고와 인내'를 파악하고 계셨다.(계2:2) 그들에게는 믿음생활이 립서비스(lip service)에 그치지 않고 행위로 나타나고 있었다.

예수님께서는 두아디라 교회 교인들의 '나중 행위가 처음 것 보다 많도다'고 칭찬하신다.(계2:19) 그러나 간음하는 자들이 만일 그의 행위를 회개치 아니하면 큰 환난 가운데 던져버리겠다고 경고하신다.(22) 그러시면서 "내가 너희 각 사람의 행위대로 갚아 주리라"(23)고 일침을 가하신다. 열 가지 잘하는 행위보다는 한 가지 잘못하는 행위를 하지 말라는 것인데, 그것은 그 한 가지가 열 가지를 상쇄시켜 버리기 때문이다.

예수님은 사데 교회 교인들을 향해서는 "내가 네 행위를 아노니"(계3:1), "내 하나님 앞에 네 행위의 온전한 것을 찾지 못하였노니"(3:2)라고 더 심화된 말씀을 하신다. 신자의 삶은 믿음에서 출발하여 행위에서 마침표를 찍어야 퍼펙트하게 완성된다.

예수님은 빌라델비아 교회 신자들의 행위도 알고 계셨는데 그것은 적은 능력을 가지고도 예수님의 말을 지키며 예수님의 이름을 배반치 아니한 일이었다.(3:8) 행위가 믿음을 능가하고 있는 경우이다.

예수님은 물론 라오디게아 교회 교인들의 행위도 파악하고 계셨는데, 그것은 차지도 아니하고 더웁지도 아니한 상태의 믿음이었다.(3:15)

미온적인 태도 때문에 세상에서는 세상 사람처럼 행동하고 교회에서는 교인처럼 행동한다. 이것도 되고 저것도 되는 사람은 이것도 아니고 저것도 아니다.

예수님께서는 개교회들이 처한 사회적 상황 속에서 신자들이 어떤 믿음의 행위를 지속하고 있는지를 간파하고 계신다.

예수님은 상황에 따라 가변적 경향을 보이는 종속적인 믿음의 행위를 가차 없이 책망하신다. 따라서 "어느 교회의 신자이냐?"가 중요하지 않고 "어떤 신자의 교회이냐?"가 중요해진다.

예수님은 우리의 행위를 뒤집어 보고 까보고 엎어보고 던져보고 밟아보고 벗겨보고 터뜨려보고 달아보고 계신다는 사실을 잊지 말아야 한다.

"보라 내가 속히 오리니 내가 줄 상이 내게 있어 각 사람에게 그가 행한 대로 갚아 주리라." 예수 그리스도! 그가 급히 오고 계신다!

당신의 마음도 급해지고 있습니까?

48_끝을 시작하시는 분 (계22:13)

하나님은 인간의 끝이 언제 끝나는지를 아시지만, 인간은 하나님
의 끝이 언제 시작되는지를 모른다. 하나님의 끝이 언제 시작되는
지를 알 수 없기 때문에 인간의 시작은 끝없이 시작되는 것이다.

하나님은 시작의 시작이 없고 끝의 끝이 없으신 분이
시다. 시작이 없고 끝이 없는 자만이 시작과 끝을 시작 할 수 있다.

그 분은 시작(in the beginning)을 시작하시고 천지를 지으셨지만,
끝(the end of the world)을 끝내시고 새 하늘과 새 땅을 여신다.

하나님은 처음부터 끝을 시작하기 위해 시작을 끝내셨다. 인간의 시
작 때문에 하나님의 끝이 있기도 하지만 인간의 끝 때문에 하나님의
시작이 있기도 하다.

하나님은 인간의 끝이 언제 끝나는지를 아시지만, 인간은 하나님의

끝이 언제 시작되는지를 모른다. 하나님의 끝이 언제 시작되는지를 알 수 없기 때문에 인간의 시작은 끝없이 시작되는 것이다.

처음 된 자가 나중 되고 나중 된 자가 처음 되는 것은 시작이 끝나고 끝이 시작되는 원리이다. 처음 된 자가 나중 되는 것은 시작할 때의 마음이 끝났기 때문이다. 처음 된 자가 처음을 지속하기 위해서는 새로운 시작이 끝나지 말아야 한다.

하나님은 시작을 시작하시고 끝을 시작하시지만, 때로는 끝과 시작을 동시에 시작하시고 시작과 끝이 동시에 끝나게 하신다.

하나님은 시작하시지만 인생이 끝내기 좋아하고, 인생은 끝내지만 하나님이 시작하시기 좋아한다.

인생이 끝내고 인생이 시작하는 일을 하나님이 끝내고 하나님이 시작하시기도 한다.

하나님은 시간을 만드시고 시간적 공간속에 처음과 나중, 시작과 끝의 자리를 두셨다. 시간 속에 존재하는 한, 해 아래 새 것이 없고, 시간 속에 들어오면 모든 생명체는 소멸된다.

시간을 벗어나면 그대로가 영원이다. 인생이 시간을 벗어나는 것은 육을 벗고 영만 남을 때이다. 그래서 육은 시간이고 영은 영원이다. 육

(요한계시록22:13)

"나는 알파와 오메가요 처음과 나중이요 시작과 끝이라."

과 시간이 껍데기라면, 영과 영원은 알맹이이다.

"인생의 혼(영)은 위로 올라가고 짐승의 혼은 아래 곧 땅으로 내려 가는 줄을 누가 알랴"(전3:21)

시간 속에서는 모든 순간이 처음이자 마지막이며, 시작이자 끝이다. 시간 속에서의 음악은 박자가 있지만 영원속에서의 음악은 박자가 없 다. 시간의 흐름 속에서 박자가 생성됨으로 두 개의 음 높이의 상호적 인 거리가 형성되어 음정이 이루어진다.

음악은 시간과 공간에서 펼쳐지는 사운드의 효율적인 산술인 셈이 다. 그러나 시간의 흐름 속에서 모든 생기들은 음악과 같이 완성되자 소멸된다.

시작이 끝나야 끝이 시작된다. 끝이 시작되면 말세이지만 끝이 끝나 면 새 하늘과 새 땅이다.

하나님의 작품인 인간의 시작이 인간의 작품인 죄의 시작으로 전환 된 것이 역사이다.

영원이 죄의 시작 속에 들어 온 사건이 그리스도의 성육신이다.

이 처음인 마지막의 초림은 곧 마지막인 처음의 재림으로 이어진다.

알파인 처음의 주가 오심으로 은혜와 진리가 시작되었고, 오메가인 나중의 주가 오심으로 공의와 심판이 시작된다.

알파와 오메가인 예수 그리스도는 헬레니즘의 문명과 헤브라이즘 문명 그리고 모든 이방인과 유대인의 주인이시며 주제이다.

알파와 베타에서 알파벳이 나와 인류의 문명이 꽃피기 시작해 오메가의 시점에 문명의 꽃은 꺾이고 끝나 버린다.

하나님의 시작은 사람이지만 사람의 시작은 죄이고 죄의 끝은 예수님이시지만 예수님의 끝은 심판이다.

인간의 가장 큰 지혜는 알파와 오메가, 처음과 나중, 시작과 끝인 그분을 아는데 있다.

시작이 안 좋아도 끝이 좋으면 다 좋아진다. 좋은 끝을 시작하지 못하는 자는 나쁜 시작이 끝나지 않는다.

하나님으로 시작하여 하나님으로 끝나는 사람이 가장 행복한 사람이다. 처음과 나중이 한결같은 믿음의 소유자가 가장 위대한 사람이다.

"나는 알파와 오메가요 처음과 나중이요 시작과 끝이라"

이 말씀은 우주의 폭과 역사의 너비와 인생의 길이를 누가 마름질하는지를 보여준다. 만물의 마지막과 만사의 끝에 새로운 시작을 예고한다.

내 생각을 끝내야 하나님의 생각이 시작되듯, 죽는 길을 끝내야 사는 길이 시작된다.

미명의 짙은 어두움 끝에 새벽이 시작되는 발자국 소리가 들려온다. 이 발자국 소리가 들리지 않는 자는 멸망의 끝자락에 위태로이 서 있는 자이다.

49_성(城)에 들어가는 자들과
성(城)에 들어가지 못하는 자들

(계22:14,15)

삶의 의미를 모르고 죽는 자 보다, 죽음의 의미를 모르고 죽는 자
가 더 위급한 자이다. 죽어 생명나무에 나아가며 문들을 통하여 성
에 들어간다는 진리는 사후세계에 붙잡힌 사람에게 흔들리지 않
는 확고한 믿음의 자화상이다.

신학자 폴 틸리히는 "종교는 궁극적 관심이요 신앙
이란 궁극적 관심에 붙잡힌 상태"라는 의미 있는 말을 했다.

사람들은 인생의 연륜이 더 해 갈수록 죽음의 문제에 관심을 드러내
며, 더욱 진지한 사람은 죽음 이후의 세계에 대한 관심에 붙잡힌 상태
가 된다.

죽을 나이가 되면 육신이 썩어질 묘 자리는 많이들 봐 두면서도 영
혼이 돌아 갈 자리에 무관심한 것은 영적 상태가 매우 위중(危重)하
기 때문이다.

삶의 의미를 모르고 죽는 자 보다, 죽음의 의미를 모르고 죽는 자가 더 위급한 자이다.

죽어 생명나무에 나아가며 문들을 통하여 성에 들어간다는 진리는 사후세계에 붙잡힌 사람에게 흔들리지 않는 확고한 믿음의 자화상이다. 생명나무의 과실을 따 먹기 위해 날마다 죽는 것이고, 새예루살렘 성의 열 두 진주 문을 통과하기 위해 날마다 좁은 문으로 들어가기를 힘쓰는 것이다.

계시록 22장 14, 15절은 21장 7, 8 절과 병행구절, 중복구절이면서 같은 의미의 맥락을 구성한다.

"이기는 자는 이것들을 유업으로 얻으리라 나는 저의 하나님이 되고 그는 내 아들이 되리라."(21:7)

"그러나 두려워하는 자들과 믿지 아니하는 자들과 흉악한 자들과 살인자들과 행음자들과 술객들과 우상 숭배자들과 모든 거짓말 하는 자들은 불과 유황으로 타는 못에 참예하리니 이것이 둘째 사망이라."(21:8)

22장에서 성에 들어가는 A 그룹과 성 밖에 있는 B 그룹으로 분류한다면, 21장에서는 유업을 얻는 A' 그룹과 둘째 사망에 처해지는 B' 그룹으로 분류된다.

A=A', B=B'의 형식을 취하고 있는 병행구절들은 같은 의미를 다른 말로 두 번 반복해 주는 것으로, 이러한 반복의 논리는 그 중요성을 강조해 준다.

A 그룹과 B 그룹, A' 그룹과 B' 그룹은 대조그룹이면서 상반그룹이다. 둘은 서로 밀어내는 경향이 있기 때문에 조화되지 않는다. 그 두 그룹 사이의 중간 그룹은 존재하지 않으며 누구든지 그 두 그룹중 하나에 필연적으로 소속된다.

A' 그룹의 이기는 자가 유업으로 얻는 이것은 바로 A 그룹의 사람들이 들어가는 새예루살렘성의 입성권(入城權)이다.

'이기는 자'와 '그 두루마기를 빠는 자들'은 거룩함의 외재화된 상태와 내면화된 상태를 일컫는다. '이기는 자'가 타인에 대하여 능동적, 공격적인 행위로 그 거룩함을 드러내야 하는 자들이라면, '그 두루마기를 빠는 자들'은 자신에 대하여 거룩함의 상태를 수동적, 방어적으로 지속해야 하는 자들이다.

그리스도인이 겉과 속이 일치하지 않으면 위선자가 되기 때문에, 새예루살렘성에 들어갈 수 있는 참 그리스도인의 조건은 겉과 속이 동시에 거룩한 자이다.

두루마기로 번역된 '스톨라스'(στολὰς)라는 용어는 계7장의 큰 환

난에서 나오는 자들이 입은 옷으로, 이들은 어린양의 피에 그 옷을 씻어 희게 한 자들이다. (7:14)

두루마기를 빤다는 것은 어린 양의 피로써만이 그 옷을 빨 수 있다. 이것은 새예루살렘에 들어 갈 수 있는 자들의 내면적인 상태가 항상 회개를 통해서 그 성결함과 거룩함의 상태를 지속해야 한다는 당위성을 말해준다.

죄를 짓지 않기 위해서는 피 흘리기까지 죄와 싸워야 하지만, 죄를 지었을 경우 어린양의 피에 그 죄가 곧 바로 씻겨져야 하는 것이다.

"예수께서 가라사대 이미 목욕한 자는 발 밖에 씻을 필요가 없느니라."(요13:10)

죄짓는 것을 경하게 여기는 자는 자신의 영혼을 팔아먹는 망령된 자이다.

기독교의 득도(得道)는 죄가 얼마나 무서운 것인지를 깨닫는 각성에 있고, 모래 한 알갱이의 죄를 천근만근으로 느끼는 책임의식에 있다. 성경을 읽으면서도 펄펄 끓는 지옥의 풀풀 나는 황 냄새를 맡지 못한다면 이는 속히 득도의 자리로 나아가야 할 자이다.

여기 하나님을 경(輕)히 여겨 중(重)한 죄를 짓는 자들의 명단이 공개되고 있다.

"개들과 점술가들과 음행하는 자들과 살인자들과 우상 숭배자들과 및 거짓말을 좋아하며 지어내는 자는 다 성 밖에 있으리라."(15)

여섯 종류의 인생 악독들이 역사의 종말에 등장함으로써, 아담과 이

브의 타락한 성품이 어떻게 진화되었는지를 보여 준다. 과일도 끝물이 달듯이, 이 악독들은 세상 끝물에 이르러 악해질 대로 악이 오르고, 독해질대로 독이 오른 자들이다.

하나님의 생각보다 자신의 생각대로 살아 온 아담의 마지막 후손들의 모습이 바로 행음하고 살인하고 우상 숭배하는 거짓된 삶이다.

성경은 사람들이 비도덕적으로 살고 악이 득세하는 때가 있음을 말한다.

"비열함이 인생 중에 높임을 받는 때에(the vilest men are exalted) 악인들이 곳곳에서 날뛰는 도다."(시12:8)

육종(六種)의 악이 현대인들의 마음에 씨를 잉태하고 있고, 보편적, 집단적으로 열매를 맺고 있다는 것이 세상 끝물의 징조이다. 물론 이 씨는 마귀가 파종한 씨이다.

길거리에 지나가는 사람을 무작위로 추출해서 그 속을 해부 해보면, 이 육종의 죄들이 서로 엉겨 붙어 흉물의 형상을 잉태하고 있다.

이 육종들은 바울이 언급하고 있는 죄인의 대표적 주자로 종말에 나타날 인간 말종(末種)을 가리킨다. 말종은 그야말로 말세에 나타날 죄악의 맨 마지막 종(種)이라는 뜻이다.

이 말종의 대열에 합류하는 것은 그리 어렵지 않다.

첫째는 하나님에게서 등을 돌리고, 둘째는 욕심의 항아리를 찰 때까지 채우면 된다.

특히 계시록 21장 8절의 5대 악종이 22장에 와서 반복되어 나타난다. "... 살인자들과 음행하는 자들과 점술가들과 우상 숭배자들과 거짓 말하는 모든 자들은 불과 유황으로 타는 못에 던져지리니 이것이 둘째 사망이라."(21:8)

살인, 행음, 술객, 우상숭배, 거짓말은 하나님과 사람에게 짓는 십계 명의 전형적이고 끈질긴 죄악의 상들이고, 이 죄에 대한 하나님의 심판은 인류역사에 그치지 않고 실행되어져 왔다. 그럼에도 불구하고 사람은 열 가지 잘 하다가 마지막 한순간 한 가지 잘못 때문에 죄의 나락으로 떨어진다. 선으로 악을 이기라는 것은 선만이 악을 이길 수 있는 최선이기 때문이다.

죄는 도미노 현상과 같이, 어느 한 가지가 쓰러지면서 나머지 모두를 다 걸고 넘어지는 연쇄 반응을 일으킨다. 작은 먹물 한 방울이 온 병을 시커멓게 변화시키듯, 작은 죄 하나가 내 마음을 온통 시커멓게 먹칠을 해 놓는 것이다. 사람의 타락한 심정이란 죄를 향한 강한 자성을 가지고 있기 때문이다.

이 육종의 죄중에 개들이 가장 먼저 거론된다. 성경에 개(dog)가 등장할 때는 항상 개들(dogs)이라는 복수를 사용한다. 집단적인 일탈이나 복수적인 부패 현상 등 집단역학(集團力學)의 수준에서 나타나기 때문이다.

이사야 선지자의 개들에 대한 묘사를 들어 보자.

"이 개들은 탐욕이 심하여 족한 줄을 알지 못하는 자들이요 그들은 몰지각한 목자들이라 다 제 길로 돌아가며 사람마다 자기 이익만 추구하며."(사56:11)

이사야 선지자는 몰지각한 목자들, 탐욕이 심하고 자기 이득만 도모하는 자들이 개의 탈을 쓴 목자들이라고 규명한다. 인간 말종 1호로 등장하는 자들이 바로 이 탐욕스런 개들, 그토록 거룩해 보이던 목사들인 것이고, 이제는 폐기처분 1순위에 올라 와 있다.

이사야 선지자는 시방 말종 중의 말종인 목사 말종들을 책망하고 있는 것이다.

이중적인 삶의 패턴으로 돈을 좋아하던 바리새인들을 예수님께서 왜 그토록 저주하셨는지를 이해할 수 있다.

"화 있을진저 외식하는 서기관들과 바리새인들이여 너희는 천국 문을 사람들 앞에서 닫고 너희도 들어가지 않고 들어가려 하는 자도 들어가지 못하게 하는도다." (마23:13)

몰지각한 목자들이 천국 문을 막고 양들을 죽이고 있는 해악한 지도자라니 넌센스 퀴즈에나 나올 만한 일이다.

몰지각한 목자들이 많은 유혹을 받아 저지르기 쉬운 죄는 거짓말을 좋아하고 거짓말을 지어내는 죄이다. 제법 말로 먹고 사는 목사들은 늘 말로 사람 사로잡을 궁리만 하는 자들이기 때문에, 없는 사실을 만들어 내는 탁월한 재주를 부린다.

몰지각한 목자들이 순전한 복음을 외치기보다는 자신의 기득권을 지키기 위해 거짓말의 명수들이 되어 간다. 거짓말이 어떤 목적으로 사용되기 시작하면 권모술수, 음해 등의 살인적 형태로 나타난다.

음행한 자들은 하나님이 만들어 놓으신 아름다운 성을 사랑의 쾌감 + 정신적 쾌감이 아닌 육체적 쾌락 + 말초적 쾌락의 도구로만 사용하는 자들이다.

하나님은 성에 대해 엄격한 도덕과 법률의 행위규범을 정하셨다.

하나님께서는 성에 대해 결혼 전과 결혼 후에 지켜야 할 규범, 가족과 친척 간에 지켜야 할 규범, 사람과 짐승 간에 지켜야 할 규범, 동성 간에 지켜야 할 규범, 자기 자신에게 지켜야 할 규범, 마음으로 지켜야 할 규범 등을 제시하셨다.

하나님은 남녀 간의 사랑의 행위와 성(性)을 지키기 위해 성(城)을 쌓으라고 하신다. 이 성(城)이 무너지면 저 성(性)도 무너진다.

음행한 자들은 음란의 피가 끓는다. 살인자들은 가인의 피가 끓는 자들이다. 미움과 분노의 항아리에 미운 놈의 피가 아귀까지 차올라야 살기가 풀린다.

이 시대의 사람들은 원통함을 풀지 아니하며 참소하며 절제하지 못하며 사나우며 선한 것을 좋아하지 아니한다. 그리스도인들까지도 이제는 성령의 검을 뽑아 던져 버리고 대놓고 마귀의 창검술을 사용한다.

예수님께서 마귀의 정체를 이렇게 규정하신다.

"너희는 너희 아비 마귀에게서 났으니 너희 아비의 욕심을 너희도 행하고자 하느니라. 그는 처음부터 살인한 자요 진리가 그 속에 없으므로 진리에 서지 못하고 거짓을 말할 때마다 제 것으로 말하나니 이는 그가 거짓말쟁이요 거짓의 아비가 되었음이니라." (요8:44)

거짓과 살인의 영이 교회 안에 들어와 강대상을 점령하고 양들을 죽이고 있다.

예수 믿는 일은 살얼음판을 조심스레 걷는 행위이다.

나 혼자 그 살얼음판을 무사히 건너자는 게 아니다. 자칫 그 얼음판이 깨지면 주변에 있는 자들과 함께 몰사할 수 있기 때문이다.

성(城)에 들어가지 못해 불과 유황으로 타는 못에 참여할 자들과 둘째 사망에 참여하는 자들의 명단은 이렇다.

"개들, 술객들, 행음 자들, 살인자들, 우상 숭배자들, 거짓말을 좋아하며 지어내는 자들."

여기에 당신의 존함이 등록되어 있습니까?

50_인류에게 띄우는 마지막 초청장
(계22:16,17)

성령과 신부가 함께 초청하는 세 번째 초청장은 예사롭지 않다. 그것은 주최자들인 '성령과 신부'가 함께 말씀하시고 있기 때문이다.

성경에는 인류를 향해 '오라'고 하는 초청의 메시지가 크게 세 번 기록되어 있다.

첫째는 예수 그리스도의 탄생 이전에 이사야 선지자가 이렇게 외쳤다.

"너희 목마른 자들아 물로 나아오라 돈 없는 자도 오라 너희는 와서 사 먹되 돈 없이, 값없이 와서 포도주와 젖을 사라." (사55:1)

둘째는 예수 그리스도가 이 역사 속에 들어 오셔서 부르신 경우이다.

"수고하고 무거운 짐 진 자들아 다 내게로 오라 내가 너희를 쉬게 하리라."(마11:28)

셋째는 예수 그리스도가 부활 승천 하신 후 재림 직전에 성령과 신부가 부르시는 초대이다.

"성령과 신부가 말씀하시기를 오라 하시는 도다 듣는 자도 오라 할 것이요 목마른 자도 올 것이요 또 원하는 자는 값없이 생명수를 받으라 하시더라."(계22:17)

성령과 신부가 함께 초청하는 세 번째 초청장은 예사롭지 않다. 그것은 주최자들인 '성령과 신부'가 함께 말씀하시고 있기 때문이다.

요아킴 플로리스(Joachim Floris)가 세계의 역사를 아버지·아들·성령에 대응하는 성부시대, 성자시대, 성령시대로 나누었듯이, 성부시대에는 하나님이 부르셨고, 성자 시대에는 예수님이 부르셨으며, 성령시대에는 성령님과 신부인 교회가 함께 부르고 있다.

성령시대에는 왜 성령 하나님 한분이 일하시지 않고 신부인 교회와

(요한계시록22:16,17)

"나 예수는 교회들을 위하여 내 사자를 보내어 이것들을 너희에게 증거하게 하였노라. 나는 다윗의 뿌리요 자손이니 곧 광명한 새벽별이라 하시더라.

성령과 신부가 말씀하시기를 오라 하시는 도다. 듣는 자도 오라 할 것이요 목마른 자도 올 것이요 또 원하는 자는 값없이 생명수를 받으라 하시더라."

함께 공동사역을 하고 있는 것 일까?

성령과 신부(교회)는 성령시대의 환상의 콤비이자 최고의 파트너이다. 성령의 사역이 교회시대를 줄 곧 이끌어 온 주최시라면, 교회시대는 성령의 역사로 말미암아 개막되었고 진행되고 있다.

따라서 교회시대를 마감하는 시점에 성령과 신부(교회)가 이 마지막 초청장을 발부하는 것은 매우 의미 있는 일이다. 동시에 마지막 시대의 교회는 어떠한 사역에 집중해야 하는지 그 영감을 주고 있다.

이미 교회를 '신부'로 지칭하고 있다는 것은 엔 타임의 교회의 영적인 정체성이 정결하고 고결하고 순결한 신부상에 있다는 것이다. 그것은 신랑 되신 예수 그리스도의 재림을 기다리는 신부로서의 신자이기 때문이다.

성령과 신부(교회)의 마지막 협동사역이 바로 '생명수 초청사역'이다. 그런데 이 초청에 응하기까지 3단계의 코스를 거쳐야 한다.

첫째는 들어야 한다.

"듣는 자도 오라 할 것이요."(17)

무엇보다 공개된 비밀인 요한계시록의 예언의 말씀을 들어야 한다. 그래서 요한은 서두에서 이렇게 말한다.

"이 예언의 말씀을 읽는 자와 듣는 자들과 그 가운데 기록한 것을 지키는 자들이 복이 있나니 때가 가까움이라."(1:3)

여기서 듣는다는 것은 단순한 들음이 아니라 깊은 음성이 들리는 것이다. 듣는 것이 자극이 되어 잠든 심령이 깨어나는 수준의 들림이다. 그런데 듣는 자들이 있게 하기 위해서는 전하는 자와 말하는 자가 있어야 한다.

오늘날 엔 타임에 관한 고급정보들이 담긴 계시록을 사장(死藏)시키는 행위는 설교자들의 태만이요, 신학자들의 무지이고, 목회자들의 오만이다. 작금에 계시록을 외면하는 교회는 양들이 푸른 초장 쉴만한 물가으로 가다가 불과 유황 못으로 유턴 할 수 있음을 명심해야 한다.

초청에 응하는 첫 번째 모티브는 그리스도의 재림과 예언의 말씀을 들을 때인 것이다.

둘째는 목말라 해야 한다.

'목마른 자도 올 것이요.' 듣는 것이 마음을 여는 일이라면 그 다음 단계는 예수 그리스도의 재림과 영생을 목말라 해야한다. 목마른 자가 물을 찾듯이 영적인 갈급함이 없으면 채워질 수 없는 것이다.

"저가 사모하는 영혼을 만족케 하시며 주린 영혼에게 좋은 것으로 채워주심이로다."(시107:9)

말을 물가로 끌고 갈 수는 있어도 억지로 물을 먹일 수는 없다.

영적 에너지의 발원은 타는 목마름에 있고, 교회의 사명은 목마름을 부추겨 성령 하나님으로 하여금 잔이 넘치도록 채우게 만드는 일이다.

신부가 신랑을 애타게 사모하듯, 예수 그리스도의 재림을 사모해야한다.

셋째는 원해야 한다.

소원의 항구로 인도함을 받기 위한 마지막 단계는 원하는 일이다.

예수님은 삼십 팔년 된 병자에게까지 '네가 낫고자 하느냐?'고 물으신다. 이 질문은 요식행위가 아니라 하나님도 인간의 자유와 선택 앞에 사람들에게 득이 되는 일이라 할지라도 자신의 의지를 강압적으로 푸쉬하지 않으신다는 사인이다.

예수님은 '교회들을 위하여' 내 사자를 보내어 이것들을 너희에게 증거하게 하였노라(16)고 재천명(再闡明)하고 계신다.

'교회들을 위하여' 증거된 책을 덮어 놓는 교회가 있다면, 어둠이 깊어 가는 망망대해에서 나침판을 잃은 배처럼 표류하여, 마침내 좌초하는 교회가 되고 말 것이다.

계시록의 내용들은 신앙의 푯대인 예수 그리스도의 재림을 향해 그리스도인들의 삶의 총체적인 패러다임의 전환을 요구한다.

육체의 소욕대로 살아가던 반 조각 그리스도인(semi-christian), 선데이 크리스천(sunday christian) 혹은 카멜레온(chameleon christian) 신자는 이 생활에 마침표를 찍고 속히 돌아서야 한다.

이 땅에 급진적인 변화와 충격이 오고 있는 것을 보고 있는 신부된 교회라면, 성령과 함께 신자들을 흔들어 깨워 속히 '오라'는 "생명수 초청장"을 발부해야 할 때이다.

'듣는 자', '목마른 자', '원하는 자'

천국은 침노하는 자의 것이고, 생명수 페스티발은 아직 계속되고 있다.

51_희망의 셈법 (계22:20,21)

이 마라나타의 박자가 곧 희망의 박자이고, 이 재림 박자가 희망의
셈법이며, 이 박자를 놓치면 희망을 놓친다. 희망의 셈법은 아주
간단하다. 희망 = '아멘' 신앙 + '마라나타' 신앙

참혹했던 제1, 2차 세계대전이 끝나고 1960년대 미
국에서는 사신신학(死神神學)이 태동했다.

사신신학(the death of God theology)은 하나님을 부정하며 신 없는
신학, 하나님 없는 기독론을 전개한다. 그리고 하나님이 예수 안에서
전적으로 인간이 되었으므로 더 이상 형이상학적이고 초월적인 신은
없으며, 역사적 예수에 대해서만 집중해야 한다고 강조한다.

그러나 같은 시대, 같은 하나님을 바라보면서도 그리스도의 재림,
죽은 자들의 부활과 새 창조 등의 종말론 주제들을 기독교 신앙의 전

부라고 간주하는 '희망의 신학'도 태동했다.

'희망의 신학'이라는 책이 1967년 미국에서 출간되었을 때 '뉴욕타임스'는 "사신신학(하나님의 죽음의 신학)은 희망의 신학 때문에 기반을 잃어버렸다"고 평가했다.

몰트만(Jurgen Moltmann)에게서 종말론은 신학의 출발점이자 신학의 전부로 간주되기 때문에, 기독교의 핵심은 전적인 종말론이며, 앞을 향한 전망과 성취를 바라보는 희망이라고 본다.

신학자로서 몰트만이 위대한 것은 절망적인 상황에서 희망을 끄집어내는 능력을 넘어, 그가 '희망의 신학'을 통해 희망의 정당한 목적지를 설정함으로써 '신학의 희망'을 말하고 있기 때문이다.

인생들에게 있어 희망의 문제만큼 중요한 삶의 의미는 없다. 죽어가는 순간까지 희망의 줄을 놓지 않는 것이 인간의 본능이고, 내일에 대한 희망은 바로 오늘의 삶의 동기를 이룬다.

예수님께서는 요한에게 '반드시 속히 될 일'을 증거 하신 후 '내가 진

(요한계시록22:20,21)

"이것들을 증거하신 이가 이르시되 내가 진실로 속히 오리라 하시거늘 아멘 주 예수여 오시옵소서.

주 예수의 은혜가 모든 자들에게 있을지어다. 아멘.

실로 속히 오리라'는 최후의 말씀으로 희망의 등불을 환희 비추신다.

재림만큼 강렬한 희망 바이러스가 어디 있을까? 그러나 기실, 예수님의 재림은 어떤 자들에게는 희망이지만 어떤 자들에게는 절망이다. 이 희망을 내 희망으로 만들기 위해서는 '아멘 주 예수여 오시옵소서'라는 기다림의 영성이 필요하다. 능동적인 만남을 위한 수동적인 기다림이다.

'주님, 오시옵소서'(Come, O Lord!)

이러한 '마라나타'(maranâ thâ') 신앙은 예수님의 재림을 간절히 사모했던 초대교회 성도의 신앙과 소망이 함축된 기도문이자 성도 사이의 인사말이었다. (고전16:22)

'내가 진실로 속히 오리라 하시거늘', '아멘 주 예수여 오시옵소서.'

이 말씀은 재림을 기다리는 성도들이 예수님과 맞추어야 할 매우 중요한 믿음의 장단이요 호흡이다. 이 마라나타의 박자가 곧 희망의 박자이고, 이 재림 박자가 희망의 셈법이며, 이 박자를 놓치면 희망을 놓친다.

희망의 셈법은 아주 간단하다.

희망 = '아멘'신앙 + '마라나타' 신앙

'아멘'신앙은 예수님의 재림을 순수히 믿는 신앙이다.

많은 신자들이 예수 그리스도의 재림을 불신하거나 반신반의한다.

엔 타임을 살아가는 신자가 세상적으로 생각하고 말하고 행동한다는 것은 예수님의 재림을 믿고 있지 못하다는 반증이다.

또한 '마라나타'의 신앙은 예수 그리스도의 재림을 실제로 기다리는 신앙이다. 재림을 단순히 믿는 정도 가지고는 희망을 붙잡을 수 없다.

마라나타 신앙은 예수 그리스도의 재림에 삶의 코드를 맞추고 자신의 변화에 올인 하기 위해 늘 깨어있는 자이다.

초기교회 성도들은 마라나타 신앙으로 살았지만, 정작 엔 타임의 성도들의 마음은 매우 산만하다. 머릿속에는 세상 지식이 가득하고 마음속에는 욕심이 그득 차 있어 예수님의 재림이 들어 설 자리가 없다.

세상적으로 누리고 싶고 즐기고 싶은 일들이 너무 많은지라 예수님의 재림이 달갑지 않다. 못 믿기도 하지만 안 믿기도 한다.

희망의 공식은 아주 간단하지만, 그 희망의 삶은 결코 간단하지 않다. 이제 매우 충격적인 계시와 환상의 터널을 빠져 나온 요한의 영혼은 심히 떨리고 있었다.

예수 그리스도의 은혜가 아니면 예수님의 재림에 도저히 희망이 보이지 않는다.

'주 예수의 은혜가 모든 자들에게 있을지어다. 아멘'

[어떤 사본에, 성도들에게]

[어떤 사본에, 성도들에게]라는 것은 주 예수의 은혜가 누구보다 성
도들에게 필요하기 때문이다. 주 예수의 은혜가 아니고서는 성도들이
대환란의 터널을 빠져 나와 희망의 서광을 보기란 불가능한 일이다.

주님은 마라나타 신앙을 견지하는 성도들에게 마침내 은혜를 부어
주신다는 것이다.

예수님은 이 땅에 계실 때에 자신의 재림과 세상 끝 날에 대해서 수
없이 말씀하시고 경고하셨다. 그것도 모자라 요한을 통해 구체적인
그림까지 그려주시며 재림의 사실을 제발 좀 믿어 달라고 통사정을
하신다. 그럼에도 불구하고 예수 그리스도의 재림은 대부분의 성도들
에게 알레르기 증상으로 나타난다.

그러나 재림은 하나님과 인간사이의 반전(反轉)이고 인간과 인간
사이의 역전(逆轉)임을 기억해야 할 것이다.

'보라 내가 속히 오리니'(22:7)

'보라 내가 속히 오리니'(22:12)

'내가 진실로 속히 오리라'(22:20)

이 말씀을 듣는 당신의 마음속에 어떤 감흥의 박자가 생성되고 있습
니까?

그 박자 그대로가 당신의 영원한 운명입니다.

•
•
•

지옥에서 들려오는 천국의 소리

"아브라함이 이르되 얘 너는 살았을 때에 좋은 것을 받았고 나사로는 고난을 받았으니 이것을 기억하라 이제 그는 여기서 위로를 받고 너는 고민을 받느니라."(눅16:25)

이 세상에 가장 처량한 비탄의 소리가 있다면 상갓집 상여 나가는 소리와 상주, 곡비의 통곡 소리일 것이다.

죽음의 애가를 부르는 소리꾼들의 노랫말과 가락이 얼마나 뼛속 깊이 파고드는지 듣는 이의 가슴을 아리디 아리게 만들어 놓는다.

'에헤 에헤 어거리 넘차 에헤 ~ 인제 가면 언제 오나 에헤 에헤 ~'

사람은 살아가면서 언젠가 한번은 영영 돌아오지 못할 다리를 반드시 건널 때가 온다는 생각이 문득 문득 들 때가 있다. 그 때 마다 마음에 시커먼 먹구름이 몰려오고 머리에는 깜깜한 어두움이 스쳐 간다. 그러나 죽는 게 두려운 것인지, 죽음 이후의 세계가 두려운 것인지 사람들은 어두운 죽음의 실체를 마음 한 구석에 밀어 놓고 살아간다.

사람이 죽고 나서도 그 죽음을 미화시키기 위해 향기로운 꽃으로 장식을 하고, 집 안팎으로 모든 불들을 밝혀 두지만 그것이 마음의 어두움까지 밀어 내지는 못한다.

죽은 자에게서 죽음의 이야기를 들어야 죽음을 준비할 텐데 죽은 자는 당체 말이 없다. 죽은 자에게서 죽음 이후의 세계를 들을 수 없다면 죽지 않는 자에게서 죽음의 세계를 들어야 한다.

사람마다 불로서 소금 치듯 하는 그 고통의 와중에도 부자는 자기 형제들을 위해 나사로를 보내 줄 것을 부탁하지만 일언지하에 거절당한다. 그러나 거절당함으로서 결국 형제 다섯에게 가지고 가야 할 나사로의 메시지가 우리에게까지 돌아오게 되었다.

그토록 애걸복걸 매달리며 자기 형제들로 하여금 이 고통 받는 곳에 오지 않게 해 달라던 부자의 애끓는 간청의 사연이 오늘날 우리 손에 고스란히 넘어 오게 된 것이다.

그러나 엄청난 이 메시지 앞에 사람들은 눈 하나 깜짝 안한다. 비유 속에서는 부자의 간청이지만 현실에서는 예수님의 간청이시다.

예수님은 이 비유를 통해 사람이 죽으면 어떤 세계가 기다리고 있는지, 그리고 자신의 운명이 어떻게 갈라지는지, 인간들이 꼭 알아야 할 사실들을 알뜰히도 일러 주셨다. 죽은 나사로가 살아 와도 믿지 않는 지옥을 어떻게 이보다 더 잘 믿게 한단 말인가?

지옥에서 들려오는 저 처참한 소리가 전혀 들리지 않는다면 끝내 죽어서 확인하는 길 밖에 없다. 그러나 당해보고 믿는 자는 미련한 자이고, 듣고 믿는 자는 지혜로운 자이다.

그런데 부자가 죽기 전에 이 사실을 알았더라도 과연 그가 회개하여 음부에 가지 않았을 것이라 장담할 수 있을까?

나사로에 대한 부자의 태도로 보건대 부자는 이미 자기가 묻힐 마음의 무덤을 깊이 파 놓은 상태였다.

살았을 때에 네 좋은 것(good things)을 받았다고 한 아브라함의 말은 그가 살아생전에 어떤 가치관과 세계관을 가지고 살았는지를 보여주는 단적인 증거가 된다.

물질이 부자이면 마음도 부자이기 쉽고 그렇게 마음이 부유한 사람이 애통하며 회개하기란 낙타가 바늘귀로 들어가는 것만큼 힘든 일이다.

마음에 하나님의 나라가 있는 사람이 죽어서도 천국에 들어가고 마음에 지옥이 있는 사람은 죽어서도 불구덩이로 간다.

사람은 자신의 마음에 자신이 묻힐 파멸의 무덤을 알면서도 파 대고 모르면서도 파 댄다. 아니 무덤을 파고 있는 것인지 그 자체도 모르고 살아간다.

‘좋은 것을 누리고자’ 죽자 사자 공부해서 따 낸 박사학위가 자신의 마음에 무덤을 파는 곡괭이가 된다.

‘좋은 것을 누리고자’ 뼈 빠지게 일해서 모은 재물이 자신의 마음에 무덤을 파는 연장이 되고 있다.

'좋은 것을 누리고자' 수억을 뿌려 교단 총수가 된 일이 마음의 무덤을 파는 망조가 될 줄 누가 알았겠는가?

'좋은 것을 누리고자' 자식에게 교회를 물려 준 일이 자신과 자식이 묻힐 공동묘지를 파 내려 가는 삽질이 될 줄 상상이나 했겠는가?

"지혜로운 자는 그 지혜를 자랑치 말라 용사는 그 용맹을 자랑치 말라 부자는 그 부함을 자랑치 말라 자랑하는 자는 이것으로 자랑할지니 곧 명철하여 나를 아는 것과 나 여호와는 인애와 공평과 정직을 땅에 행하는 자인 줄 깨닫는 것이라 나는 이 일을 기뻐하노라 여호와의 말이니라."(렘9:23,24)

그래서 심령이 가난 한 자는 복이 있다고 했다. 가난한 사람의 마음에는 자신을 함몰시킬 어떤 무덤도 없기 때문이다.

그 불구덩이 속의 부자에게 끝내 반전은 일어나지 않는다. 아니 반전이 이미 일어났기에 나사로는 아브라함의 품으로, 부자는 음부로 떨어진 것이다.

현대인들에게 부자와 나사로의 비유가 더 이상 서스펜스와 스릴로 구성된 소름 돋는 논픽션의 공포물이 아니다. 현대 크리스천들이 더 이상 부자와 나사로의 비유에 충격 받지 못 하는 것 자체가 충격이다. 그저 재미있는 동화 속 이야기 일 뿐이다.

달달한 영화와 드라마에 환상적으로 길들여진 현대인들의 마음에 픽션의 구덩이가 깊이 패여 있다. 진리의 음성조차 그 구덩이 속으로 소멸 된다.

죽음의 무덤이 가슴에 묻혀 있는 자에게 과연 음부에서 들려오는 저 비명 소리가 귓전을 때릴 수 있겠는가?

비유가 주는 생동적 교훈을 극대화시키기 위해서는 나사로와의 감정적 친화감 보다 부자와의 자기 동일시 감정 이입이 더 중요하다. 부자의 마음에 있었던 '좋은 것을 누리고자'하는 본능적 욕구는 그리스도인들의 마음에도 여전히 동일하게 꿈틀댄다. 만약 그리스도인이 된 이후에도 방법만 바꾸었을 뿐이지 이 목적에 여전히 매여 있다면 이는 매우 심각한 위험수위에 와 있는 자이다.

우리가 열심히 추구하는 모든 신앙행위의 이면의 동기가 본의건 본의가 아니건 '좋은 것을 누리고자'하는 것은 아닌지 세밀하게 성찰 할 필요가 있다. 그리스도가 목적인지 좋은 것이 목적인지 번거롭더라도 매 번 분명히 가려야 한다.

한 입으로 찬송과 저주가 날 수 없고, 한 샘에 쓴 물과 단 물이 날 수 없다. 한 생각으로 하나님과 재물을 겸하여 섬길 수 없고, 한 마음으로 두 주인을 섬길 수 없다.

지옥은 아무렇게 살아도 들어가지만 천국은 아무나 들어 갈 수 있는 곳이 아니다.

그리스도를 얻기 위해 모든 것을 배설물로 여기지 않으면 그리스도도 그를 배설물로 여기신다. 모든 소유를 다 팔아 밭을 살 결단력이 없으면 주님도 그를 지옥의 자식에게 팔아넘기기로 결단 하신다.

하나님 나라에 대한 열정적인 성취 드라이브로 천국을 침노하지 않으면 마침내 지옥이 나의 생명을 열정적인 성취 드라이브로 침노해 버린다. 구더기도 죽지 않는다는 지옥의 불구덩이에서 새삼 물 한 방울의 가치를 우리에게 깨우치고 있는 부자의 그 절규만이 지옥에서 들려오는 유일한 천국의 소리이다. 그 외침이 들리지 않거나, 애써 외면하는 자가 있다면 그는 지금부터 많은 양의 물을 마셔 둘 필요가 있다.

"너는 살았을 때에 네 좋은 것을 받았고 나사로는 고난을 받았으니 이것을 기억하라 이제 저는 여기서 위로를 받고 너는 고민을 받느니라." 돈은 돈대로 챙기고, 욕심은 욕심대로 챙기는 영악한 그리스도인들!

당신의 그리스도를 위한 헌신은 무엇을 희생하여 고난 받는 것으로 나타나고 있습니까?

부 록

데버사건이 오고 있다

> "그때에 두 사람이 밭에 있으매 한 사람은 데려가고 한 사람은 버려둠을 당할 것이요, 두 여자가 맷돌질을 하고 있으매 한 사람은 데려가고 한 사람은 버려둠을 당할 것이요, 그러므로 깨어 있으라. 어느 날에 너희 주가 임할는지 너희가 알지 못함이니라. 너희도 아는 바니 만일 집 주인이 도둑이 어느 시각에 올 줄을 알았더라면 깨어 있어 그 집을 뚫지 못하게 하였으리라. 이러므로 너희도 준비하고 있으라, 생각하지 않은 때에 인자가 오리라."(마24:40-44)

예수님께서 언급하신 엔 타임의 정황은 마지막 시대를 살아가는 사람들에게 중요한 계시적 메시지를 제공해주기 때문에, 문자하나 하나까지 그 의미를 추적할 필요가 있다.

계시라는 용어를 우리 의식에 빨리 와 닿는 '정보'라는 단어로 바꾸어 본다면, 더욱 현실감 있게 그 이해력이 증진된다.

정보화 사회(情報化社會)에서 정보의 현재가치란 확실성하에서의 현재가치에서 불확실성하에서의 현재가치를 뺀 값이다.

예수님의 말씀의 확실성을 100% 수용하는 사람들에게 예수님의 엔 타임에 대한 정보의 가치는 돈으로 환산하기가 불가능하다.

그러나 믿음이 없어 수용불가의 사람들에게 있어 예수님의 정보는 휴지조각에 불과하다.

예수님의 엔 타임의 정보를 우리가 임의로 가공하고 처리할 수는 없지만 그 정보의 유통(distribution)만큼은 가능하다. 그 정보를 유통시키는 일까지도 게으르다면 그 사람은 망망대해에서 표류하는 조각배에 올라타고 질풍노도를 기다리고 있는 자나 다름없다.

예수님이 주신 정보는 주께서 임하실 때에, 두 사람 중 한 사람은 취해지지만(the one shall be taken) 다른 한 사람은 남겨진다는 것(the other left)이다. 원리는 간단해 보이지만 그 분리가 초래할 결과는 매우 심원하고 복잡해 보인다.

밭에 나간 두 사람이 남성이고, 집에서 매를 가는 두 사람이 여성이라고 볼 때에, 이는 '모든 사람들'을 상징하는 것 일 테고, 모든 자들이 겪어야 하는 사건일 테다. "이 날은 온 지구상에 거하는 모든 사람에게 임하리라"(눅21:35) 하나는 (데)려감을 당하고 하나는 (버)려둠을 당한다(가칭 데버사건)는 주님이 주신 정보는 매우 충격적이다.

현대인들이 SF 영화를 즐겨봐서 그런지 데버사건의 정보를 영화로 착각하는 경향이 있다. 현실은 영화같이 생각하고 영화는 현실같이 생각한다. 이 정보가 얼마나 고급정보인지를 사건 이후에 깨달을 때는 이미 늦어도 한참 늦었을 때이다.

정보가 없어서 망하는 것이 아니라, 그 정보를 믿지 못해서 망한다.

예수님이 주신 이 정보는 "이러므로 너희도 예비하고 있으라 생각지 않은 때에 인자가 오리라"(마24:44)는 그의 재림의 시점과 맞물려 있다. 그러므로 이 사건을 항상 예의주시하고 소망 중에 예비하고 대기하고 있어야 한다.

예수님의 재림시에 데려감을 당하지 못하고 버려둠을 당한다는 것은 매우 절망적이다. 만약 이 데버사건의 시점이 우리시대에 일어날 개연성이 높다면, 이는 서둘러 자신의 신앙적 삶에 급진적인 변화의 모티브를 구성해야 한다.

육에 속한 삶의 패러다임을 바꾸지 않고 그대로 간다면, 버려둠의 영역에서 데려감의 영역으로의 신분변화는 일어나지 않는다.

버려둠을 당한다는 말의 어감 속에는 그 이후에 이 땅에서 발생할 수 있는 대환란의 도래를 암시한다. 데려감을 당한 자는 데려감을 당했기 때문에 좋은 일이 일어나야 하고, 버려둠을 당한 자는 버려둠을 당했기 때문에 나쁜 일이 일어나야 한다.

데려감의 희열과 환희의 타이밍은 대환란 직전일수록 극대화된다. 데려감의 카이로스 시간표는 분명 의미 있는 때와 시간대에 성취 될 것이기 때문이다.

사건 당일, 두 사람이 삶의 현장에 있었다는 '일상적인 삶의 패턴'을 그 배경으로 설정하신 것을 주시할 필요가 있다. '일상화 된 삶' 속에서 발생하는 이 데버사건은 환란 중도 아니고, 환란 후도 아니며, 환란 전에 이루어지는 것으로 상정해 볼 수 있다.

예수님은 은밀하고 비공개적인 활동을 특징으로 하는 예측불허의 도적의 출현으로 자신의 재림을 묘사하신다. 이 말은 예수님 재림의 예측불허 자체를 예측하고 있어야 한다는 말이다.

사도 바울도 예수님의 재림에 대한 정보를 다음과 말한다.

"주의 날이 밤에 도적 같이 이를 줄을 너희 자신이 자세히 앎이라 저희가 평안하다, 안전하다 할 그 때에 잉태된 여자에게 해산 고통이 이름과 같이 멸망이 홀연히 저희에게 이르리니 결단코 피하지 못하리라."(살전5:2,3)

평안하고 안전한 때는 환란중 보다는 환란전이 더욱 최적의 시기이다.

데버사건의 돌발적 효과를 위해서는, 영적 긴장감의 배경이 전혀 주어지지 않은 환란전의 태평하면서 타락한 사회적 분위기야말로 깨어 있어야 할 최적의 당위성을 부여한다.

생각지 않은 때에 예수님이 오신다는 정보 역시, 예수님의 재림을 갈망할 수밖에 없는 환란기 보다는 사는 것에 취해 예수님의 재림에 무관심한 현재와 같은 환란전 시기가 최적기임은 두말할 나위 없다.

남겨진 자는 자신이 남겨지고 버려둠을 당했다는 사실을 모른다. 사실 사고를 당한 자는 데려감을 당한 자가 아니라 남겨진 자이지만 그 반대로 생각하는 현상이 나타난다. 남겨진 자들은 데려감을 당한 자들이 실종되었다고 대성통곡을 할 테지만, 정작 대성통곡은 자신들을 위해서 필요하다.

만약 데려감을 당하는 사건이 무엇인지 성경에서 가장 근접해 설명하고 있는 짝을 찾을 수 있다면 그 해석의 지평을 넓힐 수 있을 것이다.

바울은 데살로니가에서 다음과 같이 말한다.

"그 후에 우리 살아남은 자도 저희와 함께 구름 속으로 끌어 올려 공중에서 주를 영접하게 하시리니 그리하여 우리가 항상 주와 함께 있으리라."(살전4:17)

여기서 바울은 예수 그리스도의 재림을 지상재림이 아닌 공중강림으로 묘사하며, 이때에 살아남은 자가 구름 속으로 끌어 올려진다는 것이다. 그 날, 밭에서 일하다 증발한 사람이나, 매를 갈다 사라진 여인이나 그 묘연한 행방의 의혹은 구름 속으로 데려감을 당했다고 볼 때 자연스럽게 풀린다.

이사야서의 다음과 같은 구절을 보라.

"너희는 여호와의 책을 자세히 읽어보라 이것들이 하나도 빠진 것이 없고 하나도 그 짝이 없는 것이 없으리니 이는 여호와의 입이 이를 명하셨고 그의 신이 이것들을 모으셨음이라."(사34:16)

여호와의 말씀에 짝이 있다는 것이다.

만약, 구름 속으로 끌어 올려 가는 이 장엄한 스펙터클의 주인공이 되지 못하고 구경꾼이 된다면, 이 땅에 남아서 세 차례 화, 화, 화의 장대한 스펙터클을 한 번 더 구경해야 한다.

에녹은 무려 300년 동안을 하나님과 동행한 이후에 그는 데려감을 당했다.

하나님과 함께 걷는 발자취(I walked with God)는 앞으로 발생할 데버사건에 다시 한 번 결정적인 발자취를 남길 것이다.

만약 데려감을 당하지 못하고 버려둠을 당하면 환란 중에 순교하는 일만이 유일한 구원의 돌파구다.

단두대에 누워 하늘을 보고 있으면, 약 40kg의 날카로운 작두가 위에서 떨어지면서 자신의 목을 자를 것이다. 목이 몸에서 덜렁 떨어져 나가는 순간, 비로소 그 영혼이 주님께 찰랑 달라붙게 된다.

예수님을 위해 죽을 수 있는 이 마지막 이 기회마저 놓쳐 버리면, 구더기도 죽지 않고 사람마다 불로서 소금 치듯 하는 지옥에서 영생해야 한다.

영의 잠을 자고 있는 신부는 데버사건을 말하면 자다가 봉창 두드리는 소리라 할 것이지만, 정작 신랑이 올 때에는 자다가 소박맞을 짓이다.

시방 목구멍으로 숨 쉬고 있을 때, 하나님 말씀의 숨을 쉬어야 한다. 그 목구멍으로 갖은 보약과 온갖 진미만 넘기지 말고 더러운 죄를 토설해내야 한다.

예수님께서는 구름과 남풍에 대한 팔레스틴 사람들의 삶의 경험적 지혜를 긍정하신다. 그러나 예수님은, "외식하는 자여 너희가 천지의 기상은 분변할 줄을 알면서 어찌 이 시대는 분변치 못하느냐?" 고 질타하신다.

사람들이라고는 기껏해야 그저 하루 이틀의 삶에만 관심이 있을 뿐이지 삶의 큰 그림을 그리며 살아가지 못하는 어리석은 존재이다.

예수님은 시대를 분변치 못하는 자들에게 '외식하는 자'라는 가장 불명예스러운 호칭을 달아 주신다.

예수님이 말씀하시는 '외식하는 자'라는 말씀을 벌로 들어서는 안된다.

"외식하는 자가 받는 벌에 처하리니 거기서 슬피 울며 이를 갈리라."(마24:51)

시대를 분변치 못하고 때를 가리지 못하는 자에게 은혜와 자비는 없다.

"홍수전에 노아가 방주에 들어가던 날까지 사람들이 먹고 마시고 장가들고 시집가고 있으면서 홍수가 나서 저희를 다 멸하기까지 깨닫지 못하였으니 인자의 임함도 이와 같으리라"(마24:38)

홍수가 나서 물속에 잠겨 방금 전까지 먹고 마시고 즐기던 그 목구멍으로 온갖 똥물이 넘어가 의식이 가물가물해지고 정신이 몽롱해 질 때쯤에야 "껄 껄 껄" 하면서 영혼이 빠져 나가는 것이다.

데버사건이 오고 있다.

'데집단'에 속할 것인지, '버집단'에 속할 것인지는…. 주님이 결정하시는 것이 아니라 바로 당신이 결정하는 것임을 잊지 말라.